法学实验教学系列教程

总主编：肖永平 冯果

法律诊所实训教程

主　　编：李　傲

编写人员：（按章节顺序）

樊　篱　余　威　朱开创　朱静媛

王晶晶　罗　倩　李易玟　周红姗

WUHAN UNIVERSITY PRESS

武汉大学出版社

图书在版编目(CIP)数据

法律诊所实训教程/李傲主编. —武汉：武汉大学出版社,2010.1
(2017.7 重印)
法学实验教学系列教程/肖永平　冯果
　ISBN 978-7-307-07061-5

　Ⅰ.法…　Ⅱ.李…　Ⅲ.法学教育—中国—高等学校—教材
Ⅳ.D92

中国版本图书馆 CIP 数据核字(2009)第 087750 号

责任编辑:张　欣　　责任校对:刘　欣　　版式设计:马　佳

出版发行:**武汉大学出版社**　　(430072　武昌　珞珈山)
　　　　(电子邮件:cbs22@ whu. edu. cn　网址:www. wdp. com. cn)
印刷:虎彩印艺股份有限公司
开本:720×1000　1/16　印张:20.25　字数:360 千字　插页:1
版次:2010 年 1 月第 1 版　　2017 年 7 月第 5 次印刷
ISBN 978-7-307-07061-5/D·910　　定价:30.00 元

目　　录

第一章 会 见

古语有云："耳闻之不如目见之,目见之不如足践之,足践之不如手辨之。"诊所学生在接到当事人求助之后通常会对案情进行初步了解,这时通常是从教师或者有关单位处获得案情梗概,也就是完成"耳闻"的过程。耳闻之后,只有"目见"与案件有关的当事人、证人等才能真正了解案情、获得证据,而后才能研究策略、运用法律,完成"足践"、"手辨"的过程。可见"目见"在案件调查中是一个很重要的环节。"目见"也就是"会见",是指诊所学生与当事人、证人及其他与案件相关的人的谈话。① 会见的对象主要有当事人和证人两大类,此外还包括与案件相关的其他人员,如对方律师、检察官、法官等。会见的目的主要是识别案件事实、了解当事人意图、与当事人建立信任关系等。为了达到这些目标,诊所学生在会见过程中既要注重与会见对象进行理性交流,又要注重与其进行感性交流;既要获取有效信息,又要与当事人在情感上进行沟通;既要理解当事人意图,又要与之建立良好的信任关系。

会见当事人是着手案件调查的第一个环节。能否在会见过程中与会见对象进行良好的沟通,能否从会见对象那里获得有用的信息以及与会见对象建立信任关系对以后的调查有重要影响。让我们首先通过一个案例进入会见现场。

【案例】

李某(男,58岁),原为武汉市某劳动服务站工作人员,1977年5月调至武汉市某工厂工作,被分配到机修车间从事修理钳工工作,1983年8月30日,该工厂瓦机车间瓦机因回料管堵塞而停产,机修车间领导派李某前去修理,在修理过程中,由于钢丝绳老化,李某连人带管从高空掉下,摔在真空泵上,厂领导及时将其送到医院治疗,经医生诊断,李某为右手腕骨折已成畸形。后李某在民政部门办理残疾证明时被确认为三级

---

① 李傲:《互动教学法——诊所式法律教育》,法律出版社2004年版,第117页。

伤残，由于厂领导当时怕影响安全奖，没有为李某办理工伤手续，使李某没有享受工伤待遇。1995年李某下岗，下岗后工厂既没给李某发放安居费，也没让其享受工伤待遇。李某多次要求工厂为其办理工伤手续，均遭到拒绝。李某多次上访，有关部门将其情况转告劳动部门。2002年4月19日，李某向武昌区劳动争议仲裁委员会申请仲裁，仲裁委员会以不符合劳动争议仲裁的受理条件为由裁定不予受理。李某决定向法院起诉并求助于诊所。

以下是诊所学生第一次会见当事人的部分记录：（学—学生，当—当事人）

学：工伤发生的具体时间、地点是什么？

当：1988年8月30日，武汉市××××厂机修车间。

学：当时的证人都还可作证吗？

当：当时有很多人看见的，都是我的同事，他们都晓得这个事。

学：为什么过这么久你才起诉？

当：开始怕影响安全奖，且被告同意过后给报，再后来，出于报复目的，压制我，不给我申报。

学：那你有没有通过其他途径主张自己的权利？

当：有啊，我一直在上访，吴××还给我写过几张条子，我还去仲裁了，他们不受理。

学：看到你的裁定书了，他们所写的"不符合劳动争议受理条件"具体指的是什么？

当：不知道，他们不跟我讲。

学：你的诉讼请求是自己的要求吗？3万元的诉讼标的是怎么算的？

当：是啊，我就想确认工伤，那3万元是我以前那个律师帮我算的，我本来不想写的。

学：你的案件时间过了很久，很有可能被法院以此为理由驳回起诉，你想过申请撤诉吗？

当：我也不太清楚啊，不是我写的，你们决定吧，只要对我有利就行。

通过这个案例可以看出会见当事人时会遇到的一些情况，比如当事人答非所问、前后矛盾、陈述杂乱无章等，同时也可以看出，诊所学生在第一次会见当事人时漫无边际的询问难掩手足无措的心态。面对形形色色的当事人、纷繁复杂的案件、曲折多变的案情，究竟应该如何应对，让我们先来了解一些会见的相关知识。

第一节 会见的计划

诊所学生在会见之前都会考虑案情究竟是怎样的、当事人性格如何、案件发展到了哪一阶段、是否过了诉讼时效等诸多问题。毫无经验的诊所学生第一次会见当事人通常会感到一些紧张和焦虑，预先拟定详细而周密的会见计划可以帮我们减轻焦虑，为会见的成功打下基础。

一、会见的目标

如何拟定会见的计划，完整的计划通常包括哪些内容，什么样的计划具有开放性的特点，这些首先要从会见的目标开始。孔子曰：视其所以，观其所由，察其所安。人焉廋哉。这种古老的哲学思想中包含了会见需要达到的目标：

1. "视其所以"——了解当事人来的原因。了解案情，从当事人的陈述中理清案件的来龙去脉；识别信息，当事人的陈述中哪些是影响案件发展的关键，哪些是客观事实，哪些是当事人的主观想法。在了解案情的过程中要注意倾听，以当事人为主，不要急于判断，尽量用引导的方式使当事人全面地陈述案件的过程；同时要揣摩当事人的言外之意，当事人可能表达能力有限，亦或是有难言之隐，这时候诊所学生既要表现出体谅和尊重，又要通过提问了解事情的真相。在识别信息的过程中则要注意不被当事人的一面之辞所诱导，防止主观判断。

2. "观其所由"——了解当事人已经走过的程序。当事人为解决纠纷已经采取过什么行动？现在希望通过何种手段解决问题，是与对方进行谈判还是直接诉诸法院？案件进行到了哪个阶段，是否在诉讼时效之内？当事人手中有哪些证据，哪些人愿意出庭作证？目前的情况哪些是对当事人有利的，哪些是不利的？时效问题是第一次会见应当注意的关键问题，如果发现案件诉讼时效将过，诊所学生一定要及时向当事人说明，建议其尽早采取措施。

3. "察其所安"——了解当事人的目标。当事人向诊所求助想要达到怎样的目标，是希望获得金钱赔偿还是要求对方赔礼道歉？是解决纠纷即可还是一定要诉诸法院？有时当事人只是认为个人的力量太弱小，希望通过一个公共的机构来给对方施加压力，这时诊所学生既要充分表示对当事人的同情，又要严格照章办事，在法律允许的范围内为当事人提供帮助。

在会见过程中，诊所学生始终要注意自己的形象，在会见过程中与当事人建立良好的信任关系对日后合作会产生重要影响。当事人可能认为诊所学生年龄偏小、缺乏经验，从而对学生的办案能力产生怀疑，这也正是诊所学生面临的最大挑战。为此，同学们首先要有充分的自信，相信自己对法律知识的掌握，相信老师的全程指导，同时要以勤恳严谨的态度对待案件，要以百倍的努力赢得当事人的信任。会见时还要确立与当事人的合作模式，是一般代理还是特别授权，代理人有哪些权利、哪些义务，当事人有哪些权利、哪些义务，在什么情况下代理人有权终止代理，诸如此类的问题都要向当事人解释清楚。

二、会见的内容

在明确了会见的目标之后，接下来要考虑会见前要做什么准备，会见要完成哪些任务，按什么顺序完成，在会见过程中要注意哪些问题。

通常来说会见前要做的准备有：

1. 研究案件性质、查找相关法律法规。在会见当事人之前，诊所学生通常已经通过老师或接待人员了解到案情梗概，这时学生需要确定案件的性质，是行政诉讼还是民事诉讼，是物权纠纷还是债权纠纷等，然后查找相关法条，以应对会见时当事人有可能提出的法律问题。

2. 分工。诊所学生通常是两人一组代理案件，两个人可能各有优缺点，比如甲乙两位同学共同代理一个案件，甲善于与人沟通，乙擅长速记，那么在会见时就可以由甲负责询问，乙负责记录。在第二次会见时建议调换任务，取长补短。搭档之间也要相互磨合，发现对方的特长和习惯，这样才能配合默契。

3. 整理必要的工具。工欲善其事，必先利其器，会见前，最好准备一份工作备忘录，以便在会见时做笔录。有时经会见对象允许后可以对谈话进行录音，给证据拍照，有条件的搭档可以带上录音笔和照相机，还要准备好文件夹，对不同的资料分门别类。

4. 选择场所、准备着装。谈话的场所对交流的效果往往有重要影响，嘈杂的环境让人心情烦躁，不利于有效沟通，所以诊所学生在会见当事人时要注意选择安静的环境。诊所学生的着装也会对当事人的心理产生影响，大方庄重的着装容易让人产生信任感，也可以体现出学生的职业气质。

当会见在一个安静的环境中开始后，双方首先会作自我介绍，开场白是诊所学生留给当事人的第一印象，开场白是否大方得体、有条不紊，关系到以后的谈话中当事人是否愿意向学生透露信息，是否愿意学生代理案件。

将开场白准备好之后，诊所学生要计划下面的步骤如何进行。通常来说分四步走：第一，请当事人全面陈述案情；第二，就已经掌握的案情和资料向当事人提问，这就要求学生预先在工作备忘录中列出问题表；第三，查阅当事人现有的证据和资料，提醒其准备相关材料；第四，双方互留联系方式并约定下次见面时间。此外学生还要考虑可能发生的意外情况及应对策略。

三、讨论会见计划

常言道："计划赶不上变化。"的确，我们的计划再周密，也不可能与实际状况完全吻合，然而根据实际情况改变计划与根本不作计划，则有本质的区别。制定计划的过程本身就是学习的过程。计划制定出来后要与老师、同学进行讨论，综合大家的意见，完善计划。在实践过程中，可能发生我们无法预见的各种情况，所以计划要具有一定的灵活性，要根据实际情况随时调整计划。这个过程是同学们锻炼思维、积累经验、不断学习进步的过程。

第二节 会见的过程

当详尽的计划已经具备，周密的准备工作已经就绪，时间和地点已经选好，会见就可以开始了。在开场白之后，会见的过程通常分为四个步骤，即了解案情、询问详情、获取资料、总结确认，这四个步骤完成后诊所学生还要进行一系列的后续工作。在会见过程中学生要遵守法律法规，恪守职业道德。

一、会见的步骤

（一）了解案情

这一阶段主要是会见对象全面、详细地叙述案件的全部过程。在这个过程中可以请说话人放慢讲话的速度、学生做好笔录。对于表达能力不强的会见对象，可以采用"开放式"提问。诊所学生要始终保持专注，表现出对说话人叙述内容的兴趣，不要轻易打断其谈话。同时要注意说话人的态度、情绪，揣摩其言外之意。在这一阶段切忌主观判断，要保持理性的头脑，耐心听取和收集所有可能有价值的信息。

（二）询问详情

在了解了案情的详细情况之后，要对信息进行筛选，识别哪些是与案件有关的，哪些是无关的；哪些是客观存在、不容争辩的事实，哪些是有待查证的描述；哪些是影响案件发展的关键，哪些是当事人的主观臆断。在这个阶段，要就不清楚的情况对当事人进行仔细的询问。在询问过程中要注意方式，对不涉及当事人隐私的问题可以开门见山地问，对当事人有意回避的问题要用委婉的方式，避免伤其自尊或引发误解、反感。

（三）获取资料

当事人手中通常保留了一些证据、法律文书等资料，诊所学生可以查看这些资料，判断证据的证明作用和证明力。征得当事人允许后还要复制证据、资料，以便会见后研究。学生还要询问当事人是否还有其他与案件有关的资料，告知还有哪些证据需要搜集，是否要做相关鉴定以及采取其他行动。

（四）总结确认

会见的最后，学生要将会见笔录交给当事人确认并签字，当事人认为不完整之处可以补充。学生还要提醒当事人，如果想起任何遗漏之处可以随时联系代理学生并作补充。这个过程可以让当事人明白双方已经建立起合作关系，同时，详细的笔录是日后诊所学生办理案件的重要依据。

二、后续工作

会见的四个阶段结束后，在送走当事人之前，学生应当征求当事人对会见的感受，协商如何完成后续工作，并对下一次的会见作出安排。首先需要商定的是下一次联系的时间、方式（电话、电邮、通信等），需要交换的意见内容。其次双方需明确各自接下来要做的工作，学生的工作通常包括：

1. 和指导老师见面，汇报访谈经过，听取指导老师的意见；

2. 查阅、搜集相关法律规定；

3. 与当事人提供的证人或其他人员、个人或组织联系，以进一步补充信息；

4. 起草法律文书（根据案情决定）；

5. 制定工作计划，以备与当事人讨论后决定行动方案；

6. 根据案情需要处理的其他事项。

当事人的工作通常包括：

1. 处理紧急事项。

2. 案件复印资料。

3. 筹集诉讼费用。

4. 如果学生需要实地调查、与证人见面，当事人应配合安排时间、地点等事宜。

5. 根据具体案情需要处理的其他事项。①

三、会见中的职业道德

在会见当事人的过程中，诊所学生要遵守一般的社会道德，如尊重当事人的人格尊严、诚实守信、尊敬长者、礼貌待人等。同时诊所的学生虽然不具有律师执业资格，但代理案件的活动与律师的工作相似，所以也应当遵守《律师法》和其他相关法律、法规、行政规章和行业规范，还应遵守职业道德，维护法律人的形象。不少诊所学生将来都可能走上律师的职业道路，坚持良好的职业操守不仅是维护律师职业形象的需要，也是个人修养的体现。事实上，在一般的社会道德之外，世界各国都为律师这一特殊的行业规定了特殊的职业道德要求，如日本《律师法》第2条规定："律师在注重名誉、维护信用的同时，应努力培养高尚的品德，精深的修养。"德国《律师法》第43条规定："律师必须认真执行职务，在执行职务时或执行职务之外均应表现得值得尊重和信赖。"

《中华人民共和国律师法》第2条第2款规定："律师应当维护当事人合法权益，维护法律正确实施，维护社会公平和正义。"第38条规定："律师应当保守在执业活动中知悉的国家秘密、商业秘密，不得泄露当事人的隐私。"第40条规定："律师在执业活动中不得有下列行为：（一）私自接受委托、收取费用，接受委托人的财物或者其他利益；（二）利用提供法律服务的便利牟取当事人争议的权益；（三）接受对方当事人的财物或者其他利益，与对方当事人或者第三人恶意串通，侵害委托人的权益；（四）违反规定会见法官、检察官、仲裁员以及其他有关工作人员；（五）向法官、检察官、仲裁员以及其他有关工作人员行贿，介绍贿赂或者指使、诱导当事人行贿，或者以其他不正当方式影响法官、检察官、仲裁员以及其他有关工作人员依法办理案件；（六）故意提供虚假证据或者威胁、利诱他人提供虚假证据，妨碍对方当事人合法取得证据；（七）煽动、教唆当事人采取扰乱公共秩序、危害公共安全等非法手段解决争议；（八）扰乱法庭、仲裁庭秩序，干扰诉讼、仲裁活动的正常进行。"我国《律师执业道德与执业纪律》第5条规定："律师应当诚实守信，勤勉尽责，尽职尽责地维护委托人的合法利益。"第9条规定："律师应当尊重同行，同业互助，公平竞争，共同提高执业水平。"第20条规定："律师不得以影响案件的审理和裁决为目的，与本案审判人员、检察人员、仲裁员

① 李傲：《互动教学法——诊所式法律教育》，法律出版社2004年版，第129页。

在非办公场所接触，不得向上述人员馈赠钱物，也不得以许诺、回报或提供其他便利等方式与承办案件的执法人员进行交易。"第41条规定："律师应当遵守行业竞争规范，公平竞争，自觉维护执业秩序，维护律师行业的荣誉和社会形象。"

我国《律师执业行为规范（试行）》对律师应当遵守的职业道德作出了明确规定。该《规范》第6条规定："律师必须忠实于宪法、法律。"第7条规定："律师必须诚实守信，勤勉尽责，依照事实和法律，维护委托人利益，维护法律尊严，维护社会公平、正义。"第8条规定："律师应当注重职业修养，珍视和维护律师职业声誉，以法律法规以及社会公认的道德规范约束自己的业内外言行，以影响、加强公众对于法律权威的信服与遵守。"第9条规定："律师必须保守国家机密、委托人的商业秘密及个人隐私。"第10条规定："律师应当努力钻研业务，不断提高执业水平。"第11条规定："律师必须尊重同行，公平竞争，同业互助。"

从这些规定中可以看出，诊所学生在会见当事人的过程中要遵守如下职业道德：

（一）诚实守信，勤勉尽责

诊所学生代理案件一般是义务性的，不涉及经济利益问题，而由于经验的缺乏，同学们往往会付出较大的努力，所以在勤恳尽责方面常常值得称道。向法律诊所求助的当事人一般是社会弱者，同学们总是满怀正义、满腔热情地投入案件调查中。然而，当被问及办案经验问题时，同学们却不够自信，那么"善意的谎言"是否可行呢？答案是否定的，诚实对待委托人既是一种职业道德，也是代理人的法定义务。

（二）严格保守秘密

"作为律师，我的嘴巴是密封的"——这是著名律师、美国律师协会道德与专业职业委员会前任主席劳伦斯·福克斯的一句名言。律师保守职业秘密，既是律师必须恪守的职业道德，也是律师的法定义务。所谓"秘密"就是指具有隐蔽性质的信息，当事人对其不被泄露具有精神上的或物质上的利益，包括国家机密、委托人的商业秘密和个人隐私。①《中华人民共和国律师法》第38条规定，律师应当保守在执业活动中知悉的国家秘密和当事人的商业秘密，不得泄露当事人的隐私。诊所学生在会见当事人之前就应告知当事人，自己负

---

① 王新清主编：《法律职业道德》，法律出版社2007年版，第182~183页。

有保密义务。

（三）尊重同行，公平竞争

由于受年龄、经历的限制，诊所学生的能力常受到当事人的怀疑，如果学生说："我们是没有那么多的经历，但律师事务所也有年轻律师，他们也没有经验。再说我们有指导老师指导，他们则没有。"或者说"律师事务所的律师包赢是为了赚你的钱，而我们是法律援助，不为赚钱，只为胜诉"，都是有违律师职业道德的行为。①《律师执业道德与执业纪律》第 42 条规定："律师应当尊重同行，相互学习，相互帮助，共同提高执业水平，不应诋毁、损害其他律师的威信和声誉。"《律师法》第 24 条规定："律师事务所和律师不得以诋毁其他律师或者支付介绍费等不正当手段争揽业务。"

此外学生还要处理好与执法机关、执法人员的关系。《律师执业道德与执业纪律》第 21 条规定："律师不得向委托人宣传自己与有管辖权的执法人员及有关人员有亲朋关系，不能利用这种关系招揽业务。"

第三节 会见的技巧

根据会见对象的不同，会见可以分为两大类，一是会见当事人，二是会见证人。会见证人又可分为会见友好的证人、中立的证人和不友好的证人三类。不管在哪一类会见过程中，诊所学生都可能遇到许多困难，如会见对象表达能力有限；案件发生的时间太久远，会见对象记不清案情细节；当事人不便透露部分情节；证人不愿作证等。遇到这些情况时，需要学生运用一定的技巧，获得所需的信息。会见中可以运用的技巧有很多，这里就会见当事人和会见证人的技巧分别讨论。

一、会见当事人的技巧

在会见当事人过程中，会见的环境、接待人员的态度、说话的方式等都会对会见对象的心理产生影响。所以诊所学生要慎重选择会见场合、注意自己的言谈举止、把握听和说的技巧。

1. 环境。在谈话时，晴好的天气让人心情舒畅，有窗且视野宽广的房间让人心胸开阔，无人打扰的环境让人可以畅所欲言。如果让当事人冒着倾盆大

---

① 李傲：《互动教学法——诊所式法律教育》，法律出版社 2004 年版，第 141 页。

雨长途跋涉势必会影响会见的效果，所以在时间不紧急的情况下，要尽量选择晴好天气与静谧的环境与当事人见面。

2. 态度。在第一次会见时诊所学生要主动开始谈话，自我介绍要有条不紊、落落大方，这样可以增加当事人对我们的信心。诚恳的态度应当贯穿于整个谈话过程中。不管是聆听还是应答，都应当积极主动。礼貌待人也是必备的素质，对待长者要表现出必备的尊敬，对待同龄人也要有必要的礼节，这可以提高自信并奠定与当事人友好相处的基础。在谈话时要专注，你若对某一问题的陈述缺乏耐心，对方容易失去继续会谈的信心。

3. 聆听。在聆听过程中要注意多听少说，不要做评判，尤其不能当面指责当事人。"你早就应该采取行动了，为什么拖到现在"，"你这么做是违法的"……诸如此类的评论都不应当在会见中出现。不要因为当事人对自己遭遇的描述而义愤填膺，可以表示理解和同情，但观点应当客观而有保留。要注意观察陈述者的表情，注意捕捉其言外之意。

4. 发问。不同类型的问题要采取不同的发问方式。简单并且只涉及客观事实的问题可以单刀直入地问；比较敏感的问题则要采取委婉一些的方式，可以先作一些铺垫，然后抓住时机，有针对性地问。提问题时语言要得体，要把握当事人的心态。①

5. 应答。当事人往往会对诊所的办案方式、对诊所学生本人以及对自己的案件存有疑虑。当事人提出问题时，诊所学生要积极应对，不能让自己陷入被动。对于可以直接回答的问题要明确回答，需要详细解释时要详尽、有条理地解释，不要厌烦；对于难以直接回答的问题，如当事人对学生能力的质疑，可以表明态度和做法；对于一时拿不准的问题，可以暂时回避、转移话题或是约定时间另行回答。给当事人的建议一定要依法、谨慎、可行。②

二、会见证人的技巧

正如本节开头讲到的，证人分为友好的证人、中立的证人和不友好的证人三类。会见证人要充分考虑是否需要让当事人回避。友好的证人通常与当事人有一定的关系，希望保护当事人，当事人在场可能会有利于庭审准备，但也可能因当事人在场导致证人的陈述有失偏颇；中立的证人与案件没有什么关系，

---

① 参见陈卫东主编：《中国律师学》，中国人民大学出版社 2002 年版，第 69~70 页。
② 参见胡锡庆主编：《律师实务学》，复旦大学出版社 1991 年版，第 346 页。

可以对案件作比较客观的陈述，若当事人在场，证人碍于情面，可能只说对当事人有利的内容，缺乏全面性；不友好的证人本来就对当事人抱有敌意，见到代理人与当事人在一起可能根本不愿与代理人交谈。此外，调查取证时一定要遵守法定程序，要依法定程序取得证据。

会见友好的证人时通常不会有太大困难，但是要注意有多个证人时，要分别会见，分别记录，以免证人之间相互影响。还要注意提问的顺序，诊所学生认为证人愿意回答的问题可以先提，然后循序渐进，逐步深入。

会见中立的证人时可能遇到的困难是证人基于"多一事不如少一事"的想法不愿作证，这时诊所学生可以先从法律的角度告知证人，凡是了解案情的公民都有作证的义务。然后可以向证人分析利害关系，引发证人对弱者的同情，打消证人的顾虑，还可以阐明案件的社会意义，增强证人对案件胜诉的信心，肯定证人作证的重要意义。总之，从各个角度说服证人作证。

会见不友好的证人相对困难，诊所学生不要期待得到证人的肯定或配合。将这类证人的谈话当做信息收集的途径，通过预先了解证人的观点为诉讼做准备。

第四节　会见的评估

每一次会见完成后，诊所学生都要对这次的会见情况进行评估，评估的内容包括会见的计划、计划的实施情况以及此次会见的利弊得失。

一、会见的计划

1. 会见的计划包括哪几个方面？
2. 目标是否明确？
3. 搭档之间是否有充分沟通？是否有合理分工？
4. 是否精心选择了会见的时间、地点？
5. 是否有问题列表？
6. 计划是否包括了替代解决方案？
7. 个人制定的计划与经过小组讨论后的计划有何不同？

二、会见的内容

（一）会见的过程

1. 会见的开场白合适吗？当事人、证人有什么反应？

2. 代理人的衣着、姿态、就坐的方式合适吗？

3. 是按计划上的步骤进行会见的吗？如果不是，哪些因素影响了你预先拟定的步骤？

4. 在会见过程中你的态度如何？当事人、证人有何反应？

5. 提问是否按照一定的顺序？

6. 你能通过察言观色了解会见对象的言外之意吗？

7. 为了获得有用信息，你运用了哪些技巧？

8. 会见中发生了让你很意外的事件吗？如果有，是哪些？为什么它们让你感到意外？

（二）会见的效果

1. 详细了解案情了吗？案件性质与你之前认为的是否相同？是否明确了案件目前所处的阶段？

2. 当事人的最终目的是什么？是否经过当事人的确认？

3. 当事人想通过什么途径解决纠纷？

4. 当事人状态如何？情绪如何？

5. 现有哪些证据资料？哪些是已有的，哪些是需要收集的？

6. 获得了哪些新的信息？是通过什么方式获得的，对方主动陈述还是询问得知？

7. 获得了当事人的信任吗？如果有，是通过什么方式获得的？如果没有，为什么？

8. 给当事人提出了意见或建议了吗？是针对哪些事项提出的？是否合适？

9. 双方是否互留了联系方式？是否约定了下次见面的时间、地点？

三、会见的评估

1. 会见技巧运用的效果如何？下次会见时将如何改进？

2. 你与对方的沟通效果如何？哪些因素影响了沟通效果的成败？

3. 是否有效控制了会见过程？是否作了结论性的评判？有无打断当事人的陈述的情况？

4. 你与搭档配合默契吗，你认为他（她）在会见中的作用如何？哪些还需要改进？

5. 在会见过程中你完全遵守了职业道德吗？遵守职业道德和达到你的目的之间是否存在矛盾？如果有，你将如何调和这种矛盾？

6. 你认为当事人对会见是否满意？为什么？

第五节　会见的实验项目

一、会见当事人

实验项目一：会见前准备

1. 实验目的：学习如何为会见做准备。

提示：诊所学生在会见当事人之前往往需要对案件的大致情况有一定了解，当事人的案件日前已处于哪一个阶段，是诉讼之前？一审当中？还是判决已结束，上诉审尚未开始？或是终审判决已下，当事人欲提起申诉？在登记表中，接待人员要求第一次来访的当事人填写案件最新状态。会见前，诊所学生需要查看案件进度，针对特定阶段做准备。诉讼程序与非诉讼程序的代理有显著的不同，准备方式也不同。了解案件背景能够使学生在会见中有的放矢，抓住重点，并能通过案件进展情况侧面了解法院及对方当事人的态度，从而对案件的难易程度有一个估计。此外学生还要查阅相关法条，以便应对当事人的提问，当事人寻找法律援助，最希望获得的是法律上的指导和帮助。诊所学生已学过许多法律知识，以此为基础，按照当事人申请表上的关于案件的基本介绍，有针对性地复习已有的法律知识，查询与案件相关的法律规定。对法律规定十分明确的事项当场予以解释、说明，会给当事人留下较好的印象。学生还要调整好会见时的心态，推测当事人的态度、可能遇到的困难等。本实验的目的就是让学生学会制定会见当事人的计划，填写行动计划表，以便为会见当事人做好充分准备。

2. 实验素材。

【案例】

张某，女，1948年出生于湖北嘉鱼，张某在2002年1月16日与湖北省武汉市江夏区某林场签订合同，其中约定：由该林场前期出地五十亩、二期出地三百亩，张某首期出资三百万元，合作开发一游览园，门票二八分成，张某得八成，合作期五十年，如果张某没有按期把资金注入，则甲方（林场）有权单方解除合同，合同签署后，张某和林场没有进行使用权转让的登记。而到了2005年3月10日，林场将张某诉至武汉市江夏区人民法院，理由是张某的资金没有注入；而张某则认为，真实原因是由于林场和江夏区人民政府勾结，要把林场卖给深圳某集团。后来，由于张某没有钱交反诉的费用，此案以原告撤诉结案，但张某此时已被赶出林场公园，其遂向诊所求助。

行动计划表①

类型（周计划或具体行动计划）

计划人

计划目标

计划内容

准备工作

预见困难

3. 实验步骤。

步骤一：将学生分为四个小组，每个小组 7~8 个人。其中一名汇报人，汇报本组的访谈计划内容；一名观察员，不参加讨论。

步骤二：由教师讲解会见前准备的相关理论知识，强调需要注意的细节。

步骤三：由学生针对上述案件制定行动计划。教师或学生助教分散至各组，或巡回观察各组讨论情况。

步骤四：汇报员汇报本组讨论的组织、进程、效率、方式、个体参与程度、合作与沟通、异议的处理等。其余人可作补充发言。

要求：每组汇报人将有 5 分钟汇报本组的计划，观察员有 3 分钟汇报本组讨论情况（教师根据汇报分别列出各组的主要访谈计划，各组观察员的观察

---

① 参见附录：武汉大学《行动计划表》。

结果）。

步骤五：将各组制定的行动计划进行比较，老师进行评论。

比较的内容：

（1）考虑到衣着了吗？

（2）地点的选择（诊所？接待室？寝室？当事人办公室？）。

（3）有问题列表吗？

（4）是否预见了意外事件以及应对措施？

（5）相关法律知识的准备——从现有材料中是否可以判断适用的实体法或程序法？是否需要查阅具体法律规定？对此类型案件（涉税案件），法律有何特殊规定？

4. 讨论与思考。

会见之前，学生在计划表中列出诸多疑问，期望层层深入地了解案情。但如果与当事人的沟通出现问题，怎么办？如果当事人忘记一些关键的信息怎么办？如果案件发生了新的变化，怎么办？如果当事人改变初衷，希望换个方式解决问题，怎么办？学生在制定计划的同时，必须有足够的心理准备，保证计划的灵活性、开放性，随时改变计划，调整方案。

以下是处理本案例的诊所学生在会见当事人之前所列的行动计划表。请同学们阅读后思考如下问题：

（1）这份行动计划是否合格？有哪些优点、哪些不足？

（2）如何使计划恰当、完备、充分？

（3）是否需要列出问题清单？

（4）是否需要研究相关法律？

（5）如何与合作伙伴合作？

（6）会见如何开头、如何结尾？

实验项目二：询问与聆听

1. 实验目的：学会有效沟通的技巧。

提示：询问与聆听的作用是：做好基础工作，成为以后书写起诉状、申请书、代理词等法律文书的依据；存档，成为案件材料的主要部分；帮助当事人平静情绪。按部就班地陈述、填写表格，可以给当事人一种有秩序的、严谨正式的感觉，同时帮助当事人平静地进行下一步的案件陈述。仔细聆听也是了解当事人真实想法的过程，有些信息与法律无关，但作为代理人应当知道，因为它们与当事人的利益有关。要帮助当事人解决他的问题，必须了解他的真实想法，他的处境，仅仅知道法律事项是不够的。聆听同时也是与当事人建立良好关系的基础。当事人陈述的事项里，包含他的忧虑、担心、猜测甚至想象。学生对当事人的态度，特别是对当事人情绪的关注，直接影响着双方的关系。学生表现出的关心、理解和同情，会使当事人觉得学生已经和他站在一起，学生理解和尊重他，将来也会从他的角度考虑问题。反之，漠视、面无表情让当事人产生距离感；怀疑、取笑、指责，则会彻底破坏与当事人之间的关系，为日后的代理工作增加难度。本实验的目的就是让学生学会识别影响判断的个人偏见，体会有效交流的方式，感受开放式聆听技巧对获得信息的重要性。

行动计划表

类型（周计划或具体行动计划）：会见当事人

计划人：陈××、王××

计划目标：了解基本案情、获得相关证据、与当事人建立信任关系。

计划内容：1. 两人分工，一人负责与当事人交谈，另一人负责记录；

2. 请当事人陈述案情并做记录；

3. 就具体细节向当事人提问，问题清单：（1）张某为什么没有按期出资，（2）将林场卖给深圳某集团这一情况张某是如何得知的，（3）张某有哪些证据证明她所说的情况，（4）当事人希望如何解决纠纷……

4. 复印相关证据；

5. 与当事人互留联系方式，约定下一次见面时间。

准备工作：1. 查阅《民法通则》、最高人民法院司法解释关于侵权行为的规定。

2. 本案是否在诉讼时效内。

3. 调整好心态，准备会见当事人时的着装。

预见困难：1. 难以与当事人沟通；

2. 当事人对我们不信任；

3. 出现其他意外情况。

---

2. 实验素材。

【案例】

　　2003 年 10 月 7 日中午 2 时许，张某（10 岁）在李某正在建设房屋旁的一栋楼房上玩耍，因张某的玩具掉落至李某正在建设的房屋工地内，张某即从李某房屋旁的另一在建房屋内穿过至李某房屋旁边寻找玩具。李某的房屋交由不具备建筑资格的袁某承建，袁某雇请的工人在拉扯电线时，不慎将砖块拉脱，将正在寻找玩具的张某头部砸伤，张某受伤后被送至医院进行治疗，花费医疗费 400 元，之后，张某被转至另一医院，被诊断为急性颅脑损伤，住院七天，花费医药费五千余元，2003 年 10 月 23 日，法院法医技术室对原告伤情进行鉴定，结论为张某颅脑损伤属十级伤残，后期医疗费用约需人民币 3000 元。张某的父亲要求李某赔偿全部费用，李某拒绝，张某的父亲遂向诊所求助。

3. 实验步骤。

步骤一：将学生分成若干组，四人一组，其中一人为观察员，一人扮演当事人张某的父亲，另外两人扮演负责接待的学生。

步骤二：由诊所学生会见当事人，观察员进行观察，教师或学生助教分散至各组，或巡回观察各组情况。

步骤三：观察员汇报本组会见情况，其他人员可作补充。

步骤四：评估。

4. 讨论与思考。

负责接待的学生需要回答：对当事人有何感受，相处得如何；获得了哪些信息；是否当场给当事人提供了建议；你认为自己是否理解当事人的愿望；会见中是否遇到了意料之外的问题，如果是，是哪些问题，你怎样处理的。

张某的父亲的扮演者需要回答：代理人的表现如何，是否理解你的真实想法，是否愿意请他们做代理，如果你是代理人，哪些地方可以做得更好。

观察员：评价双方的表现。

实验项目三：记录的技巧

1. 实验目的：锻炼记录能力。

提示：记录的目的之一，是方便总结确认，确保学生准确、全面地了解所有信息，给当事人一个修正补充的机会；目的之二是让当事人知道他的情况已经被记录在案，清晰、明确、重点突出、内容恰当的记录总结会让当事人感觉被接受和理解，从而建立起他与代理学生之间的友好、信任关系；目的之三是留下详细的案件资料，供后来的同学查阅。每个人的习惯不同，记录方式无需强求一致。有些学生用类似速记的方式记录下所有的信息，然后加以整理；有些学生只记下几个字或几行字，但足以使他们记下所有的信息，在整理中不会造成遗漏；有些同学分工明确，一个同学只管问，另一个同学只管记录，而后相互提示和检查；有的学生有很强的记忆力，习惯于问的时候不记录，待全部问完后，从头到尾记录下来。不论用何种方式，最后的记录一定要完整、准确。

2. 实验素材。

【案例】

  杨某（男）由于怀疑其同事盗窃其手机，在未经同事允许也没有向单位领导报告的情况下将同事的密码箱拿到派出所报案。后在派出所的主持下开箱查验，并未发现杨某的手机。同事称密码箱内原有 300 元现金，现在丢失，认为是杨某所为，要求其偿还 300 元现金并赔礼道歉。派出所当时并未处理这起事件，而是交由当事人自行调解解决。于是在站长的主持下，杨某和密码箱的主人初步同意签订调解协议，由杨某支付 300 元，了结纠纷。但是杨某认为钱并不是自己拿的，不应该签所谓的调解协议，因此调解没有成功，而当时准备发给杨某的工资也由于这个事件而暂时没有发给杨某。杨某遂向诊所求助。

3. 实验步骤。

步骤一：将学生分成若干组，三人一组，每组准备一份工作备忘录。

步骤二：由教师讲授记录技巧。

步骤三：每组学生中一人扮演当事人杨某，另外两人扮演负责会见杨某的诊所学生，一人负责与杨某交谈，另一人负责记录。

步骤四：由每组负责记录的学生汇报其记录情况，其他学生对记录作出评价。

步骤五：教师点评。

4. 讨论与思考。

以下是负责该案件的诊所学生第一次会见当事人时所做的笔录，请同学们阅读后思考：

（1）这是会见中哪一阶段的备忘录？

（2）你能从这份备忘录中了解大致案情吗？

（3）这份备忘录能起到什么作用？

工作备忘录

工作类别：会见当事人

时间：2006 年 12 月 3 日

地点：武汉大学

记录人：罗××

参加人：李××

记录事项	备注
1. 杨某手机在宿舍丢失，并怀疑是其同事所偷。	问题：丢失时间，手机价值。
2. 10 月 8 日杨某将该同事密码箱在未经该同事许可的情况下拎到派出所报案。后经派出所民警打开没有发现手机。	派出所是否出具了相关证明。
3. 该同事称其密码箱中有 300 元现金丢失，并认为杨某盗窃其 300 元现金，并向派出所报案，由于没有证据证明，回到了发行站。	
4. 后由发行站站长主持进行调解，调解并未成功。	
5. 杨某称站长因此扣押他的 300 元工资，由于工资被扣而生活困难。	杨某每月工资为多少。
6. 其同事提出有证人证明看见了杨某盗窃。但是经查明是该同事的亲兄弟及其舅弟提供的证明。	

二、会见证人

实验项目一：会见不友好的证人

1. 实验目的：掌握会见不友好的证人的技巧。

提示：会见不友好的证人是会见中相对困难的环节，会见不友好的证人要充分运用策略。策略之一是单独会谈，不要让本方当事人和对方当事人在场，减轻对立情绪。策略之二是调整好谈话心理，并尽力影响证人。如提问时较多地运用开放式问题，注重体现访谈的目的是为了了解事实真相，以是否能获取真相作为访谈成果，避免有意图、有针对性的提问；不带任何倾向性地认真地听取证人的回答；利用个人人格魅力如诚恳、和善、客观、耐心、关怀赢得证人的好感，让他觉得他尽管对本方当事人不满，但对这位代理人印象不错。希望通过本实验，学生能掌握会见证人的一些技巧。

2. 实验素材。

【案例】

郝某（女，37 岁）要求与丈夫鲁某（男，41 岁）离婚的案件。郝某与鲁某于 1994 年经婚介所介绍认识，一个月后登记结婚，于 1995 年 4 月生育一女，婚后鲁某因嫌弃郝某生的是女儿，经常打骂女儿并把自己的疾病归结于女儿和郝某。同时由于郝某为未婚先孕，鲁某怀疑女儿不是自己亲生的，不但打骂女儿而且打骂原告，结婚十多年夫妻二人经常争吵。郝某认为目前的婚姻给自己的身心带来了巨大的折磨，多次与鲁某协议离婚未果，遂诉诸法庭，希望结束自己的婚姻。诊所学生在会见当事人后决定到当事人所在居民区的居委会调查取证，居委会的黄主任接待了他们。

材料 A：

你是郝某所在居民区的居委会主任，你对郝某一家的情况很了解，郝某曾因受到其丈夫的打骂数度想轻生。你认为郝某要求离婚可以理解，但是俗话说"宁拆十座庙，不破一桩婚"，作为居委会主任，你觉得不能表现出对离婚的赞同。况且，郝某的家庭情况十分困难，是低保户，如果离婚，女方以及孩子会加重居委会的负担；郝某的身体也不好，如果离婚后郝某的身体状况恶化，她女儿可能会成为孤儿，你不希望你管辖的居委会出现这种情况。还有，鲁某性情暴躁，你也不想惹祸上身。所以，郝某每次来找你，你都对她要求离婚的决定表示反对。

材料 B：

你们是法律诊所的学生，你们接受了郝某的求助，并对案情有了一定了解，你们希望能从郝某居住的居委会那里获得一份证词，证明郝某与其丈夫的感情确实破裂，并希望得到关于鲁某实施家庭暴力的信息。但据郝某所说，居委会主任并不赞成她离婚，不想给她离婚提供帮助。

3. 实验步骤。

步骤一：将学生分为若干组，四人一组。两人扮演郝某代理人，手中只有案例和诊所材料 A. 一人扮演居委会黄主任，手中只有案例和材料 B. 一人为观察员，手中只有案例。

步骤二：教师讲解会见证人技巧。

步骤三：每组学生会见证人，观察员观察，教师或学生助教分散至各组，或巡回观察各组会见情况。

步骤四：观察员对其所观察到的情况做汇报，扮演证人的学生、负责会见证人的学生分别描述会见的过程和感想。

步骤五：教师进行总结。

4. 讨论与思考。

以下是负责此案的诊所学生会见黄主任的真实记录，请学生思考如下问题：

（1）代理人在会见证人时注意了哪些问题、忽视了哪些问题？

（2）代理人在交谈时语言有失误吗？如果有，请指出来。

工作备忘录	
时间：	
地点：	
记录人：宋××	
参加人：黄主任、罗××（诊所学生）、宋××（诊所学生）、郝某	
记录事项	
一开始居委会工作人员对我们不予理睬，个别甚至一见到原告就躲开了，后来我们出示了介绍信，黄主任才接待了我们。	
罗：您好，我们是……的工作人员，郝女士已经向法院提起离婚诉讼，她现在委托我们作为她的代理人。我们想对她的情况有个客观的了解，您能不能给我们介绍一下她的情况。 黄：她是个什么情况呢，残疾人、低保户、家里非常困难，靠吃低保过日子，你说像这种家庭还要离婚？（向郝）我可告诉你啊，离婚了你的低保费就要下调了。	
郝：下调就下调，这日子实在过不下去了，他成天赶我们。	
黄：他说是你赶他。	
郝：我已经跟他说过起诉的事情了。	

黄：哪个家庭没有矛盾？你说你离婚了吃什么喝什么，他坏是坏，但多少还可以跟你做点事啊，我看上次给你们调解后你们俩蛮好的嘛，他冬天的时候高血压，你不是还扶着他去医院吗？两个人手牵手亲热得很呢。怎么这么快就变了呢，我看你们还是有感情的。	
郝：那是没办法，我不管他谁管他。我几次要求他协议离婚他都不答应。	
黄：说明他不愿意。	
郝：反正不断也得断。	
罗：平时他们到这儿来反映过吗？	
黄：平时也没见他们吵得厉害。	
罗：说6月28日有动刀子的情况，您听说了吗？	
黄：没听说。	
宋：她老公平时在旁人看来是个什么样的人？	
黄：她老公脑筋也有问题，就是智商不高，他到哪里工作都拿不到钱。平时他们吵架也只听说吵，夫妻嘛，平时都有点，她老公我们一般也碰不到，所以他们吵架程度我们也不知道。他们两人无生活来源，家里很穷，你们最好不要拆散他们。	
宋：这不是我们要拆散，而是她已经向法院起诉，我们只是履行代理人的职责，离不离婚还是要看当事人自己的意思。如果没有了感情，强捆在一起也不幸福。	
黄：（向郝）你要考虑好，以后不要来找居委会的不是。	
郝：你们放心，我不后悔。	
宋：您能不能给我们出份证明，说明他们夫妻感情不和，曾多次找居委会调解，但都效果不大。	

续表

黄：不啊，有效果啊，他们去年冬天还手拉手呢。	
宋：噢，我们不是这个意思，只是请您证明一下他们家不和的事实。	
黄：这个我们不能开，因为怕她老公会来找我们麻烦，你说是不是？	
罗：只是讲一下事实，不要说明他们谁对谁错。	
黄：这样吧，你们先去她单位，她单位肯出证明，我立马也出，行了吧？好了，你们快去，免得她单位下班了。我们这里还有事，就不留你们了。	
罗：那谢谢了，给你们添麻烦了，再见。	

实验项目二：会见中立的证人

1. 实验目的：锻炼和中立的证人交谈时的技巧。

提示：学生和中立的证人谈话，事先应尽可能了解证人的个人情况，如性别、年龄、性格、爱好、品格、脾气、修养、阅历、生活习惯等，以便谈话时投其所好，赢得好感。谈话之前，要认真考虑会见地点，是办公室、住处、公园还是餐馆？是提前预约还是临时造访？是当事人陪同还是学生单独前往？由于中立的证人无固有偏见，上述考虑的出发点是：充分尊重证人，不要给证人造成不便，不要影响其正常的生活和工作，当然还要防止其借故推托。访谈中应注意营造和谐的氛围，对证人的付出予以肯定，对证人的顾虑表示理解，对证人的帮助表示谢意，"做一个好人，而不是一个询问机器"。尽快培养良好的信任关系，为将来的法庭上的合作奠定基础。和中立证人的见面时间，原则上是越早越好。因为对方同样可能找到这位证人。越早谈话，越有可能固定有利的信息。有研究证明，人对于截然相反的观点，常常趋向于接受最先的意见。

2. 实验素材。

【案例】

当事人赵 B 口述：1998 年 7 月初，某市地税局以该市某装饰材料批发商行合伙人赵 A（男，长子）、赵 B（男，次子）、赵 C（女，长女）

兄妹三人未按时缴纳税款为由，对赵氏兄妹的批发商行采取行政强制措施。7月20日，市地税局城区稽查分局工作人员强行将商行内36件货物装上车，准备拖走。原告赵 C 爬上托运货物的货车，要求清点货物，被地税局一工作人员从车上推下，当即腰痛难忍，跌坐在地上，在邻居姜某的搀扶下才勉强站起来，装运完货物后，赵 C 强忍疼痛与赵 B 一同随车到地税分局清点货物。在地税局的一间办公室内，赵 B 要求分局工作人员解释税率提高、税款总额比去年增加近十倍的原因，遭到地税分局工作人员的围攻、毒打，致赵 B 当场昏迷。后"110"巡警赶到，将赵 B 送往医院。赵 C 亦因肾脏受外伤住院。现赵 B、赵 C 已出院，准备起诉某市地税局违法行政。

资料 A：

你是赵的代理人，赵向你介绍了几个可能作证的人，有邻居姜某（和赵是同行，也开一家装饰店）、小货车司机、110 当班警察、值班医生，还有许多不知名的行人围观（需要到附近查找）。

资料 B：

你是姜某，赵的邻居，也是他们的同行，你目睹了事情的全部经过。这些年来，税率一直提高，地税局野蛮执法，你对此很不满，也希望能改变现状，但是你担心对于行政机关"告他一阵子，管你一辈子"，所以你只好安于现状。对于赵的情况，你很同情，也很支持他们起诉，但你不愿意作为原告方证人，因为不想得罪地税局。何况，赵与你有商业上的竞争关系，如果赵因此事而失去竞争上的优势，对你也有好处。现在，赵的代理人找到了你，希望你能出庭作证，你内心很矛盾。

3. 实验步骤。

步骤一：将学生分成若干组，三人一组，其中一人扮演姜某，另外两人扮演赵的代理人。扮演代理人的学生只有案情简介和资料 A，扮演姜某的学生只有案情简介和资料 B。

步骤二：各组扮演代理人的学生与扮演姜某的学生会见。教师巡回观察各组会见情况。

步骤三：各组汇报会见结果及会见过程。

步骤四：学生交换会见心得。

步骤五：教师点评。

4. 讨论与思考。

（1）会见中立的证人时会遇到哪些困难？

（2）说服中立的证人出庭作证可以采取哪些策略？

三、会见的评估

实验项目一：制作评估表

1. 实验目的：学会对一次会见进行评估。

提示：事后评估是会见的最后一个环节，也是承上启下的一个环节，评估可以分析利弊得失，为以后的会见总结经验教训。

2. 实验素材。

【案例】

　　艾某（男，60岁），1986年9月26日，在体育课为学生作示范动作时受伤，到公费医疗指定医院治疗，当时诊断并不严重，艾某拿了点药就回家了。第二天，艾某的手出现麻木状况，到协和门诊去看，诊断后要求马上住院。当天艾某留在医院接受治疗。由于费用较高，10月20日，艾某就出院了。当时医院有家庭病房，艾某在家里继续治疗，每天有医生过来检查。又治疗了2个多月以后，新学期到来，1987年2月，艾某重新上班。1988年6月30日艾某被聘为武汉某中学教师，一直工作至1988年8月。其间，艾某取得了突出的成绩，曾带领学生出去比赛。当时艾某是该校体育组组长，但该校校长任命教导处主任一女老师作为领队，引起艾某不满，艾某因此与校长有过争执，在比赛期间艾某排挤那个女老师，她回来后向校长汇报了情况。

　　1988年新学期第一周（预备周）期间，8月28日，艾某正在备课，被校长叫去，不让他继续当体育组组长，也不让其继续上课，听候安排。艾某多次与校长协商，3个月后，艾某被安排到学校的教学门市部工作。校方说不去就停发工资，艾某于是去工作。当时校方承诺1年之后可以重新上课。但每次艾某要求从事教学工作都被校方以有困难为由推托。1992年4月或5月艾某回家休息，不再上班，仍领全额工资。之后艾某仍在找校方解决问题，但校方一直不同意其上课。1993年2月，艾某收到退休通知，从此之后，艾某拿75%的工资。之后没几个月，校长退休，新校长的态度跟原来的校长一样。2004年2月15日，艾某向江汉区教育局申诉，到3月3日为止区教育局没有答复。于是，3月3日，艾某向市教育局反映，市教育局给了一份材料，艾某当天带交给区教育局人事科科长，区教育局要求学校就艾某的问题作出回复。3月8日，学校向区教育局作了回复。区教育局直接把学校的回复提交市教育局，艾某在市教育局看到材料，2004年4月15日艾某写了题为《我对我的申诉信内容的补充说明和举报（之三）》的材料，以后每次申诉艾某都将此材料交一份给申诉机构。后艾某继续到各级反映情况，并于2005年1、2月陆续从市教育局拿到批准病退所依据的5份材料，包括当时的病历。同时，艾某指出材料的一处漏洞，即申请退休的报告落款日期晚于退休登记表的落款日期。之后艾某继续申诉。2002年3月9日，艾某向市政府写信反映情况。3月18日，艾某到市政府法制办去谈该事。3月21日市法制办答复该事项属区政府管辖范围，让艾某申请区政府复议，同时责成区政府受理。区政府受理后，要求武汉市公安干部学院司法鉴定所做了笔迹鉴定，3月30日鉴定结论：报告是艾某所写。区教育局于4月7日向市教育局回复，否认有行政不作为和行政乱作为行为，并于5月9日回复艾某，认为"病退手续是自愿真实，符合程序的"。5月24日艾某才收到此文件。5月23日，区政府回复艾某，但艾某认为回复内容与其要求无关。2005年6月8日，艾某向法院起诉，法院不予受理。7月7日，艾某上诉，法院维持原裁定。

艾某继续到处申诉，直至第二次鉴定结论作出：报告和样本并非艾某所写，撤销上次鉴定结论。但2005年11月14日，艾某再次向区教育局申诉，得到同样的结果。江汉区教育局信访办于2006年1月9日作出信访答复函。艾某不服该答复函，向区政府申请复议，区人民政府作出江政复决字（2006）第1号行政复议决定书维持该信访答复。于是，艾某提起行政诉讼。

评 估 表①

评估人：	
被评估人：	
原始计划：	
实施情况：	
利弊得失：	
分析与改进：	

---

① 参见附录：武汉大学《评估表》。

3. 实验步骤。

步骤一：将学生分成若干组，三人一组，其中一人扮演当事人，另外两人负责接待当事人，每组准备一份评估表。

步骤二：学生阅读案件材料并会见当事人。

步骤三：学生对会见情况进行评估。

步骤四：学生汇报评估情况。

步骤五：教师点评。

4. 讨论与思考。

以下是办理此案的诊所学生所做的评估表，请同学们阅读后思考如下问题：

（1）这份评估表内容完整吗？

（2）你所做的评估表与这份评估表相比有哪些优点、哪些缺点？

（3）会见后的评估可以起到什么作用？

评 估 表

评估人：	刘××、汪××
被评估人：	刘××、汪××

原始计划：会见当事人，细致了解案情，并把我们看材料的过程中产生的疑问问清楚。同时向当事人交待清楚一些事情。

实施情况：我们在学校里会见了当事人，让当事人把案情给我们做了细致的介绍，并根据当事人的陈述进行了询问，会见持续两个半小时左右，基本达到了目的，了解了案情。

利弊得失：会见进展得很顺利，当事人对案情的来龙去脉很清楚，我们也得到了当事人的信任，他很信任我们，并对我们的要求如收集证据，复印资料等都很配合。

分析与改进：由于当事人是老师，所以清楚地陈诉案情没有任何困难，我们觉得不足之处在于我们不能很好地控制当事人，所以某些与本案并无直接关系的情况，当事人也往往陈述得很细致，浪费了很多时间，同时也使案件在我们的头脑中被人为地复杂化了。我们认为如果会见前已经通过书面文件了解了案情，那么有针对性地向当事人提问，效率应该更高，头脑也会更清楚，很多没必要谈起的事情也不会被提起。

实验项目二：会见的比较与评估

1. 实验目的：比较评估、总结经验。

提示：有比较才有鉴别，在会见当事人之后，诊所学生可能会互相讨论会见当事人的过程，并对各自的优缺点进行评价，这种比较、评价的过程正是发现问题、积累经验的过程，本实验的目的是通过比较不同的会见过程让学生学会发现会见中的问题，并在实践中尽量避免这些问题。

2. 实验素材。①

一队：（南非队）

C 指客户（当事人）

ST1 指律师 1

ST2 指律师 2

{开场白未转录}

ST1：菲利浦先生，首先向您告知，您今天向我们告知的一切都将被严格保密。这里您告知的任何内容都不会被散播出去。

C：好的。

ST2：所以请试着尽可能向我们坦诚，我们也会试着尽可能对您坦诚。

C：好的。

ST1：我想我们的秘书已经通知您我们为此次首次会见留出了 30 分钟，但是我们会非常尽力地在这儿为您服务。无论有什么工作要做，无论您需要做什么，我们都会随时准备去做以尽可能的帮助您。

C：太好了，太好了。我确实十分需要帮助。

ST2：我想，首先让您知道，我们对此次半小时的首次会面的收费是 200 兰特（南非货币单位），此后我们每小时收费 400 兰特，我想这对我们才公平。我和我的同事认为，两人组成团队的智慧要优于一个人，而且我们尝试一起工作以缩短时间从而把费用减到最低。你认为这样可以吗？

C：哦，当然，很好。

ST2：好的，那就太好了。

ST1：现在，为什么不谈谈你为什么来这里呢？出了什么问题？

C：呃……如果你们最近几个月里看了新闻或报纸，你们一定知道这个九岁的小女孩，Amanda Richardson，她失踪了，她的父母在到处找她。

---

① 资料来源：1999 年国际客户会见大赛，本部分截取了代理人和客户第一次见面时，开场白、基本情况介绍后的阶段，大约在见面后第 10~20 分钟之间的谈话内容。

我知道她在哪儿，但我不知道我该怎么做，怎么去处理那些现在警察都介入了，人们都在议论的信息，我真的不知道该怎么办。

ST1：我必须承认，我不是完全清楚这个案子。所以，你是否可以透露一些这个女孩儿的背景，到底发生了什么？

C：她3个月前突然失踪，她的父母现在到处找她。

ST2：她最初从哪儿来？在哪儿失踪的？

C：她住在郊区，还有……

ST1：在美国？

C：是的。对，对，芝加哥的一个郊区，希尔森林外面。当时她在那里的一个小学附近的公园玩，我正在为我的一个客户找一个小女孩，她看起来非常符合那个形象，所以我叫她。

ST1：先生，我可以打断一下吗？你的意思是你当时为了某人搭载另外一人？你当时到底在做什么？

C：我当时为了我一个客户到处找一个像 Amanda 那样的小女孩儿。

ST1：哦，我知道了，好的。你可以谈谈你的这个客户吗？你当时找某个小女孩儿做什么？

C：我的客户打电话叫我去找一个给他们做……你也知道……

ST1：你知道他们要这些小女孩儿干什么吗？

C：不能告诉你。不关我的事。我所知道的只是他们对小孩感兴趣，所以我出去找，满足他们。

ST1：你和你的雇工之间有合同吗？

C：不，没有。我是指，他们只是打电话给我，然后他们每个小孩儿给我点钱。

ST1：哦，我刚才说的是跟你的雇主之间，不好意思。

C：是的，我明白。

ST1：所以你是说这只是你们之间口头上的协议？

C：当然，就是这样。

ST1：你为谁工作？那是个什么组织吗？还是个人？

C：不，那只是……你也知道……那些多年间跟我已经有协议的人打电话给我，他们知道我能找到他们想要的小孩儿。

ST2：所以，菲利浦先生，原来那天是你带走了 Amanda Richardson？

C：是我干的。

ST2：你把她带去哪里？

C：我把她带去希尔森林外边我客户的家。

ST1：是你亲自把她带去那里的？

C：是的，她不像我通常带去的其他小孩儿那样。正常情况下，他们大多是些无家可归或离家出走的小孩儿，所以他们，他们会很高兴找到一个人说说话，还能带他们兜风，和他们沟通。所以我觉得 Amanda 也是一样，但我把她带到车里的时候她开始大声叫，一直叫，一直叫……

ST1：你是怎么把她弄到车里的，菲利浦先生？

C：我当时随身带着一个洋娃娃——你知道，这通常对这样的小女孩都很有效。

ST1：嗯。

C：她当时也带着一个洋娃娃在公园里自己走，所以我，你知道，对她讲或许我可以载你回家，这样你的小娃娃还可以跟我的娃娃交个朋友，于是她就上车了。

ST1：她是自愿跟你上车的？

C：是的。大部分小孩儿都是这样。

ST1：后来发生了什么，什么时候她发现……

C：嗯，是这样，我正把安全带给她系上开始开车走，她肯定住在相反方向，所以她知道我们当时没走对方向，所以她开始大叫。于是我努力让她安静下来，安抚她，你知道，那样一切就都好了。但是她一直叫，一直叫，一直叫……天呐，所以我……

ST1：你对她说了什么？你怎么对她解释的？

C：你知道，我告诉她我们很快就到家了，但我们得先到别处停一下。

ST1：我知道了。

C：但她就是不买账。我用尽了所有方法，你知道，可我的把戏都不管用。所以，我最后，我只是……我知道……只是快疯了，只是，你知道，我很快打了她一下，说"安静"。然后她用头撞了什么东西，然后，你知道，她终于安静了，然后，就好了。

ST1：所以，这就是车里发生的一切？

C：是的。

ST1：这样，我已经知道 Amanda Richardson 究竟发生什么事了，你把她从学校接出来，然后她上了你的车……

C：是学校附近的公园。

ST1：对，学校附近的公园，你载着他，她一直大叫，所以你打了她。

C：呃……嗯。

ST1：你刚才说她自己用脑袋撞了什么东西是吗？

C：听起来是这样。

ST1：好的，然后发生了什么？

C：然后她就安静了。于是我把她带到我客户的家那儿，然后正当我停车的时候，一定是把她惊醒了，然后……

ST1：她真的醒了？

C：她醒了，然后她又开始大叫。所以，我说："安静""安静""安静！"……

ST1：你又打她了吗？

C：不，不，没有，我只是把手放到她身上，你知道，我试着让她安静下来，用手捂着她嘴巴这样她能安静下来，这样她才能听见我对她说什么，但是她还是一直叫，一直叫……

ST1：她当时哭了吗？

C：她只是尖叫。

ST1：好的。

C：她只是尖叫，或许，我知道，或许有些眼泪，我……

ST1：你要喝点水吗？

C：不，我很好。

ST1：好吧。

C：她一直挣扎，发出声音，于是我只是一直用力摁着她，越来越用力，终于她停下了。于是好了，你知道，下车来，去……

ST1：你自己一个人下车，还是跟着她？

C：不，我一个下车然后走进房子里，然后……她当时没有呼吸了。

ST1：嗯。

C：于是我抱起她，把她带进房子，然后我的客户和我一起努力让她恢复呼吸……

ST1：让她醒过来？

C：对，对。用人工呼吸，但她已经死了。她……她，这以前从来没发生过。

ST1：你确定她已经死了？

C：是。

ST1：你怎么得出这个结论的？

C：她没呼吸了呀。她没呼吸了，而且……已经没……

ST1：心跳？

C：没心跳了。我是说，我们不是医生，我们也不知道，但当时真的没有心跳了。所以，但是，我不知道该怎么办，而我的客户想，呃……或许我们该把她埋在他房子附近的树林里面。这在我听起来是个不错的建议。所以，但是在我们干之前，他想要给她拍些照片，这样我可以知道她长得怎么样，因为她看起来太符合他想要的了。所以他拿出 Polaroid（宝丽来，相机牌子）给我，所以，然后……

ST1：我不太明白，菲利浦先生，为什么你们想要给已经死了的 Amanda Richardson 拍照呢？

C：因为她看起来太符合他想要的形象了。

ST1：他想干什么？

C：Amanda Richardson，我是说，我不能……

ST1：一个问题，为什么，为什么是这个人？

C：我猜是年龄正好，头发颜色正好，老实说我不知道。

ST2：是为了性方面的满足吗？

C：可能吧。不，我不知道，我不知道做的什么……我知道……把小孩带去，再带走，你知道，在预定的时间内。

ST1：你做这个多长时间了，菲利浦先生？

C：哦，有段日子了。四、五年吧。

ST1：你过去的几年碰到过什么问题吗？比如你是否在某些时候从良心上感到干这样的事情是不对的？

C：没有。

ST1：没有。直到这件事之前，一切都很好？

C：关于孩子们？当然。

ST2：你以前因为孩子失踪而惹上过什么麻烦吗？这是第一个吗？

C：不，因为我总是把她们带回我当时接她们的地方。从来没出岔子。你知道，她们大多是离家出走或无家可归的，怎么说吧，所以没人会找她们，没人想她们，所以这是我们第一次碰到这样的问题，所以我不知道该怎么处理。

ST1：我们还能找回那些照片吗？所以，你们真的埋了这个女孩儿？

C：是的，我们干了。

ST1：发生了什么？他到底说了什么，干了什么？

C：他只是说我需要给她拍几张照片，这样你下次就知道我想要什么了。

ST1：他是让你再去找一个跟她一样的小孩儿吗？

C：当然。他是我一个常客。

ST1：对于她的死，他是什么态度？

C：嗯，他很失望，因为，你知道，她真的是他想要的那一种。

ST1：你通常接受现金支付吗？

C：是的。所以，但是现在我已经有这个女孩儿的这些照片了，但是她的照片已经到处都是了，报纸上，所有媒体上，而且警察也来了，她父母也来了，我不知道该怎么处理这些照片，但是，我……

ST1：你担心什么，菲利浦先生？你为什么来见我们？

二队：印度代表队

C 指客户

ST1 指律师 1

ST2 指律师 2

{开场白未转录}

ST1：嗨，我是 XX，这是我同事 XXX。

ST1：你怎么样？请坐吧，谢谢。

ST2：我希望你没费太大劲来我们办公室。

C：没有。

ST2：没费太大劲停车。

C：没。

ST1：我知道这儿的交通和停车条件简直太糟了，因为我们也得从别处赶到这儿。

C：哦，是啊。

ST1：很能理解。这城市太糟了，你是做什么的，菲利浦先生？

C：我是个会计师。

ST1：呃……

C：在本市的一家银行里。

ST1：我们能帮你点什么？我们能为你做什么吗？

C：嗯，我原先想你们能帮上我。正如你们已经从媒体上，电视上报纸上看到的那样，这个小女孩儿，九岁的小女孩儿，Amanda Richardson，已经失踪了几个月的那个——我知道她现在在哪儿，但我不知道该怎么办，你知道，告诉其他人，你知道，告诉警察，因为我知道他们在找她。所以我想你们可能能帮上我。

ST2：菲利浦先生，我们开始之前，你看上去确实很不舒服。当然，很多人在面对数个陌生人时比面对一个陌生人更感到不适，因为我们彼此不太了解，但很重要的是，你应当记住我们需要知道你知道的一切信息，这样才能尽我们所能给你最好的服务。

ST1：请放心，你在这儿所说的一切都将会是保密的，都将只会有我们三个人知道。除非你想提起诉讼或类似的，那将会是另一种情形，我保证，除此之外我保证你说的会被严格保密。

ST2：而且在那种情况下（即诉讼的情况）没有你的明确同意我们什么也不会做。所以你大可放心，然而……

ST1：你想来点什么喝的吗？

C：不，我很好。

ST2：水或其他的，好吧。现在你可以告诉我们……

ST1：告诉我们……

ST2：……发生什么了吗？

ST1：发生了什么，然后我们能为你做点什么？

C：嗯，呃……正像你们知道的那样，这小女孩儿失踪了，我，呃……我知道她在哪儿，我想，我想让你们知道，告诉警察她在哪儿，这样她的父母能找回她。但我不知道该怎么做，我想也许我可以打电话，打给警察，匿名电话，然后让他们知道她在哪儿，而且我还有她的一些照片，而且我想如果，或许我能只是，你知道，或者把这些照片给你们转交给他们。这样我可以不接触他们，所以没人会知道照片是我的，或许就直接烧了，处理了。然后我的噩梦就能结束了，我就能睡着了。

ST1：好的，我想我们知道了这个小女孩儿现在显然有很大麻烦，因为你看上去很受困扰。现在，我能对这一步给出的建议是我们慢慢地，好好地回顾整件事，帮我们形成一个整体的画面……

C：好的。

ST1：……这样我们或许能更好帮你。因为它困扰着你，也同样困扰着我们，现在再让我们慢慢回顾它，让我们知道为什么它给你带来了噩梦。

C：嗯……我的一个常客打电话给我告诉我他想要一个小女孩儿。所以我告诉我一个线人，然后她给我一个提示说有个小女孩儿正在一个我们经常去的小学旁边的公园一个人玩，她看起来很不错，而且跟其他的那些没什么两样……

ST1：呃……嗯。

C：……小女孩儿们，所以我，你知道，问她是否愿意上我的车，因为天已经开始黑了，或许我能带她回家，你知道，已经是晚饭时间了，而且车里也有个洋娃娃，然后我告诉她它们可以做朋友，然后我们可以一起兜风。然后，很好，她上了车，但刚刚上车一会儿她开始尖叫，一直叫，一直叫……我试着安抚她让她安静下来。她不像我之前处理过的大多数女孩儿那样，因为她们，你知道，都很乐意来，而且很高兴能跟我交朋友，通常，她们都是无家可归或刚从家里出走，所以这时候有个人能说说话简直再好不过了，你知道，你知道，但她一直大叫。所以我努力安抚她，让她冷静些，找机会告诉她，告诉她一切都将……但是她只是一直叫，一直叫。最后我终于打了她让她安静，然后我听见"嘭"一声，然后她就安静了。所以太棒了，我可以把她带到我客户的家那儿，但在停车的时候她一定被惊醒了，因为突然她又开始大叫了，一直叫，一直叫……所以这时候因为停车了我至少有两只手可以闲下来，所以我用尽全力，你知道，让她安静下来，然后当然我不知道她叫什么名字但是一直试着套出来，求求你，求求你，你知道，都会好的，好的然后突然，她停下了。我知道，她不再尖叫了，她停了。所以我，太好了，我下车来，绕道车这边抱起她，我突然发现她没有呼吸了。于是我把她带进我客户的房子里。我们试着让她重新醒过来，但是她再也不能了。当然，我从来没碰到过这种事，所以我手足无措，而我的客户也是，沿着街走有片树林或许我们能过去把她埋在树林里。我不担心，问题就会迎刃而解了，那很好，他说在干之前他想拍几张这个女孩儿的照片，因为，这是，你知道，这正是他想要的那一类型，但很不幸她已经死了。所以他拍了一些照片，把他们交给我以让我下次再找的时候明白他想要哪一种类型。然后我们把她弄到街那头，埋了她，我想，就是这样了，很好。我重新开始我的生意，但突然间，她的父母出现在电视上，报纸上，广播里，突然间警察也掺和进来了，政治家、每个人都在关于这个小女孩儿的混乱中出现了，然而，我只是，我开始做噩梦，我手足无措。我想或许我可以打电话给警察告诉他们小女孩在哪儿，呃……但我不确定他们是不是会顺着线索找到我。我真的不知道该怎么办，天呐……

ST1：嗯……在我们进一步深入之前我应该问你，或许是告诉你，我们是律师，我们总是想要知道细节，好的。所以，我们要做的是，要你试着建立一个整体的框架，这样我们才能更好地理解它们，现在你或许可以把他们跟一些更恰当的背景结合起来。一旦我们把这个框架和事实结合起来，就是我们会按照一个时间轴来做，你知道，事情怎么发生的，什么时候，等等，我们才能更好地看清能做些什么。好吗？然后（与ST2耳语），你有什么更详细地想说的吗？

ST2：是啊，任何时候你觉得一些问题让你感到不舒服，立刻让我们知道。我们会修正然后稍后再重新问。而且，一旦不明白一定要毫不犹豫地打断我们。这样在服务上对你有帮助对我们也是。我们真的理解你对发生的这些事情的担心，还有你对之想做的，现在我想让我们开始询问好吗？

ST1：嗯，对，现在你干嘛不做点什么，告诉我们更多有关这个女孩儿的事呢？我真地想知道你是如何在路上找到她的，还有你是在哪里……

C：呃……

ST1：……就像你已经说的那些，接着说。

C：像我找，呃……找大部分孩子那样。她当时一定是独自在一个公园玩，我早先已经给我的线人们说过了我要找一个小女孩儿。所以，显然他们在经过那个公园看见她时马上通知我，然后我开车过去，确认她仍然在那儿。呃……所以……你知道，我主动提出载她回家跟父母吃晚饭，所以她上车来，然后你知道，她开始摆弄那些洋娃娃，或者我想她将会摆弄那些娃娃，但突然她就开始尖叫了，一直叫个不停。所以，然后，那样，你知道，那时你知道，我打了她然后她就安静了，然后到我们到了客户家那儿都很好，你知道，然后……

ST1：再告诉我们些你的那些线人的事，以及你想从他们那儿知道些什么信息，也就是你想让你的线人们帮你找到些什么。

3. 实验步骤。

步骤一：将学生分成若干小组，每组三到四人，其中一人担任汇报员。

步骤二：由学生讨论如下问题：两个队在会见中各自用了哪些技巧？如果让你打分，你认为哪个队会最终取胜？为什么？

步骤三：由每组汇报员汇报本组讨论结果。

步骤四：教师点评。

4. 讨论与思考。

你从南非队和印度队的会见中获得了哪些经验?

第六节　会见的课后练习

思考与练习

【案例1】

　　黄某，1985 年 12 月 25 日出生，湖北省恩施自治州巴东县某初级中学初中二年级学生，2000 年 6 月死亡。经湖北省公安厅刑事科学技术鉴定和巴东县公安局调查，黄某为服毒自杀，毒物为"毒鼠强"。

　　死者的父母黄某、张某，居住在孝感三汊镇芦林村。死者自幼即在巴东县平阳坝村六组跟随其外祖母及舅父共同居住生活，1998 年 9 月 1 日入学至初级中学学习，该初级中学是一所全日制寄宿学校，实行封闭式管理，死者在校期间学习成绩并不是很好，但是为人诚实，能和同学搞好团结，思想上要求进步。该学校老师对其经常进行体罚，侮辱，死者曾一度向中组部举报该初级中学的一些问题，如"普九"弄虚作假，长期体罚学生等事实情况，在与老师之间矛盾冲突不断的情况下，黄某于 2000 年 6 月 17 日服毒身亡。黄某父母欲起诉学校，向诊所求助。

　　练习：如果由你负责此案，请制定出会见死者父母的计划。

【案例2】

　　1998 年 8 月 24 日，武汉市某棉纺织厂进入企业破产程序，1999 年年底破产终结。当时约定破产后企业职工的养老金由某轻纺公司从该棉纺厂破产后土地使用权转让所得中分步向社保机构缴交补偿金 5768 万元。而余款由政府统筹解决。医疗问题则在武汉市城镇职工医疗改革方案实施之前维持原棉纺厂医疗管理办法不变，由市社保局每月从养老保险基金中垫付 35 万元给离退管办，由离退管办包干使用。

　　然而，2007 年养老保险基金仍未缴足，由于养老保险基金未缴足致使市社保局未能履行从养老保险基金中每月垫付 35 万元医疗费给轻纺公司。原棉纺厂离退办"包干使用"造成原该厂职工不能享受医疗福利待遇，医疗费全部自理。并且 2000 年 7 月 1 日起，武汉市实行养老金社会化发放，政府单方拟订了原告的养老金信息数据，未交原棉纺厂职工核对签字认可即交社保机构作为发放依据，致使职工养老金发放出现错误、漏项等问题。

因此，原棉纺厂职工将武汉市政府诉之法院，并向诊所求助。

练习：如果你是诊所学生并接受求助，在会见原棉纺厂职工时要注意哪些问题。

【案例 3】

2001 年 5 月 24 日，李某经武汉市某保姆介绍所介绍与武汉市某饮食娱乐有限公司法定代表人张某签订了一份劳动用工合同。2001 年 7 月 16日下午 3 点半钟，李某从餐厅暗楼下楼梯时，梯子上端断了一节，地上又铺有地板砖，李某站在楼梯上后，就随梯子一起滑坠到地上，这时张某的秘书赵某到张某家取文件，见李某摔在地上便将她送往医院。后经鉴定李某为第二腰椎压缩性骨折，属九级伤残。事后，李某与张某就赔偿问题进行协商，没有结果，李某遂提起劳动争议仲裁，并向诊所求助。

练习：如果你接受了李某的案件，且需要赵某的证词，你将如何说服赵某作证。

【案例 4】

某甲于 2002 年（60 岁）已退休，但由于家庭原因于 2003 年（61岁）再次就业，工作单位为武汉某钢铁公司。2005 年 1 月 12 日上午某甲在工作中从行车上掉下，导致腰椎骨折，经医院诊断治疗后在家休养。期间单位曾支付两千多元的医药费。3 个月后经单位同意重新上班。上班期间曾多次提出受伤补偿一事，但单位仅同意补偿 3 千至 5 千，双方意见无法达成一致。后某甲于 9 月 27 日和 10 月 21 日因身体不适而到医院复查，并于 10 月 21 日在法院指定的同济医院门诊部作伤残鉴定，结论为伤残程度九级。12 月 1 日，某甲委托一律师作为诉讼代理人，并于 12 月 7 日向汉阳区人民法院起诉。法院在受理案件近两个月后电话通知原告于 2 月 7日到江堤法庭开庭。当日开庭地点为一办公室，在场的有一法官、一审判员、被告及其律师、原告。法官并没有进行正式的开庭，而只是和被告律师谈了一下，被告律师对鉴定书提出异议，要求原告重新鉴定，法官表示同意，并要求原告等待鉴定通知，之后就没有了下文。

练习：请同学们三人一组模拟会见，一人扮演当事人某甲，另外两人扮演代理人，会见结束后双方讨论会见时的感受。

第七节　会见的扩展阅读资料索引

1. 李傲：《谁来唱主角？——也谈律师与当事人之间的关系》，载《中国律师》2004 年第 10 期。

2. 刘彤海：《律师的技巧》，载《律师与法制》2006 年第 3 期。

3. 雷海军：《小律师、大律师》，法律出版社 2007 年版，第 85~86 页。

4. 焦武峰：《律师角色的多重性》，载《中国律师》2007 年 8 月刊。

5. 张翼明：《诉讼律师的 25 大心法》，北京大学出版社 2008 年版，第 18~21 页。

6. 谭世贵主编：《律师法学》，法律出版社 2008 年版。

第二章 事 实 调 查

第一节 事实调查的概述

一、事实调查的概念

事实调查是指代理人运用各种调查手段收集案件事实材料，了解案情，并加以分析，最终获取有关案件证据资料的过程。事实调查是会见当事人之后紧接着要进行的重要事项，会见当事人一个重要目的就是为之后的事实调查打开思路，指引方向。事实调查与其他律师技能相比，有着自己显著的特点：

（一）特定性

事实调查的对象是法律事实，这与普通意义上的事实有所不同。普通事实仅是对案件相关情况在空间、时间上变化的具体陈述；而法律事实是法律规范规定的，能引起法律关系产生、变更和消灭，因而引起一定法律后果的现象。法律事实更关注案件所处的法律环境，对于整个案件的处理有着实质的影响。法律活动中的事实的特殊性可以具体表现为：

1. 事实的说服力。法律事实有着更强的说服力，它不仅是一种客观陈述，还能让法官内心产生确信，采纳该事实，使案情向真实的方向再现。法律上的事实需要具备下列全部或绝大部分条件①：

（1）不仅讲述人们的行为，还要讲述人们行为的理由；

（2）说明或解释所有已知或公认的事实；

（3）由可靠的证人所讲述；

（4）有详细的细节支持；

（5）与常识一致，并且没有令人难以置信的成分；

---

① 参见史蒂芬·卢贝特：《现代诉讼辩护分析与实务》，吴懿婷译，台湾商周出版社2002年版，第29页。

40

（6）以让每项后续事实都显得越来越合理的方式组织故事。

2. 事实的证明力。事实除了具有说服力外，还必须具有证明力。决定案件最终结果的不是法律的具体规定，也不是律师的诉讼技巧，而是支撑案件事实确实充分的证据，即所谓"有证据支持的事实"。因此，在案件审理过程中，事实材料是否有证明力，证明力度大小成了双方当事人争论的焦点。但是法律事实并不等于证据，证据是指能够证明案件真实情况的一切资料或手段。证据具备客观性、关联性、合法性等特征，是法官定案的根据。法律事实更类似于证据材料，仅具有证明案件真实情况的可能性，它必须经过举证、质证等法律程序才能成为证据。取证是律师事实调查的主体部分，调查时要时刻关注所取的事实材料的证明力。材料所反映的情况是否客观真实，与案件事实是否具有一定的关联性；来源、内容、形式以及取得证据的方式和程序是否合法，都会对证明力产生影响。因此，律师在事实调查中要全面、客观、合法地开展。

（二）延展性与限定性

延展性是指事实调查贯穿于整个案件的处理之中，从开始受理，以至于在以后的咨询、调解、谈判、仲裁以及诉讼各阶段，律师都无时无刻不在发现事实、认识事实、分析事实、判断事实、阐述事实。这是一个发现、分析、再发现的过程。只要案件没有最终的定案，这个过程也不会停止。但是，作为一个职业技能，事实调查又是限定的。事实调查的主体部分限定在会见之后，咨询之前的。这部分尤为重要，这是因为，咨询方案的提出是以对于整个案件有着清晰的把握为前提的，律师是否拥有真实充分的事实材料，决定着他能否通过结合法律法规为当事人提供合理最优的解决方案。

二、事实调查的种类

事实调查分为两种，一种是常规调查，或称"正式调查"；另一种是非常规调查，或称"非正式调查"。常规调查，是指有明确法律依据的必要的事实调查。这种调查是根据法律的要求进行的，调查获取的事实材料是用于证明案件事实的必要材料。常规调查的内容、范围，是法律规定、明确无疑并且必不可少的。例如，民事损害赔偿案件，需要调查损害事实、损害程度、损害后果、赔偿数额等事实，调查结果经法庭质证，可以作为审判的依据。行政处罚案件，需要调查处罚的事实依据、法律依据、处罚程序、行为主体及职权范围等事项。

非常规调查是指，根据个案的特点，主动调查与案件相关的事实，广泛地掌握信息，期望从中获得对本方当事人有利的证据，用来辅助常规调查得来的证据的调查。这种调查没有法律的明确规定，因此较于常规调查而言，内容更加丰富、范围更加宽泛。虽然非常规调查获取的事实材料在证明力上有所欠缺，不能作为法官定案的依据，但是由于其个性化、灵活性等特点，多样的事实材料仍然可以从侧面动摇法官的内心确信，推动案件审理向自己有利的方向发展。在实践中，经验丰富身经百战的律师们能够将非常规调查手段发挥得淋漓尽致，使对方精心组织的证据链顷刻间土崩瓦解，案件顿时峰回路转。

三、事实调查的现状

一直以来，社会上存在这样一个观念：法律是庞大、复杂、深奥的学科，对法律的阐释、推理、辩论使法律专业人员变得神秘、遥不可及。相比之下，案件事实则是非真即假，简单通俗的。这种观念诱导了一种严重的偏见，法学教育重在书本，重在对法律知识的灌输和法律理念的塑造；而实战技巧，特别是事实调查技能则被冷落。具体表现为两方面：

第一，法学院的学生注重法律知识和法律研究的学习，忽视事实调查等实战技巧，实践经验匮乏。而对于从事司法实务的广大律师来说，由于自身职业的需要，他们更加关注的是实用法律技巧。事实调查、法庭辩论、谈判技巧等都希望得到严格的训练。

第二，法律知识和法律研究得到了重视，广大学生能够学以致用；而相反的，中国法学教育没有给予事实调查技能足够的关注，事实调查技能还存在着供不应求的情况，这种眼高手低的教育模式，使得法律理论与司法实践相脱节，造成了毕业生在职业过程中有识无能的尴尬局面。因此需要法学教育增加对实战律师技能，特别是事实调查技能教育的投入。

这种"重理论、轻实践"的教学模式是法学发展的一大障碍，为了改变它，从 1999 年起中国开始研究将诊所法律教育适用于大学的法学教育。诊所法律教育是一种让学生参与真实案件处理，无偿为当事人提供法律援助服务的一种案例教学模式。它与传统的法学教育相较而言，有着明显的优势。具体表现为：

（一）传统的案例教学主要是使用一个真实的或者一个编造的案件，让学生通过运用法律知识解决案件，从而达到法律与事实相结合的教学目的。这种教学模式锻炼了学生运用法律知识的能力，分析推理的能力，甚至辩论的能力。可是他还存在一个严重的不足，案例教学法所使用的案例往往是简单的，或者是作者按照自己思路编辑过的案例，学生在练习时很容易受到作者思维定式的影响，生搬硬套法律规定，得出一个标准的"参考答案"。而诊所教育却与此不同，学生接受的是真实的，不确定的，亟待解决的案例，他们不仅要运用法律法规，还需要亲力亲为调查取证，抽丝剥茧了解案情，更需要接受挫折，克服心理障碍，适应社会，加强与人交流的能力。诊所教学为学生创造的是一个真实立体的学习空间，学生得到的是全方位的律师职业技巧培训。

（二）诊所法律教育是一种无偿法律援助。学生所接待的当事人往往是经济困难，地位低微的当事人，他们处于弱势地位，得不到良好的社会保障和法律保护。在无偿提供法律服务的过程中，学生不仅在法学实践中受益良多，更会发现社会不同阶层、特别是弱势群体真实的生活状态和面临的困境，感受法律对于公民基本权利保护的意义，体会法律的应然与实然之间的矛盾和冲突，进而思考制度性的解决方案，在此过程中培养自己作为未来法律人所应具备的公益心和责任感。[1]

诊所法律教育显现出了明显的优势，克服了现阶段案例教学"轻实践"的局限性，这对于缺乏实践经验的中国法学学生来说，将会是一个很好的改善。对于还没有开展诊所教育的地方，教师可以对原有的授课方式进行改进，不再一次性给学生提供所有与案件相关的事实，而是有计划、有步骤地按照学生思考的进度提供信息，给学生想象的空间，模拟实践中的经历，同样可以在一定程度上弥补案例分析课"非真实性"的不足。

第二节 事实调查的计划

在事实调查阶段，律师扮演着事实的"发现者"与"陈述者"的角色。律师既要利用经验与知识最大程度地发挥想象力，搜寻线索，尽可能多地发掘与案件相关的背景资料，又要将收集的信息按其发生时间及内在逻辑关系排序、整合，以客观的、合乎情理的、具有说服力的方式予以表达。而这种发现和陈述都必须建立在严密的事实调查基础之上。没有完善的计划，调查将毫无头绪，证据发现定有疏漏，陈述事实定有破绽。因此，在事实调查阶段，律师需要列举调查的项目、制定科学合理且完备的调查计划。

一、事实调查前的准备

（一）事实调查范围的确定

事实调查的范围确定是调查行动开始的第一步，严谨完善的事实调查计划

---

[1] 李傲：《诊所法律教育的公益性》，载《法学研究》2006 年第 6 期。

离不开详尽调查范围的支撑。手上越是握有充分的材料，在诉讼中越是占有主动。但是到底哪些事实需要调查，哪些事实不用理会，却没有一个统一的标准，往往要根据具体的案件加以确定。如在交通肇事的民事侵权赔偿诉讼中，我们需要调查获取的证据可能有：

1. 双方的身份信息，如个人身份证、企业登记信息等；

2. 公安局出具的道路交通事故责任认定书；

3. 医院治疗诊断证明书、病历、转院治疗证明、法医鉴定书及其治疗费用证据；

4. 误工日期证明、误工费证据；

5. 护理费证据；

6. 住院伙食补助费、住宿费、营养费单据；

7. 后续治疗费用证据；

8. 财产直接损失费证据；

9. 间接损失费证据；

······

到底调查多少事项才算充足、完备，法律没有给出明确的规定，在实践中主要受两个因素的影响：

1. 举证责任的要求。

举证责任是指法律规定的，对于有待证明的事实向人民法院提出证据加以证明的责任。根据举证责任分配规则，当案件事实无法查明时，由承担举证责任的一方承担不利的诉讼后果。关于举证责任的性质，学界有许多观点：权利说，认为举证责任是当事人的一种诉讼权利；义务说，认为举证责任是当事人的一种义务；责任说，认为举证既非权利，也非义务，而是出于举证的必要；风险负担说，由法律预先规定，在行政案件的真实情况难以确定的情况下，由一方当事人提供证据予以证明，如果其提供不出证明相应事实情况的证据，则承担风险及不利后果。① 民事案件遵循"谁主张，谁举证"的证据责任负担原则，由提出请求的一方举证。行政案件由被告对作出的具体行政行为承担主要举证责任。刑事案件由公诉人承担举证责任。事实调查与举证责任的区别

① 参见林莉红：《行政诉讼法学》，武汉大学出版社 2004 年版；江伟主编：《民事诉讼法》，高等教育出版社 2004 年版。

在于：

（1）举证责任所要求的证据材料往往是法律要求提交的，是案件审理所必要的，具有被动性，当事人不得不交。在要求提交而当事人拒绝提交或者不能提交的情况下，就要承担相应的风险，这种风险可能就是败诉。事实调查是律师为了解案情而进行的证据收集，比举证责任更加具有主动性。律师本着己方诉讼利益的需要，积极地投身事实材料的收集工作，组织本方的诉讼策略，同时也为对方的诉讼进攻做好准备。

（2）事实调查和举证责任针对的对象都是案件事实材料，但是事实调查的范围比举证责任要宽泛，在实践中仅仅完成举证责任是不够的，律师往往需要运用多样的非常规调查收集其他证据，辅助证明己方观点。

举证责任是法律对审理案件所需材料最基本的要求，缺乏这样材料，案件将无法审理和进行，所以在实务上举证责任扮演着推进诉讼进程的角色。事实调查的目的在于了解并证明案件事实，而举证责任所要求的事实材料对于证明案件事实往往是关键的，因此法律对举证责任的特殊要求必然地影响到事实调查的深度和广度。一般地，事实调查首先要完成本方举证责任，其次才是收集其他相关证据巩固本方观点。

与举证责任相对应的一个概念是举证权利。举证权利是指，当事人有向法官提交用于证明自己观点或者反驳对方观点证据的资格。与举证责任不同，这种权利是当事人可以自由处分，行使或是放弃仅凭自己的意志。即使放弃也不会使案件向自己不利的方向发展。法律关于当事人举证权利的规定，加快了案件的审理效率，有利于案件的公正处理。同时它也启示代理律师，在事实调查过程中要学会善用举证权利，用以反驳对方观点，提高本方的胜诉几率。

2. 证明标准的限制。

证明标准是指，"为了实现法定证明任务，法律规定的在每一个案件中诉讼证明必须达到的程度。证明标准是衡量证据的证明程度的标准，它既是衡量当事人举证到何种程度才能满足举证要求的标准，又是法官据以确信案件事实以及评判法官对事实认定是否妥当的尺度"。[①] 这一定义表明，案件审理就是证据的交锋，哪方能够提供充分确实的证据，使法官采纳己方观点，胜诉的可能性就越大。目前比较统一的观点认为民事诉讼和刑事诉讼适用不同的证明标

---

① 姜明安等：《行政法与行政诉讼法》，北京大学出版社，高等教育出版社 2005 年版，第 533 页。

准，民事诉讼采用优势证明标准（盖然性占优势），刑事诉讼采用排除合理怀疑证明标准（高度盖然性）。行政案件采用的证明标准应当介于两者之间，即明显优势证明标准。因此，证明标准的不同影响了事实调查的范围。由于刑事诉讼采用的证明标准明显比民事诉讼证明标准严格许多，有些在刑事诉讼中的必要证据可能在民事诉讼中毫无价值，证明标准的确定有利于我们对证据的筛选和取舍。

在司法实践中，学生在事实调查之前，首先要确定案件的性质，根据不同的证明标准，合理地确定自己的调查范围，规划自己的调查计划。不可病急乱投医，浪费宝贵的调查时间，收集无用的材料。

了解到调查范围的影响因素后，我们在具体的事实调查过程中，可以大体按照下面的原则进行：①

1. 实事求是的原则。事实调查是一种专门的法律活动，也是一种认识活动，而认识也不可避免地会受其他条件影响，有所偏差。法律真实不等于客观真实，客观真实发生即成过去，法律真实仅仅是在证据基础之上对案件的再现。这种"事实真相"可能与案件相符，也可能恰恰相反。因此，律师在事实调查时需要有实事求是的态度，一切从实际出发，尽可能地还原案件真实，即使存在困难也不可弄虚作假。在实事求是思想的指导下，律师在确定调查范围时，要避免主观主义，片面主义，表面主义，深刻分析具体案情，根据本方的诉讼请求和对方可能提出的反驳证据，全面收集事实材料，尽可能做到详尽、周密。主观臆断，先入为主只能束缚思维，降低调查的深度和广度。

2. 节约成本原则。在事实调查阶段，律师都希望能够全面地收集证据，调查越多，准备越充分，诉讼越会有利。但时间、成本、案情进展速度，往往限制调查的进行。由于调查时间的限定和调查资金的有限，调查往往不可能面面俱到。对于所需时间长，收集成本高的事实材料，除非是定案的关键证据，不可太过强求，以免舍本求末耽误其他重要证据的收集工作。因此，在事实调查中，律师确定的调查范围应当是必要的、有选择的，应当考虑到调查工作所需要的时间、投入的物质和经济资源、当事人的承受能力，调查的可行性等因素。分清主次，时间短、成本低、容易收集的重要证据不要遗漏。

在这种原则指导下，对证据的取舍十分重要。如何判断证据的优劣，最佳证据规则为我们打开了一道方便之门。最佳证据规则主要是对针对同一事实的不同证据证明力的排序。一个案件中，往往存在很多不同证据，证明力也是不

---

① 何家弘等：《证据调查》，中国人民大学出版社 2005 年版，第 20 页。

同的，律师应力争调查收集最佳证据，并考虑已掌握的非最佳证据的缺陷和弥补措施。这里的不同证据可能是不同类型，书证、物证、言词证据；也可能是同一类型。一般而言，国家机关、社会团体依职权制作的公文文书优于其他书证；经过公证优于一般证据；原始证据优于传来证据；直接证据优于间接证据；其他证人证言优于与当事人有亲属关系或者其他密切关系的证人提供的对该当事人有利的证言等。

3. 多样性原则。案件事实不是一成不变的，总是在不断地发展。在调查过程中，律师收集证据、认识事实后，经过分析又会认识新的事实，发现新的证据。个人的思维毕竟有限，不可能完全知悉对方的诉讼策略，单一的证据链条存在很大的诉讼风险。英语中有一句话："不要把所有的鸡蛋放在一个篮子里。"调查事实中，应力争建立金字塔式的证据推理结构，而不是"倒三角"式的。过于依赖某一种证据或某一位证人，将所有的推理都建立在某一个事实基础之上，如果这个事实出现偏差，或对方掌握了摧毁这一事实的相反证据，则所有的后续工作都将功亏一篑。因此，在事实调查中，律师要有开放的思维，运用各种非常规性调查，收集多样性的证据，形成一个具有多方面证明案件事实的证据网。这样才能临阵不急，顺利地开展自己的诉讼计划。

（二）事实调查的其他准备工作

正确确定调查范围，为准备工作开了个好头。可是仅仅这个是不够的，我们还要准备以下几个方面：①

1. 明确调查任务。如同事实调查范围一样，调查任务根据不同的案件也有不同内容，它可以分为总调查任务和具体任务。在准备工作做完之后就需要具体地进行调查，可是案件的复杂性，证据的多样性，不可能一次调查就可以顺利取得所有材料，往往需要进行几次调查工作，分阶段地进行。每次要完成什么，怎样安排顺序，都是调查任务决定的。调查任务的好坏，直接影响到这次调查工作，甚至是全局调查计划的成败。律师在撰写调查计划时，要以调查范围为前提，明确此次调查的具体任务、目标和调查顺序。

2. 分析已知证据。证据调查任务明确之后，不应仓促地开始调查工作，而应该首先分析已知的证据。在这个阶段，律师所掌握的证据主要来自会见当事人的结果。已知的证据可以分为两类：一类是我方所掌握的能够证明本方主张的证据，可以称为本证；另一类是我方所掌握的能够证明对方主张的证据，可以称为反证。本证是我们分析的重点，律师要通过分析已有的本证，分类出

---

① 何家弘等：《证据调查实用教程》，中国人民大学出版社 2000 年版，第 124 页。

哪些是直接证据，哪些是间接证据，这些证据能证明哪些案件事实，直接证据是否真实，间接证据是否完整，如果不完整还需要哪些证据等。同时，反证也不能忽视，所谓"知己知彼，百战不殆"，诉讼是一场没有硝烟的战争，律师不仅要收集对自己有利的证据，同时也要尽量减少对方的证据。对反证的分析能够使我们了解对方的证明程度和将要进行的调查策略，更好地进行自己的调查计划。然而，这里要强调的是已知的证据，律师在实践中不能先入为主，而是要全面客观地分析当事人所提供信息的可靠性，有没有主观因素的介入，初步了解己方的情况。掌握哪些证据，缺乏哪些证据要做到心中有数。

3. 提出调查假设。在确定调查任务和分析已知证据之后，律师就需要客观地推测未知事实和潜在证据，这种推测是我们确定具体调查内容的前提。当然这种推测必须是客观的，合理的，有可能的；盲目地推测只能导致调查的失败。但是推测毕竟不是现实，律师在提出假设时要充分考虑最坏的情况，知悉可能的困难，提前做好其他打算，拓宽证据渠道，避免假设错误而手足无措的尴尬局面。

4. 制作行动计划表。行动计划表在会见部分已经提到，在事实调查阶段也同样适用。律师在明确调查任务，分析已知证据和提出调查假设之后，就要开始制作行动计划表。在后面的实施阶段，要严格按照计划表，有序地进行。

二、事实调查的实施

（一）实施调查模式选择

在做完前期准备之后，就要开始进入事实调查实施部分。如何着手事实调查，按照怎样的思维方式开展事实调查？怎样使调查工作紧紧围绕待证事实，形成相互支持、相互印证的证据链？确定事实调查的步骤，有三种模式可供选择：①

1. 根据法律要素展开的事实调查。

根据法律要素展开的事实调查，是指以法律规定中的内容、要素为依据进行的事实调查。这种调查是以法律法规的具体规定为依据，是一种典型的常规调查方法。律师首先要分析案情，确定案件可能适用的法律、法规、规章等法律条文，然后以具体的规定为依据，寻找相关的案件事实，它主要适用于法律

---

① 参见李傲：《互动教学法——诊所式法律教育》，法律出版社 2004 年版，第 159 页，转引自：Stefan, H. Krieger, Richard K. Neumann, Jr., ect. Essential Lawyering Skills, Interviewing, Counseling, Negotiation and Persuasive Fact Analysis. Aspen Publishers 1999：p. 187

关系明确，法律规定清晰、在法律分析和法律推理中占优势的案件。在实行这种模式时，法律的选择至关重要，律师要有良好的法学素养，掌握法律研究技能，能够根据案情迅速准确地筛选法律。由于案情明确，所要求的证据材料也比较明显和关键，往往成了双方争夺的重点。因此，对待法律规定的关键证据，律师要一丝不苟，采用合法的方式，尽量地争取。

2. 根据时间先后顺序展开的事实调查。

根据时间先后顺序展开的事实调查，顾名思义是以案件发生的时间先后为依据，依次进行的事实调查，这种模式更关注案件发生、发展、结束的整个过程。它适用于事实间隔时间长，历史久远；或当事人与对方有过长期交往；或事件发生时间虽然短暂，但时间因素在事态发展中起重要作用的案件。使用这种调查模式，律师应该注意以下几点：

（1）会见。根据时间先后顺序展开的事实调查，需要一个良好的会见为基础。这是因为，律师对案情的最初了解来源于会见中当事人的陈述，会见质量的高低，直接影响到律师对案情历史的初步了解。按时间顺序展开的调查模式对时间概念提出了很高的要求，而在实践中往往出现两种不利情况：一是在会见中当事人记忆模糊不清，陈述颠三倒四，时间顺序混乱，甚至张冠李戴的情况时有发生。二是有些律师常常打断当事人从头至尾的讲述，认为"陈芝麻、烂谷子"的事，与法律、案件无关。这些都给调查带来很大障碍。因此，在这种调查模式下，律师要特别注重会见程序，既要引导当事人完整回忆案情，按时间顺序陈述事实。又要客观理性地分析当事人陈述内容，从中提取出正确的案件发展历程。

（2）时间。根据时间先后顺序展开的调查模式中，我们要注意两种时间概念：一个是动态的时间段。它要求律师关注案件的发展，全面了解案情，将证据放在整个案件中，不能孤立地分析；一个是静态的时间点，主要包括案件的起止时间，它关系到案件是否超过诉讼时效等重要问题。

（3）案情。与根据法律要素展开的调查模式不同，证据没有因为法律的明确规定而变得显而易见，律师需要通过对案情的全面了解来分析出所需要的证据材料。在时间顺序模式下，从头至尾的案情是冗长的，所牵涉的事实是繁多的，律师需要判断证据轻重，作出取舍，不能事无巨细。同时，随着时间的发展，案情也会发生变化，与之而来所需的证据也会发生变化，律师在实践中，要注意这种变化，随时调整调查计划。

3. 根据案件因果关系展开的事实调查。

根据案件因果关系展开的事实调查，又被称为"构建故事"式的事实调查,是指围绕着案件发生的前因后果,用构建一个合情合理、情节完整的"故事"的方式,完成事实调查。它适用于注重情节、行为人动机、目的,并且审判的自由裁量权较大的案件。由于这种模式是以一种合理的推测为基础,律师要通过证据证明这种推测的可行性,通过法官的内心支持得以胜诉,因此非常规调查被广泛地使用。在这种调查模式下,人物心理,故事环境,实施手段等非常规事实都得以重视,这些事实材料不是法律规定的必要证据,而仅仅是对己方故事真实性的支撑。需要注意的是,虽然故事是推测的,但仍然是客观的,并不是毫无根据的,它仍需要律师通过证据来印证。在中国,法官的自由裁量权受到严格的限制,此种调查模式在一定程度上没有发挥它最大的作用,证明案件的关键证据材料仍然是需要法律明确规定的。但是即便如此,律师在调查实践中还是不能忽视它,只要善加利用,仍能让你在案件审理中占有优势。

法律因素、时间顺序、因果关系三种事实调查模式,提供给我们三种不同的思维方式和调查途径。它们各有侧重,相互补充,在实践中复杂的案情往往需要运用多种调查方法。律师要充分认识这三种调查方式、知悉这三种思维方法,只有这样结合使用,才会达到好的效果。

(二) 证据的收集和保护

有了详实的调查计划和正确的模式选择,我们就可以开始正式的取证工作了。事实调查不是千篇一律的,根据所要调查对象的不同,使用的方式方法也是不同的。主要包括:①

1. 制作笔录。这是通过文字记录的形式来提取证据的方法,它所形成的材料有:书证、证人证言、讯问笔录、勘验笔录、现场笔录等。笔录提取法适用面非常广泛,在诉讼中使用得也非常频繁。在实践中,律师通过笔录的形式收集证据时,一定要注意记录的完整性,虽然不必一字不差,但是所记录内容要和被调查者的原意相同,不能模棱两可。

2. 录音录像。这是通过照相、录音和录像等手段来提取证据的方法,它所形成的材料有:照片,视听资料等。音像记录法是随着科学技术的发展而引进的,具有方便快捷,形象生动的特点,近年来又出现了电子取证,红外线照相等多样的方法,对于证明案件事实有重要作用。但是,律师在使用这种方法时,一定要实事求是,合法合理。音像记录的材料容易损坏,更容易被修改,真实性问题一直受到社会的质疑。同时,偷拍偷录得到的事实材料在合法性问

---

① 何家弘等:《证据调查》,中国人民大学出版社 2005 年版,第 191 页。

题上也经历着严峻的考验。

3. 提取实物。这是直接提取与案件有关的物品、文书的方法，形成的证据有物证、书证等。提取实物的方法比较简单，对案件有关的实物材料收集即可。但是在实务中，针对不同的对象，根据他们不同的保存要求，需要进行不同的准备。比如：针对像蔬菜、水果等不容易保存的实物，要及时通过折价、变价等方法加以固定。

收集完证据之后，不等于说调查工作就此完成。证据不是永恒不变的，随着时间和空间的变换，证据也会随之变化，这不仅仅是形态上的，还包括证据效力上的变化。因此在事实调查之后提交证据之前的这段时间里，律师要妥善保管取得的证据。

我们需要注意的是，保护证据不仅是对证据物理形态的保护，虽然不让证据损坏遗失是保护的一方面，但是证据保护的目的是保护证据的证明力。书证是通过其中表达的内容意思证明事实，物证是通过物理形态证明事实。

三、事实调查的后续工作

事实调查结束后，对于取得证据的审查和检验是一项重要的工作。因为不论你的调查计划多么周详，取得的证据难免有所缺漏，不论你的调查方式多么适合，取得的证据难免存在虚假。律师必须在调查结束后，根据案情审查证据的可靠性、真实性、完整性，切不可疏忽大意。如果把存在问题的证据贸然出示，只能增加对方击垮我方的机会。需要注意的是，律师在审查时，不仅需要对证据单独审查，还要把证据结合起来综合审查，对于存在疑点的证据要及时排除，不足的证据要及时补充。

四、事实调查的评估

在事实调查任务基本完成后，应当对事实调查工作做一个全面的评估，对这次事实调查的情况做一个阶段性的总结。具体包括调查计划评估、事实调查评估、后续工作评估:[1]

1. 调查计划评估的主要内容包括：在事实调查准备阶段，是否全面地了解案情，是否确定整体调查范围，是否明确阶段调查任务，提出的调查假设是否客观合理，是否充分考虑当事人意愿，取证渠道是否多样，是否对证据收集

---

[1] 李傲：《事实调查——被法学教育遗忘的领域》，载《环球法律评论》2005 年第 3 期。

进行成本效益分析，对调查预见了哪些困难，是否能够克服等。

2. 调查过程评估的主要内容包括：在事实调查实行阶段，选择哪种或者哪几种调查模式，是否符合案情需要；调查时事实记录是否完整合法，信息取得方式是否合法，是否考虑时间、被调查人、方式等相关因素，是否运用了常规调查与非常规调查方法，如何选择两种方法，以及两种调查方法对于案件的影响有何不同等。

3. 后续工作评估的主要内容包括：获取的证据是否真实可靠，事实调查的后续工作是否明确，是否需要及在何种情况下需要继续调查，事实调查中是否更改了调查计划，调查的事实是否足以为当事人提供咨询，事实调查的后续工作是否有当事人的参与等。

第三节　事实调查的技巧

详尽的调查计划和有序的调查步骤是事实调查成功的基本要求，但是在调查过程中，合理地使用调查技巧，适当地选择调查谋略也是至关重要的。它能简化我们的调查过程，避免无谓的失误，有时看似一个微不足道的技巧的运用，却能达到事半功倍的效果。

一、事实调查准备阶段的技巧

事实调查准备阶段的主要任务就是通过对已知案情的分析，对调查范围和调查任务加以确定。这个过程中，律师需要广阔谨慎的思维和敢于取舍的魄力。

（一）克服个体局限性

个体局限性是指，个人在认识过程中，由于自身的局限，可能是客观的，也可能是主观的，而对事物造成的不完整认识。比如我们都听说过的"盲人摸象"的故事。生活中每个人的经历、文化、环境、职业不同，所产生的思维方式和生活经验也存在差异，这不可避免会发生针对同一事物，有不同认识的产生。这种差异不仅仅发生在年轻人与老年人、女人和男人、本国人和外国人身上，而是普遍存在的。因此，在客观上判断一个认识是真是假，并不是那么容易。每个人都用自己的经验在评价，在判断，这里当然包括对事实的评判。任何所谓的真理都是相对的，是人类经验不断批判论证的过程中产生的，也许将来就成为谬论。在法律上，事实的评价更加复杂，因为案件审判仅是在证据的支撑下对事实的再塑造。不是因为它们曾经存在而成为"事实"，而是因为它们能够被证明而成为"事实"。如果没有充分的证据证明某件事实的存在，根据法律规定只能"视为"不存在。

在实践中，自身的局限性表现为两个方面：一个是由于证人所处环境、距离等因素的差别，他们对于同一个事实有着不同甚至是截然相反的认识，而对于他们来说可能都是"真实事实"。另一个是律师在事实调查时，根据自己对于案情的判断，先入为主地确定调查计划，而不考虑其他可能性。为了避免自身局限性的干扰，律师在调查证据时，要学会实事求是，打开思路，弱化个体头脑中固有的内容，从而给其他的可能性留有存在空间。具体来说，就是不要轻信一家之言，不要轻易下结论，要用多种证据加以印证，得出相对真实的"法律事实"。

（二）善于取舍

任何一位律师在调查准备阶段都希望面面俱到，调查证据确实充分。可是由于案情繁简程度不一，证据不确定因素多种多样，调查结果往往事与愿违。调查计划在有限时间里完全实现总是十分困难的。这时，我们就需要有所取舍。取舍之间往往是令人为难的，两方的证据都是重要的，取谁舍谁需要对案件有个清晰的认识，根据最优证据规则，获取最重要的证据。然而，取舍并不一定是绝对的舍弃不用，而是舍弃对证据的优先调查，可以是一种时间上的安排。因此我们在确立调查取证任务时一定要考虑到成本时间的因素，作出调查先后顺序表，争取在最短的时间内，最低的成本下，获取最多的证据，这就是取舍的艺术。

二、事实调查实施阶段的技巧

事实调查进入实施阶段后，主要是依据之前的调查计划进行，可是世事无绝对，时间空间的不确定性，决定了实施的不确定性，不可能完全按照计划一步步地顺利进行。因此在实践中，律师要善于把握各种变量、各种因素，以便随机应变。

（一）学会选择时间

调查时间的确定常常直接影响调查的结果。关于时间因素的考虑，主要集中在两点：

1. 调查的时间选择。调查不是单方面的行为，它也需要被调查方给予积极的配合。因此在进行调查时，要考虑到对方的时间状况，除非是紧急情况，否则请尽量在对方方便的时候进行，以免造成对方的反感，不予配合。对于有些特殊的证据，可能要在特定的时间下进行调查，比如刑事诉讼中的刑侦调查，有时就需要在深夜进行。

2. 非固定状态的调查事项，应当安排在固定状态的事实之前调查。非固定状态证据事项由于存在不稳定性，容易发生变化，需要及时固定保存。如人身损害案例中的法医鉴定，伤残等级鉴定，劳动能力鉴定等，律师都应当尽快进行。时间拖得越久，鉴定结果差别越大。对于季节性蔬菜等不易保存的证据，律师需要及时采取证据保全，通过折价、变价等方式固定下来。

在行政诉讼中规定的案卷外证据排除规则，就是对证据调查时间重要性的具体体现。《最高人民法院关于执行〈中华人民共和国行政诉讼法〉若干问题的解释》第 26 条规定："被告应当在收到起诉状副本之日起 10 日内提交答辩状，并提供作出具体行政行为时的证据、依据；被告不提供或者无正当理由逾期提供的，应当认定该具体行政行为没有证据、依据。"它主要是针对举证时间、阶段的规制，是程序性的。证据本身的取得没有任何违法，是因为逾期举证而不被法院采纳。案卷外证据排除规则限制了原来常被作为"诉讼技巧"运用的对证据的"有意保留"和"选择最佳"展示时机的做法，避免了证据突袭的产生。

对于关键证据，往往是双方争夺的焦点，时间观念的重要性更加明显，律师要在最短时间内取得，兵贵神速，这样才能达到出奇不意的效果。时间因素其实牵涉的范围特别地广泛，在实践中，律师需要将时间因素同其他因素结合起来一起分析，寻到最佳时间进行事实调查。

(二) 学会选择人物

事实调查的对象虽然是证据材料，可是离不开人的因素，调查者、被调查者、双方当事人都是我们应该考虑的范围。针对不同的对象，需要注意的事项也有所不同：

1. 调查者的选择。调查人是调查的启动者、实施者，他所具有的调查技能影响着调查结果的好坏。作为一个专业的调查律师，他需要拥有与调查领域相同的知识体系，熟悉调查对象的性质、特点、原理。如果调查者对调查对象一无所知，调查将无法顺利进行。如经济类案件，调查律师必须懂得基本的经济原理，了解金融账簿、财会报表，知悉公司运作等。同时，调查者还需要机智敏捷，沉着冷静，对于调查过程中的突发事件，能够妥当处理，具有专业的调查技能，善于把握被调查者的心理等。

2. 被调查者的选择。被调查者是提供信息、配合调查的主体。我们可以把他们分为四类：第一类是当事人及其他有利于当事人的人（友好的证人），如亲戚朋友，合作伙伴等。这一类人会积极配合，调查工作比较容易，但由于他们与当事人的特殊关系，其证据力不及其他证人。第二类是与案件无关的人（中立的证人），如围观者、邻居、同病房患者等，他们的证言是重要的，但往往是谨慎的，不易参与调查。实践中，需要找到本人，并争取到他们的配合。第三类人是对方或与对方有关系的人（不友好的证人），他们往往采取的是敌对的态度，取证难度大，可能性低。可是一旦获得，证据效力不容小觑。实践中，律师要学会从不友好证人的态度、行动中分析对方策略，出奇制胜。第四类人是专业人员，如医生、鉴定人员。应当先行了解这些专家的专业技术水平、经历、个人声誉，以及他们与案件当事人是否有利害关系。①

3. 双方当事人的限制。事实调查的时间是有限的，律师在确定调查任务时要考虑到双方当事人的诉讼请求，对救济方式的选择，采用合适的调查顺序。在一起民事侵权案件中。如当事人只是希望迅速获得补偿，案件很可能以调解结束的情况下，损害事实、后果以及计算受损程度，将是首先要调查的内容。如果当事人是为了争气，为了惩罚对方，诉讼是首选方案，那么侵权故意，因果关系，侵权事实将是调查重点。在实践中，律师不仅要把当事人作为调查考量的因素，同时还应该尊重当事人的选择。当事人的选择并不是毫无意义的，作为一个理性人，当事人都是基于自己最优的利益进行选择，作为局外人的律师要给予谅解和支持，除非这种选择对于当事人是得不偿失的。

（三）学会选择地点

事实调查的地点选择同样重要。合适的地点能使被调查者心情放松，积极配合，反之容易紧张，埋怨甚至不予配合。根据被调查者的不同，我们要注意选择不同的调查地点。对于友好的证人，地点选择面比较广，最好是双方都熟悉的地方。对于中立的证人，要迁就被调查者的生活习惯，最好在其生活的附近场所进行。对于不友好的证人，应当慎重选择调查的地点。尽量以其轻松习惯的地点为宜。地点的选择不是单一的，在实践中往往需要各时间因素同时考虑，也许换个时间段，这个地点就不那么适合了。

（四）学会选择手段

调查手段的选择决定了调查的具体方式方法。实践中，律师都希望能够高效低风险地完成调查，这是建立在合适调查手段基础上的。同一个事实材料，我可以采取多种的调查方式。如：是由当事人调查还是由代理律师调查？是寻找到被调查人直接调查，还是通过其他途径间接调查？是取得物证、书证、视

---

① 参见李傲：《互动教学法——诊所式法律教育》，法律出版社2004年版，《会见》一章中的《会见证人》一节。

听资料，还是请证人出庭作证？这都必须根据案件的具体情况来确定。律师在选择调查手段时要进行效益成本的分析，收集证据采取哪种手段更加方便快捷，承担更小的风险，花费更小的成本。

同时，在选择调查手段上，还必须遵守法律法规。非法证据排除规则是对违法取证行为的禁止性规定。这个规则来源于英美法系，是指拥有客观基础、与案件存在关联性的证据材料，由于缺乏某些合法性要件，法律明确予以否决的证据规则。如《最高人民法院关于民事诉讼证据的若干规定》第 68 条规定："以侵害他们合法权益或者违反法律禁止性规定的方法取得的证据，不能作为认定案件事实的依据。"证据具有客观、关联、合法三个基本属性，缺一不可。非法证据排除规则立足于证据的合法性要件之上。法律基于人权的保护（包括名誉，隐私，甚至生命健康权利），对于收集方式、内容侵犯他人权利的事实材料，要求法院不予采纳。这在很大程度上遏制了刑讯逼供等违法的取证行为。另外，非法证据排除规则的具体范围并不是统一的，一般来说，刑事诉讼仅限于非法手段取得的言词证据（口供），民事诉讼和行政诉讼还包括实物证据。律师在事实调查中要注意判断哪些证据属于"非法证据"，避免使用非法证据，还要用非法证据排除规则检验对方提供的证据。而对于私家侦探，偷拍偷录等颇有争议的调查方式，律师需要谨慎选择。

（五）学会尝试多样调查方法

由于个人局限性的存在，律师在调查取证时要努力拓宽取证渠道，考虑各种可能情况，单一的证据链往往是经不起对方证据推敲的。另外，随着社会科技的发展，人们认识水平的提高，事实调查的方法、形式越来越向多样化发展。证据形式也不仅限于传统的书证、物证、言词证据、勘定笔录等几种，录音录像技术的发展，使视听资料被普遍的接受。电脑网络的广泛使用，使网络事实调查受到关注和研究。调查方法和调查手段是不同的概念，前者关注的是调查途径的选择，后者是在途径确定之后实施的具体方式。

在实践中，律师在运用多样性调查方法时需要注意，视听资料常常需要配合其他证据资料才具备证明力，在取证时巧妙运用背景，可以到达相互印证的目的。同时，这些新兴证据形式常受到不同程度的限制，如非法证据排除规则，因此，在调查时要做到合理合法。

（六）学会承认

在事实调查中不仅会收集到对自己有利的证据，同时还会收集对自己不利的证据。这不仅是调查全面性的要求，也是我们应对对方诉讼攻势的需要。可是，我们要如何处理这些不利证据呢？是伪造、弃毁还是隐瞒？在实践中，这些违法的处理方式存在很大的风险，律师要努力劝阻当事人这样的行为。在这种情况下，主动的承认其实是比较理想的选择。因为你不能排除对方调查到同样证据的可能性，及时承认可以避免在质证时对方举出时的被动局面，同时给法官一个良好的印象。这种承认在法律上称为自认。自认指一方当事人对对方当事人所主张的不利于己的案件事实承认其真实的意思表示。自认规则主要用于民事案件中，《最高人民法院关于民事诉讼证据的若干规定》第 74 条规定："诉讼过程中，当事人在起诉状、答辩状、陈述及其委托代理人的代理词中承认的对己不利的事实和认可的证据，人民法院应当予以确认。"自认规则表现了对当事人诉讼权利的充分尊重，可是由于通过对方当事人的自认，举证一方可以排除自己的举证责任，必须有严格的限制。自认行为必须是当事人亲自进行或者有明确的授权；自认是当事人的真实意思表示；自认不损害第三方的合法权利。

第四节　事实调查中的职业道德

在法律的任何领域里，律师和当事人的关系都极其特殊和不同寻常。美国的丹尼尔律师在《寻找证人》一书中，将这种关系，以一种诗歌的创作手法定义为：琵琶（LUTE）和圣贤（SAGE）。① 每个字母都是一个单词的首字母分别是：学习（Learn）、了解（Understand）、传授（Teach）、鼓励（Encourage）、保护（Shield）、建议（Advise）、引导（Guide）和赢取（Earn）。律师在这个关系中，往往处于主动，律师鼓励当事人说出隐私，保护当事人不受伤害，引导当事人诉讼进程，建议当事人行为模式，赢取当事人的信任。在实践中，律师更容易了解案件的真实情况，控制当事人的诉讼行为。在这种情况下，律师的职业操守显得尤为重要，品行败坏的律师会严重扰乱诉讼的进行，不利于当事人利益的保护。因此，各国都通过立法对律师的行为加以规范，在我国《律师职业道德和执业纪律规范》就对律师的职业道德做了具体的规定。

律师的天职是维护当事人的利益，但是这种维护是有原则的，不应违反法律、违背律师职业道德。为此，进行事实调查时应当做到：

一、在事实调查中，律师应该全面客观地履行自己的职责

律师的职责就是维护当事人的合法权益，在调查中要实事求是，合理合法

① ［美］丹尼尔·艾·斯默：《寻找证人》，国立波译，法律出版社 2005 年版，第 2 页。

地完成调查任务。全面即是要求律师要尽职尽责，发挥自己的一切能力，挖掘尽可能多的证据材料；客观即是要求律师不能夹杂个人感情，不弄虚作假。《律师职业道德和执业纪律规范》第 27 条第 2 款规定，"对委托人拟委托的事项或者要求属于法律或律师执业规范所禁止的，律师应告知委托人，并提出修改建议或予以拒绝"。

二、律师的保密义务

律师在调查过程中难免会涉及当事人的商业秘密，个人隐私。律师作为一个服务性的行业，作为当事人的代理人，要恪尽保密义务，不损害当事人的合法权益。《律师法》规定："律师应当保守在执业活动中知悉的国家秘密和当事人的商业秘密，不得泄露当事人的隐私。"但是，如果在事实调查中，发现己方当事人违法的证据时，律师应该怎样抉择？隐私包括违法的证据吗？这里存在义务冲突的情况，律师是恪尽职守保护当事人的隐私，还是尽普通公民之义务对其告发？一般认为，作为律师这个特殊的职业，其承担的保密义务优先于其他义务。

三、尊重其他人的利益

权利的行使不能以侵害他人权利为前提，这是权利行使的关键要素。律师在维护当事人权利的同时，不得损害国家的、社会的、集体的以及其他人的利益。《最高人民法院关于行政诉讼问题的若干规定》第 58 条对侵害他人利益的证据的证明力进行了限制："以违反法律禁止性规定或者侵犯他人合法权益的方法取得的证据，不能作为认定案件事实的依据。"结合该规定 57 条中"以偷拍、偷录、窃听等手段获取侵害他人合法权益的证据材料"不能作为定案证据的规定，可以看出：新的司法解释将视听资料纳入证据的范畴，不再单纯追究视听资料的取得方式，但使用视听资料的条件是：不得侵害他人的合法权益。

第五节　事实调查的实验项目

一、事实调查范围的练习

实验项目：事实调查的范围确定

1. 实验目的：确定事实调查的范围，制定完整的调查计划。

提示：事实调查是诊所学生会见当事人之后所要进行的第二个重要事项。

一个案件的发生往往涉及诸多的事实和证据，而且随着时间、对方行动等因素的变动，事实和证据也会发生相应的改变，再加上非正式调查重要地位，要求不能仅仅只针对法律规定的调查范围。因此，律师面对的往往是浩如烟海的事实材料。没有一个完整的调查计划，没有明确的调查范围，很容易本末倒置，顾此失彼。本次试验的目的就在于通过互动的方式锻炼学生的判断能力和对于事实调查范围的把握能力。

2. 实验素材。

【案例】

李某，男，武汉某建材公司职工。2005 年 1 月 12 日上午在工作中从行车上掉下，导致腰椎骨折，经医院诊断治疗后在家休养。期间单位曾支付两千多元的医药费。三个月后经单位同意重新上班。上班期间曾多次提出受伤补偿一事，但单位仅同意补偿三千至五千元，双方意见无法达成一致。后李某于 9 月 27 日和 10 月 21 日因身体不适而到医院复查，并于 10 月 21 日在法院指定医院门诊部作伤残鉴定，结论为伤残程度九级，但鉴定书公章为"湖北某评估有限公司"。经调查，该公司为湖北省司法厅批准的鉴定部门。12 月 1 日，李某委托一律师作为诉讼代理人，并于 12 月 7 日向某区人民法院起诉。法院在受理案件近两个月后电话通知原告于 2 月 7 日到某法庭开庭。当日开庭地点为一办公室，在场的有一法官、一审判员、被告及其律师、原告。法官并没有进行正式的开庭，而只是和被告律师谈了一下，被告律师对鉴定书提出异议，要求原告重新鉴定，法官表示同意，并要求原告等待鉴定通知，然后就没有下文了。李某遂向诊所求助。

3. 实验步骤。

(1) 将学生分为两组，一组代表本方当事人的律师，一组代表对方当事人或其律师（将正在代理本案件的学生分在对方当事人一组中）。

(2) 要求各组学生：

A. 整理资料，归纳信息，分析案情。

B. 制定办案计划（或策略）。（有几种选择方案？应当从何处入手？为达到目的已经具备的条件？尚需具备哪些条件？）

C. 集中大家的意见，写出具体方案，列出待查事实清单。

D. 选择一个学生作为发言人，其他人可以补充。

E. 返回大课堂，讨论：

a. 如何对现有资料、信息进行分析。

b. 待查事实列项——还有哪些情节可能是真实的、有利的？

c. 待查证据列项——还有哪些证据需要收集？何地、何时、怎样收集。

d. 如何确定待办事项的主次与先后次序。

e. 怎样将证据运用于案件之中——案件事实、证据、它们之间的关系以及它们对于办案策略的影响如何？

f. 调查中是否需要使用录像机、照相机或绘图本。

（3）老师加以评论。也可以设计一些特殊条件，借以检验两组学生事实调查计划的完整性，如存在虚假证据和证人，设定某些取证障碍等。

4. 讨论与思考。

课程中，可能出现如下情况需要思考：

（1）待查事实或者待查证据列项中的不利事项是否要收集，怎么样处理或者运用？

（2）能否正确区分待查事实与无关事实，待查证据与无关证据？

（3）本组的证据能否对抗另一组提出的对己不利的证据？

（4）所列事实或者证据取得的成本，难度分析。

（5）以下是处理本实验中案例的诊所学生在调查中所收集的证据材料，这份清单是否完整，是否需要补充，留给同学们自己思考。

> 某中医骨伤科诊所门诊病历，2005 年 1 月 12 日；
>
> 武汉市 A 医院门诊病历，2005 年 9 月 27 日；
>
> 法医鉴定委托书（B 医院门诊部），2005 年 10 月 18 日；
>
> B 医院门诊病历，2005 年 10 月 21 日；
>
> 法医学鉴定书，2005 年 10 月 21 日；
>
> 委托代理合同，2005 年 12 月 1 日；
>
> 民事起诉状，2005 年 12 月 7 日；
>
> 武汉市某区人民法院受理案件通知书，2005 年 12 月 7 日；
>
> 湖北某资产评估有限公司的司法鉴定许可证（这是新的未向法院提交的证据）。

二、事实调查步骤与技巧练习

实验项目一

1. 实验目的：学习事实调查三种模式的选择运用。

提示：进行事实调查，首先要选择调查模式。法律要素，时间顺序，因果关系的不同调查模式，所针对的是不同的案件类型，但也没有绝对的区分，诊所学生在处理不同的案件时要综合考虑各种相关因素，加以选择和组合。才能更加完整地收集所需的事实材料，不至于有纰漏。此项实验的目的就是使学生了解事实调查模式选择。

2. 实验素材。

【案例】

王某，于 2005 年 3 月在某中医院检查出有肝硬化、乙肝，并住院治疗，主治医生为吴某。住院期间，他于 2005 年 5 月又被检查出有肺癌，医生吴某称其癌细胞已扩散无法医治，只可活 3 个月，劝王妻将其带回。2005 年 10 月王妻在无奈之下带王某回安徽老家，并按医生开的药方给王某买药，度过最后的生命。可三个月后王某并没有因病去世。王某与王妻又回到中医院，主治医生为陈某。2006 年 1 月，医院检查出王某患有结核性胸膜炎，陈某口头承认由于 X 光曝光错误而导致误诊将结核性胸膜炎诊断为肺癌。王某不确信中医院诊断，于是到另一医院进行检查，确诊为结核性胸膜炎。然后王某又回到湖北中医院进行治疗，而主治医生又换为最初的吴某。

由于最初的肝病以及医院误诊为肺癌，而导致王家为治癌症花光所有积蓄并欠债，而无钱医治结核性胸膜炎，并且长时间的错误就医导致王某的病情恶化。住院期间，王某肺水肿严重，多次手术，最后因拖欠费用，医院停止给王某治疗，并将王某从外科住院部赶到门诊。王妻找院领导理论，却得不到结果，甚至被威胁，医院近期给王某一份协议书，欲以 2 万元钱私了。王妻遂向法律诊所求助。

3. 实验步骤。

（1）课堂讨论：

A. 事实调查的三种模式的特点？

B. 该案件事实调查应当运用哪一种或几种模式？理由是什么？

C. 调查的先后次序应当是什么？

（2）现场模拟：

A. 角色分工：选择若干名学生，分别扮演王妻，诊所学生（多人），医院代理人，医生吴某，陈某和其他相关角色，其他学生作观察员。其中，诊所学生分成 3 组。

B. 模拟场景：诊所学生选择不同的调查模式（可以多选组合），先订立调查计划，然后自由选择调查对象进行调查模拟，调查案件具体经过，收集案件事实材料。

C. 模拟设计：实验分成几个部分，需要诊所学生选择调查模式的多样性，三种模式的学生先后进行，作出调查报告，最后由老师带领学生讨论三种模式的优劣和相互关系。

4. 讨论与思考。

（1）关于法律要素展开的事实调查：

A. 案件的类型，性质是什么？

B. 案件适用的法律有哪些？

C. 根据适用的法律，需要哪些事实材料？

D. 根据案件情况能够确定的证人有哪些？

E. 在本案中，运用这种调查模式的优势和困难？

（2）关于时间先后顺序展开的事实调查：

A. 案件经过的时间段，能否作出时间图示？

B. 案件发展的背景、次序是什么？

C. 学生在模拟过程中考虑了时间，案情，信息来源的因素与否，有何收获？

D. 在本案中，运用这种调查模式的优势和困难？

（3）关于案件因果关系展开的事实调查：

A. 在中国这种诉讼模式下，此种调查方式的实用价值？

B. 学生能否构建出一个合理的案件推测？什么样的推理？

C. 这种推测需要哪些事实、证据来支持？

D. 在本案中，运用这种调查模式的优势和困难？

（4）以下是处理本实验中案例的诊所学生在调查中所收集的证据材料，请学生自己选择调查模式分析下面的证据材料还需要哪些补充，作出自己的调查报告。

中医院在去年开出的肺癌诊断书（书上说可能为肺癌，但据王妻说当时主治医生吴某口述说王某患有肺癌，有当时一起接王某出院的几位老乡可以作证）。

中医院开出的结核性胸膜炎的确诊书，和结核病医院的结核性胸膜确诊书。

住院期间的部分医疗费，住院凭据。

从 2005 年 3 月至 2006 年的 X 光拍片（肺部），包括两张确诊为肺癌的 X 光片，及肺部日益恶化的 X 光片。

实验项目二

1. 实验目的：证据收集方式和保护方式的选择。

提示：法律将证据分为书证、物证、视听资料等几大类，不同的证据类型在收集和保护时都需要选择合适的方法，不适当的方法可能使证据丧失应有的证明效力。本实验通过案例的教学，让学生学会正确地选择。

2. 实验素材。

【案例】①

吴某（女）于 1998 年 10 月 2 日晚回家途中遭到张某和李某的调戏和挑逗，吴某之后找到表哥钱某谈话（内容不详），随即当天晚上发生了一起故意伤害案件，李某重伤，张某轻伤。侦查机关随即介入调查，欲以故意伤害罪将钱某、吴某起诉到法院。由案件可知，被害人受的是刀伤，凶器疑似匕首。吴某和钱某诉称当晚在茶楼喝茶，没有作案时间，茶楼伙计是王某。张某和李某的邻居赵某听到晚上隔壁有大的动静。

3. 实验步骤。

（1）课堂讨论：

A. 证据有哪些类型，分别应该运用哪种收集方式？

B. 不同的证据类型，应该有哪些保存方式？

C. 除了法律规定的证据类型之外，还能想到哪些？应该用哪种方式收集和保存？

（2）现场模拟：

A. 角色分工：先找出两个学生扮演赵某和王某。3 个学生一组，分出两组，分别扮演公诉人和辩护律师，其他同学作为观众。

B. 模拟场景：两组学生分别进行自己的调查取证工作，完成后根据所得

---

① 叶青：《诉讼证据法学：指引、案例与文献》，北京大学出版社 2007 年版，第 195 页。

证据作出公诉意见和辩护意见。

4. 讨论与思考：

（1）作为公诉人：

A. 物证匕首，包括上面的血迹和指纹，应该采取哪种收集方法和保存方法？

B. 被害人和邻居赵某的调查，采取什么收集、保存方式？

C. 除此以外，还有哪些证据需要调查，怎样收集保存？

（2）作为辩护人：

A. 证人赵某调查，采用什么方式收集和保存？

B. 如果被告人可能受刑讯逼供，口供不利于本方该怎么办？

C. 如果吴某样貌美丽，好事者孙某长期跟踪偷拍吴某生活起居，其中有证明吴某的不在场证据，效力如何？辩护人怎样运用？

实验项目三

1. 实验目的：了解时间、地点等相关的因素对事实调查的影响。

提示：案件的事实调查范围不是固定的，哪些需要收集，哪些不需要或要考虑各种相关因素的。学生在制定调查计划的时候，要综合考虑调查时间、被调查人、调查地点、调查手段等不同因素对案件事实调查的影响。此项实验就是让学生学习全面考虑相关因素的调查技巧。

2. 实验素材。

【案例】

　　某电力局于 1995 年与某村某小组共 180 余户村民签订了"优惠用电协议"，协议中商定自协议签订时起，该小组村民享受每度电 0.15 元的优惠电价，如遇国家政策调价则按比例适当调节。现电力局以国家实行"同网同价"政策为由，要求村民按每度电 0.55 元的电价交费，并诉至当地法院，要求解除 1995 年的协议。村民代表找到法律诊所求助，村民称：当时签订优惠电价协议，是因为电力局占用了该组村民 8 亩耕地建了供电所，没有给村民任何补偿费或租金。直到现在，电力局还在占用村民的土地。

3. 实验步骤。

（1）课堂讨论：

A. 被调查人都有哪些？为什么确定他们是被调查人？调查目的是什么？

B. 在何时、何处调查？

C. 采取什么样的调查手段？

D. 哪些属于常规调查，哪些属于非常规调查？各自的作用是什么？

（2）现场模拟：

A. 角色分工：指导教师或学生助理扮演当地土地管理局的工作人员，选择两名学生扮演村民的代理人，其他学生做观察员。

B. 模拟场景：诊所学生到土地管理局，调查被电力局占用土地的使用权归属。

C. 模拟设计：模拟可以是阶段性的，可以变换做代理人的学生。教师或学生助理需要提前设计若干学生在事实调查中可能遇到的情形，如对方敏感、反感、拒绝、推托、怀疑、诋毁的语言和行为及不合作、不友善的态度等。

4. 讨论与思考。

（1）关于记录：

A. 调查过程中是否要记录？

B. 何时记录？

C. 由谁记录？

D. 记录是否影响调查的进行？

E. 如果有影响，是否有避免的方法？

（2）调查中的人际关系：

A. 当事人的调查与针对证人的调查有何不同？

B. 对行政机关工作人员的调查有何特殊之处？

C. 如何在行政机关的办公楼里找到需要找的人？

D. 以何种心态与行政机关工作人员打交道？

E. 被调查人拒绝在记录上签字怎么办？

（3）除土地管理局外，是否还有其他渠道可以得到相同的信息？如何获知这些渠道？

（4）村民不同的诉讼请求对调查的影响（归还土地、确认违法或是维持优惠协议）？

实验项目四①

1. 实验目的：通过观察事实与表达事实的练习，认识与克服人的局限性。

提示：客观事实和法律事实不是决然相同的，法律事实是通过证据对客观

---

① 李傲：《互动教学法——诊所式法律教育》，法律出版社 2004 年版，第 183 页。

事实的一种还原，证据的充分程度和真实与否直接影响了法律事实的认定。同时作为证人，都有自己的主观感受，不是客观的录像设备，不能全然客观地描述案件事实。所以，学生在收集事实证据时，要全方位多角度地进行，不要死盯一个方向不变，否则很容易走入死胡同，形成思维定势。克服自身的局限性不是一蹴而就的，需要长时间的练习，本实验为了此目的，让学生认识和克服自身的局限性。

2. 实验素材。

道具：电动玩具（可说话、走路、唱歌、讲故事、出谜语）。

3. 实验步骤。

（1）准备：学生分组，A组学生在教室内，B组学生在教室外，教室内需准备摄像机。

（2）教师拿出玩具，由一位学生或助教随意操作电动玩具，在教室内的A组学生观看，同时录像（10分钟）。

（3）B组的学生进来，每人与教室内的一位学生组成一对。

（4）A组的学生向B组的学生描述观看电动玩具的情景，B组的学生可记录、可提问（10分钟）。

（5）A组的同学思考：B组的学生如何提问，提什么样的问题能够使自己全面、准确地描述出观看电动玩具的情景？把问题写出来。

B组的学生思考：提什么样的问题可以使A组的学生全面、准确地描述出观看电动玩具的情景？把问题写出来（10分钟）。

（6）大家一起看录像。

4. 讨论与思考。

（1）讨论："事实"的概念。

（2）比较描述的内容与真实的情形之间的差距。

（3）造成差距的原因。

（4）如何缩小和克服差距。

（5）分析个人的经历、特点、表达方式等如何增加或减少了差距。

（6）提问技巧（提问的方式、时机、顺序、目的……）对表达的影响。

三、关于事实调查部分的其他诊所练习：

实验项目一：眼见为实

1. 实验目的：通过实验，理解不同人对于同一事物的不同看法，从不同角度会有截然相反的结论；理解人认识的局限性。

2. 实验素材。

道具：3 个棍子 a、b、c，组合为 a 接 b，b 接 c，a、b、c 之间都成直角的道具。

3. 实验步骤。

拿出道具，确保让每个人都看到。在缓慢旋转道具，当大家都表示看清楚后，教师将道具收起来，然后问大家：

（1）看到只有两根棍的人举手。

（2）看到闭合三角形的人举手。

（3）看到三根棍相互垂直的人举手。

4. 讨论与思考。

（1）如何看待证人、证据的局限性，"亲眼所见"、"眼见为实"是否真的可信？

（2）律师运用证据达到目标的技巧有哪些？

（3）哪些因素导致了人的局限性？

实验项目二：文字信息与动作信息传递

1. 实验目的：通过实验，理解不同人对于同一事物的不同看法，从不同角度会有截然相反的结论；理解人认识的局限性。

2. 实验素材。

笔纸若干。

3. 实验步骤。

（1）文字信息传递：学生围成一个圆圈坐好（如果人数太多则报数，确保每个人知道他的前一位同学和后一位同学，头尾相接）。发给每位同学一张白纸。游戏开始：每位同学在纸上方写出一个句子（可以是任何句子）。大家写完后，都传给坐在右侧的同学，顺次传递，最后一人传给第一人。接到纸后，每人按照句子的意思在离句子一寸远的地方画一幅画（不要交流）。大家都画好后，将纸上写着句子的部分折叠起来，只留出画的部分，传给下一位同学。接到画后，同学们按照自己对画的理解，写出一个句子，同样将画的部分折叠起来，只留自己写的那句话，传给下一位同学。传递 4 到 6 次后，交给教师，教师可以选择部分内容，让写句子的人和画画的人解释他们的理解与表达（教师可以事先将纸画好格子，或折出印子并示范给同学如何折叠，以保证以往内容不被看到）。

（2）动作信息传递：学生分成两组，一组学生做练习时另一组学生做观众，而后互换。做练习的一组学生面向同一方向排成竖队，教师（或学生助理）排在最后一个。游戏开始，最后一名学生转过身，与教师面对面。教师做一系列动作，表达一个意思（如听到有人敲门，开门，将客人迎进来，让座）。

4. 讨论与思考：

（1）不同的人对于同一事实的理解存在差异的原因。

（2）同样理解的情况下，表达方式存在哪些差异？

（3）信息在被多次传递后，为什么会背离本来面貌？

（4）提高理解能力与表达能力对于人际沟通的重要影响。

（5）如何看待和克服个人局限性。

第六节　事实调查的课后练习

一、根据下面案例，填写事实调查计划表①

【案例】①

  1995 年 5 月，李某与张某同时乘渡船过河，因琐事发生争吵，过程中李某推了张某一下，张某后退掉入河中，从此音讯全无，生死不明。2003 年 6 月，张某之妻向法院提起宣告死亡之诉。后法院依法作出死亡判决。同年 10 月，张某之妻因李某未能足额给付抚恤金向公安机关报案。李某委托你作为此次案件的诉讼代理人。

二、阅读案件材料，思考问题

【案例 1】

  的士司机张某，在某市开车营业有半年之久。2003 年 9 月 26 日，他行车至该市某一偏僻的街道，等车已经进入街道内约 20 米，才看清被树枝挡住的前方岔路口左面"不得左转"的标示。对面正在修路，暂时禁止通行，只能向右转。为了避免与乘客发生纠纷，在乘客的要求下，张某冒险向左转，刚转过去，便被站在街边树后面的警察逮了个正着。交警以

---

  ①　叶青：《诉讼证据法学：指引、案例与文献》，北京大学出版社 2007 年版，第 125 页。

张某违章转弯为由开了罚款、扣分的罚单。张某不服，认为违章事出有因，责任不应由他一人承担。

根据案例，如果你是张某的代理人，思考以下问题：

1. 该案中，你调查取证的范围有多大？列出具体的事实清单。

2. 你会选择怎样的事实调查模式？为什么？

3. 你考虑的相关因素有哪些？分别对于你的调查会产生什么影响？

4. 如果普通的调查方式行不通，如询问，笔录等，你会采取哪些合法的调查方式和手段？

5. 如果现在让你站在警察的立场，又如何考虑上面的问题？是否存在自身的局限性？

【案例 2】

某检察院指控某水利局局长刘某犯有贪污罪，理由是：该局在 2001 年为单位职工办理了团体人身险和幸运安康险，保险合同载明保险受益人为职工本人。不久单位职工王某病故，刘某在死者亲属不知被保险的情形下，以单位的名义出具有关证明，并签了死者丈夫的名字，从保险公司领取了理赔款 5 万元，之后刘某既不交单位入账，也未发给死者亲属。一年以后案发。刘某辩称，他是替死者亲属代领理赔款，还未来得及发给死者亲属。

根据案件，请分别以刘某代理人、死者家属代理人的不同角度，思考以下问题：

1. 该案中，你将会试图调查哪些事实材料，避免哪些事实材料？

2. 你会选择哪种或者哪几种调查模式？

3. 如果你在收集证据时发现刘某存在贪污行为，你将如何行动？

4. 你将会考虑哪些相关因素？包括调查的时间、地点、被调查人、手段等。

【案例 3】

当事人名叫刘珍，她和她女儿王琪是本案的原告。刘师傅的丈夫王强 2005 年去世，他生前曾与自己的弟弟王安（本案被告）共同出资购房，并双方签有平分房屋产权的书面协议。此协议名称叫"住房证明"，证明此房由王安、王强共住，其中 50% 产权为王安所有，另 50% 产权为王强所有。

由于此房屋是原属武汉某机床厂的自管房屋，王强、王安已故的父母和王安、王家另外两个女儿王娟、王佳都是机床厂的职工，计算工龄优惠率时是以其父母的工龄开始计算的。但由于王强不是机床厂的职工，故兄弟二人认购此房时只能以被告的名义，并且以后的房产证、土地证上登记的都是被告的名字。而现在被告没有经过刘师傅的同意，准备强行出售此房屋。

代理学生在案件调查中收集如下证据：

1. 被告与王强签订的"住房证明"证明被告与王强之间达成了共同所有房屋所有权的合意。

2. 邻居和王佳证人证言：证明被告与王强之间的"住房证明"为二人共同拥有房屋所有权的约定；讲明房屋渊源，证明福利资格并非被告独享，而是与王强等共同享有；证明王强曾出购房款占总房款的约 50%。

3. 原告刘珍与王强的结婚证、原告王琪的户口本、王强的死亡证，证明原告母女系王强第一顺序的继承人，对王强拥有的房屋 50% 的所有权享有继承权；被告与原告仍未分户，户主为刘珍；原告母女一直居住于此。派出所出具的原告与被告长期共同居住的证明。

4. 王强单位出具的王强借钱买房证明，证明王强曾出房款的事实。

5. 缴纳 60% 房款的收据，此收据由原告持有，证明当初购房款主要由王强所出；收据上姓名只是与登记时的保持了一致。

6. 房产税收据房屋房产税由原告所交，证明原告一直以所有的意思使用该房屋。

根据案例请讨论一下问题：

1. 就上面代理学生调查的证据材料，需要分别用哪些方法收集，怎样保存？

2. 上述证据材料是否完整？如果不完整，还需要哪些材料？

3. 对于邻居证人证言的调查，选择什么时间和地点比较科学？

4. 如果调查王佳时，由于包庇亲戚王安，而不予合作，有什么替代办法？

5. 如果在调查中发现王强向单位借款的一部分并没有购房而是他用，你会怎么处理？

6. 完成上述问题后，请对自己的回答做一个简短的评估。

第七节 事实调查的扩展阅读资料索引

一、论文类

1. 胡扬成：《多起犯罪事实的庭审调查方式》，载《人民检察》1998 年第 2 期。

2. Agata Syzpzak：《戴查坎迪博士到底在哪里——事实调查的故事》，载李傲、Pamela Phan 主编：《实践型法律人才的培养——诊所式法律教育的经验》，法律出版社 2004 年版。

3. 李傲：《事实调查——被法学教育遗忘的领域》，载《环球法律评论》2005 年第 3 期。

4. 罗祥远：《论刑事庭审中的证据调查范围》，载《广西政法管理干部学院学报》2008 年第 2 期。

二、著作类

1. 何家弘等：《证据调查》，中国人民大学出版社 2005 年版。

2. ［美］丹尼尔·艾·斯默：《寻找证人》，国立波译，法律出版社 2005 年版。

3. 顾永忠等：《中美刑事辩护技能与技巧研讨》，中国检察出版社 2007 年版。

4. 李傲：《互动教学法——诊所式法律教育》，法律出版社 2004 年版。

第三章 法律研究

第一节 法律研究概述

一、法律研究的概念

法律研究，源自对英文 Legal Research 的直译。对于 Legal Research 一词，在我国有"法律研究"、"法学研究"、"法律问题"、"法治研究"、"法律检索"等不同译法，在通常意义上将其理解为是对法律的专业或学术研究。在美国，Legal Research 是指"认定和检索必要的信息以支持法律方案的制定的过程。从最广义上讲，法律研究包括了从对案件事实的分析开始直至检索结果关联并应用于案件的解决的每一步"（"the process of identifying and retrieving information necessary to support legal decision-making. In its broadest sense, legal research includes each step of a course of action that begins with an analysis of the facts of a problem and concludes with the application and communication of the results of the investigation."）①。法律研究是律师的基本功之一，也是法律诊所学生必须具备的一项技能。为了与其他同类书籍和资料对 Legal Research 的翻译保持一致，便于交流和借鉴，这里仍然使用"法律研究"这一概念。

诊所式法律教育中的"法律研究"，其含义更接近于广义上的"法律检索"，指科学、系统地检索法律信息（包括规范、判例等），以及对检索到的法律信息进行分析，并运用于具体案件的方法和过程。这里的"法律研究"，不是在学理上对法律理论的研究，而是基于实践的需要对法律的搜集和运用。当然，在检索法律与运用法律时，常常离不开对法律理论的分析。诊所教学中，法律研究至少包含两方面的内容：其一是狭义上的法律检索，即对法律信

---

① See J. Myron Jacobstein and Roy M. Mersky. Fundamentals of Legal Research, 8th ed. Foundation Press 2002: p. 1

息（包括规范、判例等）的查找；其二是法律分析。二者互为条件，相辅相成。在绝大多数案件中，需要在法律分析的基础上进行法律检索，并在法律检索的基础上进行法律分析。法律研究是准确适用法律的前提和条件。

二、法律研究的性质

从性质上说，法律研究是律师在运用专业知识和职业方法的基础上，通过法律和法律推理解决具体案件纠纷的过程。但是，建立在法律分析和法律推理基础上的律师意见有一个形成的过程。"法律和法律推理能使法官得到终局的、和平的和可证明为正当的纠纷解决结果，这种结果要优于其他可选择方式所产生的结果。不清楚的是，法律和法律推理如何做到这一点。"① 所以，研究法律推理和法律论证，实质上是为了实现或增强法律意见的说服力。就纠纷的解决而言，法律研究之所以必要，是因为"规则和判例并不仅仅用来解决纠纷。我们能够通过抛硬币，花费极少地来做到这一点。规则和判例确立合法行为的标准，这些标准应当有助于把我们生活的世界塑造得更加美好。做到这一点，规则和判例就会实现美好社会的法律理想。换句话说，法律含有目的：它们贯彻良好的政策和原则，同时又被这些原则和政策证明是正确的。"② 正如判决书的理由是判决书不可缺少的组成部分一样，法律研究是律师意见避免主观、武断的前提和条件。纽约 Willkie Farr & Gallagher 律师事务所主席和合伙人杰克·H. 努斯鲍姆非常强调法律研究工作的重要性，他认为："要保证并让别人相信自己在法庭上占据优势地位，最好的方法就是仔细地研究事实根据，研究相关法律规定。如果律师对事实根据和法律规定有了充分的认识，并且能够得心应手地运用，这名律师就能在法庭上占得优势地位。"③

律师通过法律研究，论证和确定特定纠纷的解决方案的恰当选择。就一个实际的纠纷而言，行政裁决、行政复议、仲裁、诉讼，乃至调解和谈判，都是可供选择的方案。影响解决方案的因素有多种。在这些因素中，有经济、文化、政治、历史传统等多个方面。同时，越来越多的因素被认为影响着法律结论的得出。例如，法官直觉在法律结论形成过程中所起的作用，受到了前所未

① ［美］史蒂文·J. 伯顿著：《法律和法律推理导论》，张志铭、解兴权译，中国政法大学出版社 1999 年版，第 10 页。

② ［美］史蒂文·J. 伯顿著：《法律和法律推理导论》，张志铭、解兴权译，中国政法大学出版社 1999 年版，第 97 页。

③ ［美］ASPATORE BOOKS（公司）编：《大律师——国际顶尖律师成功秘诀》，李锦南等译，中国水利水电出版社 2004 年版，第 66 页。

有的关注。哈奇逊法官曾这样描述法官的直觉："沉思着原因，等待着感觉、预感——那直觉的闪现，在疑问与判决的连接处迸发出的火花照亮了司法双脚所跋涉的最黑暗的路途……在感觉或预感自己的判决时，法官的行为精确地与律师对案件的处理相一致，只有这样一个例外：律师已经在其观点中预设了目标——为委托人赢得诉讼——他仅搜寻和考虑那些确保他走在自己所选择的道路上的预感，而法官仅负有漫游者去作出公正判决的使命，他将沿着预感引导的道路前行，无论到达哪里"；"法官作出决定，的确是通过感觉而不是通过判断，通过预感而不是通过三段论推理，这种三段论推理只出现在法庭意见中。作出决定的关键冲动是在特定案件中对于正确或错误的直觉；精明的法官，在已经作出决定的前提下，劳其筋骨，苦其心智，不仅要向自己说明直觉是合理的，而且还要使直觉经受住批评苛责。因而，他使所有有用的规则、原则、法律范畴和概念受到检阅，从中直接地或通过类比的方式进行遴选，用以在法庭意见中说明他所期望的结果是正当合理的"。① 按照上述说法，法律研究仍然是论证判决正当性的过程。虽然法律研究在一定程度上是从结论出发的，但即便如此，经过论证的结论要能够说服法官和其他法律职业成员，这才是问题的实质。

法律研究是形成法律结论确信的过程，在这一过程中，反映和体现了律师的人生阅历和职业经验。同样，在这一过程中，律师不仅仅需要形成自己的结论，而且首先需要说服自己相信这一结论。更为重要的是，律师还必须说服法官相信自己的结论。在说服的技巧上，有学者提出了"脚本理论"。"'脚本'是个人对某事件脉络，心理所产生的印象或理解。脚本理论假设人类不会独立评价事实，而是倾向将每一项新事实，镶入事先就存在而且合适的图像中，藉此理解新资讯。"②脚本理论的本质在于人们不喜欢不确定，想要立即降低不确定，这种理论对律师辩护具有重大的实际价值。正是运用这一理论，律师通过提出合理怀疑的办法，填充对方有意、无意留下的空白，作出有利于自己当事人的解释和判断。

三、法律研究的目标

法律研究的目标是为办案策略的形成、确立和执行提供法律论证。在办案

① ［美］博西格诺等著：《法律之门》，邓子滨译，华夏出版社2002年版，第29页。
② 参见［美］史蒂芬·卢贝特著：《现代诉讼辩护——分析与实务》，吴懿婷译，台湾商周出版社2002年版，第58~59页。

策略形成之前，法律研究的目标是选择并决定最恰当、周密的办案策略；在办案策略形成之后，法律研究的目标是贯彻和实现办案策略。

不同于法学家为了寻找法律背后的法理而研究法律，律师更像一个工匠，目标十分明确——运用法律、事实和证据，在案件事实和当事人目标之间，搭建起一座坚固的桥梁。因此，律师进行法律研究中的每一分析和判断都以解决问题为目标。实际上，通过会见、事实调查，律师已经了解案件的来龙去脉。法律研究就是要针对客户的期望，在充分考虑客户所面临的现实问题的基础上，根据经济原则，设计出符合客户利益需求的解决方案。

四、法律研究中的当事人参与

表面上，法律研究是律师所进行的一项工作，似乎与当事人没有关系。实际上，当事人在法律研究中的作用不可忽视。既然法律研究的目的是为办案策略提供法律根据，法律研究服务于案件的处理，那么：

1. 对当事人所提出的解决方案应给予充分关注。律师应当充分关注当事人所提出的解决方案。法律研究首先应当从对当事人期望的合法性与合理性评估开始。律师应当明确，当事人对问题的了解和把握最为准确，对问题的解决最有发言权。满足当事人的要求，也是律师服务的价值和目标。在评价当事人的期望时，律师应当谨慎。如果当事人的期望与法律的规则有明显的冲突，疏导当事人不切实际的期望也是律师的义务。

2. 在否决当事人的提案时，应有创意地提出各种可能的选择方案。"有创意地解决客户的问题，并不意味着在法律的研究与分析上偷工减料。有创意的律师和其他优秀律师一样，办起案来同样是巨细靡遗的。但是前者更能够仔细聆听客户的需求，专注于客户的总体目标与缓急顺序，并时时与客户交流，针对客户所面临的问题来为他设计一个解决方案。"①

3. 从与当事人的充分讨论中，应选择一个最适合当事人需要的解决方案，并保证方案的开放性。最适合当事人的解决方案固然重要，但是，适合当事人的解决方案并非一成不变。重要的是，律师不但要在充分评估各种可能的选择方案的基础上，斟酌每一个方案的经济效益以及风险，作出正确的选择，而且要保持方案的开放性；律师应当定期对自己的工作作出评估，并调整方案，使律师工作适应变化了的情况，适应性是一项方案的生命力。

---

① ［美］苏珊·奥尼尔、凯瑟琳·斯巴克曼等著：《美国律师实务入门——从学生到律师》，黄亦川等译：北京大学出版社1988年版，第59页。

第二节　法律研究的计划

"凡事预则立，不预则废。"制定出科学、合理的法律研究计划，是法律研究顺利、有序开展的重要保障，它将极大地提高工作的效率。

一、法律研究计划的内容与步骤

（一）明确当事人的愿望

当事人的愿望在很大程度上指引着法律研究的方向和工作重心，因此应当从明确当事人的愿望开始法律研究计划的制定。在《美国律师实务入门——从学生到律师》一书中，作者提出了作为律师工作重点的 20 项客户（当事人）期望，并要求律师能够鉴别哪些客户偏重于哪些期望。这 20 项客户对律师的期望包括：

1. 了解客户的意图；
2. 告诉客户需要他们提供什么资料与协助；
3. 在需要数名律师协办业务时，对客户说明各个律师所担任的角色与职责；
4. 预估办案所需的时间与经费；
5. 疏导客户不切实际的期望；
6. 确定特定事务的处理程序；
7. 定时向客户报告案件处理的进展与现况；
8. 平易近人而且及时回复客户的来电；
9. 尽快回答客户的问题；
10. 虚心接受客户对法律服务的反馈；
11. 用客户的本行术语与其交流；
12. 协调总体的法律服务；
13. 了解客户所从事的行业；
14. 考虑到种种客户所面临的现实问题；
15. 洞悉与案子相关的其他问题；
16. 设计出适应客户需要的解决方案；
17. 符合经济原则，不作无谓的浪费；
18. 作为客户的靠山，为客户提供各种协调；
19. 对客户解说最新的法律动向与相应策略；

20. 了解客户公司内部法务部门的功能与期望。①

诊所学生需要在明确当事人愿望的基础上，充分考虑当事人所面临的现实问题，根据经济原则，制定出符合当事人利益需求的法律研究计划。

（二）制定法律研究的时间表与分工计划

要根据案情的缓急和下一步工作开展的需要，制定出合理的日程安排，既不能拖到事到临头，临时突击，就事论事；又不能凡事都讲求一蹴而就，一成不变，不留变动和调整的空间。要根据案件情况，大致制定一个原则性与灵活性兼具的时间表，以安排法律研究工作的有序开展。

同时，诊所学生进行法律研究工作一般都需要多人进行分工合作。提前做好分工，也十分必要。分工要根据各个学生的特点予以确定。比如案件可能涉及不同部门法的知识，就要根据各个学生对不同部门法的掌握情况分配给其更擅长的领域。再比如，在法律检索过程中，可能要使用不同的方法，有的需要使用电脑等科技手段，有的需要进行纸质材料的查找，有的需要到有关部门进行查询，这时就要根据不同学生的特长进行分工，以提高办案效率。当然，分工时还要考虑工作量的合理分担，同时分工也不应该是绝对的，各个学生之间要互相协助，通力合作。

（三）初步确定法律研究的范围

在制定法律研究计划之前，诊所学生已经通过会见、事实调查等步骤大致了解了案件的事实情况，在制定计划时，就要根据自己的判断，初步确定法律研究的范围。要列举出可能需要检索的法律文件的名称，并根据其与案件的关联程度和重要性作出一个检索时的排序。在计划中需要确定是否需要进行案例的查找，以及所需要查找案例的数量和类别等。还要判断案件所涉及的部门法，并制定好对相关部门法知识的学习计划，以便更好地进行法律分析。计划中还应列举出需要检索的可能影响案件结果的问题和因素。

（四）确定进行法律研究所需运用的资源与工具

高校法律诊所学生办案过程中尤其是在进行法律研究时，有多种资源可供利用，比较方便利用的资源包括法律诊所资料、图书馆、数据库、互联网、教师指导、专业律师指导及与有关部门联络获取的资源等。在制定法律研究计划时，就要预计好大致需要使用哪些资源，分析利用各种资源的成本和效率等因素，从而予以确定并做好相应准备。要列举清楚工作开展过程中可能需要使用

---

① ［美］苏珊·奥尼尔、凯瑟琳·斯巴克曼等著：《美国律师实务入门——从学生到律师》，黄亦川等译，北京大学出版社1988年版，第10~11页。

的工具，如 U 盘、相机、笔记本电脑等。

（五）预估法律研究的成本并进行评估

符合经济原则是体现律师工作价值的重要环节，也是体现当事人利益的重要方面。经济原则所包括的领域较为广泛，主要有时间、金钱、精力等各个方面。"客户总是希望律师能够既迅速又有效地来处理他们的法律业务。"① 律师职业的重要价值之一，就是在符合法律的原则基础上，及时有效且经济地解决纠纷。维护当事人的经济利益，在一定程度上就体现在纠纷解决中的成本节约基础之上。而且，对当事人利益的关注也是律师工作的基本要求。在纠纷解决的成本可能超出当事人实际的收益时，更需要律师如实告知当事人，并与当事人讨论。法律研究的具体工作中，律师既要认真仔细，力求全面，又要迅速高效，节约成本。

一项法律研究计划应当符合准确、高效、经济的要求。在进行法律研究过程中，可能需要打印或复印大量资料，有时需要刻录光盘或是租赁部分技术设备，在需要向有关部门索取材料的情况下，还会产生交通费等费用。在拟定法律研究计划时就必须对这些费用的来源及分配使用作出合理安排。这些成本累加起来对于当事人而言有时会较为巨大，或者是法律研究部分的成本占总成本的比重过大，或者是由于法律研究的时间过长而导致当事人成本的增加，这时就要对法律研究计划有所调整，从而达到上述要求。

二、法律研究计划的开放性

美国律师协会法律教育处于 1992 年 7 月发布的《法律教育与职业的发展——一种教育的统一连续体》的报告中指出，律师应根据新信息和新观点不断地修改计划。律师应熟悉以下技巧与概念：在分析和解决当事人的问题的过程中，律师应该适时地考虑事件、信息、思想、情感的波动，并采取适当的措施。这些措施包括：

1. 关注当事人各方面的情况以及可能发生的变化。律师必须不断地了解新的情况。

2. 时刻了解当事人对问题的想法与态度的变化。

3. 在采取重大的行动之前，应该保持计划的灵活性，以适应最新的情况，并在适当的时机系统地考虑新的情况。

---

① ［美］苏珊·奥尼尔、凯瑟琳·斯巴克曼等著：《美国律师实务入门——从学生到律师》，黄亦川等译，北京大学出版社 1988 年版，第 61 页。

4. 使决策适应不断变化的情况，以便将决策建立在可靠的信息基础之上。

5. 在采取上述行动之前，必须确保当事人有足够的机会反映他或她的偏好、判断和决定。行动越能反映当事人的利益，计划就越可以保持相应的稳定性。这样就越不会因为犹豫不决而造成机会损失。①

诊所学生在制定和执行法律研究计划时，就必须随时关注出现的新情况和当事人意愿的新变化，而对计划作出必要的调整。比如，当事人之间达成和解或经调解成功，己方或对方当事人提出新的诉讼请求等；有时也会由于问题已经完全解决，或者虽未完全解决，但进一步的研究不会产生更多的信息，或者可能产生的信息与所花费时间、金钱不相称时，需要主动缩小研究的范围或者结束研究。总之，法律研究计划应当保持一种灵活性和开放性。

第三节　法律检索的理论与技巧

一、法律检索的概念

这里的"法律检索"的概念是在狭义上使用的，是指以规范的、科学的、系统的方法查找、收集法律资料的过程。这也是我国对法律检索的一般定义。在我国，长期以来对法律检索的研究工作一直被划归图书资料管理而非法律专业的工作领域，法律检索未能体现出法律的专业性特点。由于法律的理论研究与法律资料管理的实践相互脱离，对法律资料的收集、归类、整理和运用方法的学术研究，一直未引起法学界的充分重视。司法实践中，因当事人或代理人无法掌握充分的法律资源而败诉，或至少在法庭上处于劣势的现象屡见不鲜，这充分说明：其一，我们的法律资源管理缺乏科学性、系统性和专业性；其二，法律资源管理体系不完善导致获取法律信息的机会不平等，更确切地说是导致司法的不公。上述问题已逐渐引起学界及实践部门的重视。

与我国的情况形成鲜明对比的，是美国的法学院图书资料的管理和美国的法律检索体系。美国的法律渊源复杂，数量繁多，联邦和 50 个州的司法机构、立法机构和行政机构各尽其职却制定和执行着不同的法律。美国立法机关每年新的制定法大约 15000 个，每年新公布的判例约 55000 个 。庞大的原始法律资源体系无疑奠定了美国法制的基础，为维护法律活动的公平和秩序提供了丰

---

① 参见［印］马海发·梅隆主编：《诊所式法律教育》，彭锡华等译，法律出版社2002 年版，第 50 页。

富的依据，但是几乎泛滥的数量，使法律过分繁杂，适用的难度日益加大，即使是最优秀的职业律师对法律规定的了解也是有限的，有效利用检索体系获取信息的能力对职业律师而言就显得格外重要。法律检索的内容包括判例、法规、法学文献等内容。一般来讲，法律知识是经验的总结，而"获得法律"的能力则表现为认识法律经验的手段和方法，实际上后者是人的一种潜在认知能力，这种能力表现为人对社会的实践活动所具有的预测性、应变性和创新性。

二、法律检索内容的确立

美国律师协会法律教育处于 1992 年 7 月发布的《法律教育与职业的发展———一种教育的统一连续体》的报告中指出，为了有效地开展法律研究，律师应该具备的三种知识的第一种便是有关法律规则与法律制度的性质方面的知识。"在任何特定情形下识别争议及其来源，需要了解：a. 法律规则的各种渊源及其制定程序……b. 上述哪些法律规则的渊源倾向于作为解决各种实体领域内的争议的指导原则。c. 适用于任何情形的各类法律补救……"① 从诊所学生办案的角度，并结合我国法律制度的实际，就是要明确对案件的结果有影响的因素有哪些，其相互关系如何。

（一）法律规范的效力分析

这里的法律是广义的法律，是指包括宪法、法律、行政法规、地方性法规、规章等在内的规范性法律文件的总称。从办理案件的角度看，我们需要分析法院审理案件所依据的规范性法律文件的效力问题。

对审判依据的规定涉及诉讼法的内容，我国有关法律一般不作系统的规定，如刑事诉讼法和民事诉讼法除专门规定了条约的适用外，对于其他审判依据未作规定。但是，行政诉讼法比较特殊，专门规定了审理行政案件的法律依据，即第 52 条规定："人民法院审理行政案件，以法律和行政法规、地方性法规为依据。地方性法规适用于本行政区域内发生的行政案件。人民法院审理民族自治地方的行政案件，并以该民族自治地方的自治条例和单行条例为依据。"该法第 53 条规定："人民法院审理行政案件，参照国务院部、委根据法律和国务院的行政法规、决定、命令制定、发布的规章以及省、自治区、直辖市和省、自治区的人民政府所在地的市和经国务院批准的较大的市的人民政府

---

① 参见［印］马海发·梅隆主编：《诊所式法律教育》，彭锡华等译，法律出版社2002 年版，第 54 页。

根据法律和国务院的行政法规制定、发布的规章。"该法第72条还规定了条约可以作为审判依据。从这些规定看，人民法院审理行政案件的依据是法律、行政法规、地方性法规、自治条例和单行条例、规章。此外的其他规范性文件不是人民法院的审判依据。这些规定可以类推适用于其他审判依据，也即在其他审判中也无非有这些审判依据。①

1. 法律的效力等级分析。

法的效力等级也称法的效力层次或效力位阶，是指一国法的体系中不同渊源形式的法律规范在效力方面的等级差别。确定制定法规范的效力等级通常应遵循如下原则：

（1）法律规范的效力等级首先取决于其制定机关在国家机关体系中的地位，除特别授权的场合以外，一般来说，制定机关的地位越高，法律规范的效力等级也越高。

（2）在同一主体制定的法律规范中，按照特定的、更为严格的程序制定的法律规范，其效力等级高于按照普通程序制定的法律规范。如我国宪法的效力高于基本法律的效力。

（3）当同一制定机关按照相同的程序先后就同一领域的问题制定了两个以上的法律规范时，后来制定的法律规范在效力上高于在前制定的规范，即"后法优于前法"。

（4）当同一主体在某一领域既有一般性立法，又有不同于一般性立法的特殊立法时，特殊立法的效力通常优于一般性立法，也即所谓"特别法优于普通法"。

（5）当某一国家机关授权下级国家机关制定属于自己立法职能范围内的法律、法规时，被授权的机关在授权范围内制定的该项法律、法规在效力上通常等同于授权机关自己制定的法律或法规，但仅授权制定实施细则者除外。

2. 法律的效力范围分析。

法律的效力范围指法律规范的约束力所及的范围，包括法律规范的空间效力范围、时间效力范围和对象效力范围三个方面：

（1）法的空间效力范围。这里只讨论法的域内效力。第一，法律规范的效力及于制定机关管辖的全部领域。第二，地方国家机关在宪法和法律授权范围内制定的地方性法规、自治条例和单行条例及规章等在制定机关管辖的行政区域内有效。第三，法律规范的制定机关也可以根据具体情况，规定法律规范

① 参见孔祥俊著：《法律方法论》（第一卷），人民法院出版社2006年版，第32页。

只适用于其管辖的部分区域。

（2）法的时间效力范围。第一，法律规范的生效。包括自法律颁布之日起生效和法律通过并颁布后经过一段时间再开始生效两种情况。第二，法律规范的终止生效。原因主要包括法律规定的有效期限届满、原有法律的规定与新的法律规定之间发生冲突以及原有法律调整的社会关系已不复存在等情况。第三，法的溯及力问题。法的溯及力是指新法律可否适用于其生效以前发生地事件和行为的问题。一般的原则是"法不溯及既往"。作为对这一原则的必要补充，在我国民法中有所谓"有利追溯"原则，在刑法中则遵循"从旧兼从轻"原则。①

对我国法律规范的效力分析，有助于我们在法律检索过程中明确哪些法律是对我们有用的，以及他们的作用大小。具备对法律规范效力进行分析的能力有助于我们快速准确的确定法律检索的范围，从而提高办案效率。

（二）司法解释的适用问题

按照 1981 年全国人大常委会关于法律解释问题的决议，司法解释是指最高人民法院和最高人民检察院分别就审判工作和检察工作中如何具体应用法律的问题所作的具有普遍司法效力的解释。从性质上讲，司法解释并不构成一种独立的法律渊源种类。司法解释作为法院审判依据的正当性来源于两方面：一是司法解释所依据的法律规范的合宪性、合法性和正当性；二是法律赋予了最高人民法院和最高人民检察院司法解释权。而且，司法解释既然是对具体应用法律的解释，其对法律规范涵义的澄清，自然成为法律规范的组成部分，适用司法解释（释义性司法解释）就是适用法律本身，在这种意义上司法解释又具有审判依据意义。

在 1978 年我国逐步恢复法制以后的很长一段时间，由于制定法的短缺，或者是法律规定本身存在的漏洞，实践中司法解释被大量运用以弥补这些缺漏。但司法解释作为一种审判依据的性质一直未得到明确，并且在裁判文书的援引方面也存在障碍。1994 年 7 月 8 日最高人民法院审判委员会在第 668 次会议上作出规定："今后凡适用司法解释判处的案件，在判决书和裁定书中，均引用所适用的司法解释。" 1997 年 6 月 23 日最高人民法院审判委员会第 852 次会议通过的最高人民法院《关于司法解释工作的若干规定》第 4 条规定：最高人民法院制定并发布的司法解释，具有法律效力。"第 14 条规定："司法解释与有关法律规定一并作为人民法院判决或裁定的依据时，应当在司法文书

---

① 参见孙国华等主编：《法理学》，中国人民大学出版社 1999 年版，第 290 页。

中援引。援引司法解释作为判决或者裁定的依据，应当先引用适用的法律条款，再引用适用的法律解释条款。"这表明人民法院不但应当执行司法解释，而且应当公开援引，标志着司法解释的规范性质得到了确立。1997年6月23日最高人民法院法发［1997］15号《关于司法解释工作的若干规定》第9条规定："司法解释的形式分为'解释'、'规定'、'批复'三种，对于如何应用某一法律或者对某一类案件、某一类问题如何适用法律所作的规定，采用'解释'的形式。根据审判工作需要，对于审判工作提出的规范、意见，采用'规定'的形式。对于高级人民法院、解放军军事法院就审判工作中具体应用法律问题的请示所作的答复，采用'批复'的形式。"从司法实践看，批复在司法解释中的比例，占有绝对优势。

从法律效力上看，我国的司法解释地位十分特殊：最高人民法院作为司法解释的唯一制作和发布主体，为司法解释赋予了特殊的效力——最高人民法院制定和公布的司法解释，各级人民法院必须执行。而且，倘若行政法规、地方性法规或者规章与司法解释不一致，又无更高效力的立法解释，司法机关当然首先选择适用法律以及对法律作出的司法解释。司法解释在审判实践中大量存在并发挥着重要作用，甚至已达到了泛滥的程度。但是在现有的规定下，司法解释的制作和执行尚缺乏监督机制和监督渠道。谁起草司法解释就由谁提出补充、修改或者废止的意见，既不利于及时发现司法解释中存在的问题，更难于及时纠正司法解释的错误。① 在现实中，违背立法精神的司法解释并非少见，而这些司法解释所起到的负面影响也众所周知。例如《最高人民法院关于审理人身损害赔偿案件适用法律若干问题的解释》第29条规定："死亡赔偿金按照受诉法院所在地上一年度城镇居民人均可支配收入或者农村居民人均纯收入标准，按20年计算。"该规定构成对农村居民生命的歧视，背离了公平原则。而该解释自称是根据《中华人民共和国民法通则》的规定所作的解释。但我们显然并不能在《中华人民共和国民法通则》中找到"同命不同价"的立法原意。

虽然司法解释存在以上种种问题，我们在具体办案过程中却是无法回避的。在法律研究中我们必须把司法解释纳入检索的范围。当然，如何在引用司法解释的过程中趋利避害，这是我们在后续的法律分析中必须要考虑的问题。

（三）案例的作用分析

我国虽然并不实行判例制度，但在实践中，"遵循先例"的情形已经出

① 参见汪世荣：《司法解释批复四题》，载《法律科学》2000年第4期。

现，上至最高人民法院，下至基层人民法院，判决越来越多地呈现出遵循先例的倾向，判例业已成为制定法不可或缺的补充。最高人民法院发布的《人民法院第二个五年指导纲要（2004-2008）》第13项指出："建立和完善案例指导制度，重视指导性案例在统一法律适用标准、指导下级法院审判工作、丰富和发展法学理论等方面的作用。最高人民法院制定关于案例指导制度的规范性文件，规定指导性案例的编选标准、编选程序、发布方式、指导规则等。"有中国特色的案例指导制度在实务部门的推动下业已在司法实务中发挥作用。所谓有中国特色的案例指导制度是指由最高人民法院组织专家从最高人民法院和高级人民法院终审案件中挑选具有代表性、先例性、疑难性的案件进行编纂和总结，这些案例在审判实践中对类似或相同案件的裁判具有指导意义，可以作为裁判理由被法官引用的制度。[①] 可以肯定，案例在包括最高人民法院在内的上级人民法院对下级人民法院审判指导中的功能，必将进一步得到加强。

案例的作用不仅体现在对下级法院的指导作用上，而且通过对类似案例的研究，可以为我们提供办案的思路和进行法律检索的参考。因此，将案例也纳入法律检索的范围是十分必要的。

三、法律检索的技巧

"法律是律师的武器，法律越多律师就越高兴。但是当法律已经多且复杂到任何人都不可能完全掌握时，找到制胜武器的方法就成为武器的一部分，这就如同书目是图书馆最重要的部分一样。对于律师而言，能够快速、全面准确地搜寻法律的能力而不是超群的记忆力就成为律师的能力。"[②] 法律检索是诊所学生应该学习和掌握的一项重要技能。

（一）法律检索的方法

1. 法律规范的检索。

（1）法律的检索。其检索方式主要有如下三种：a.《全国人民代表大会常委会公报》及其合订本检索，这也是最为权威的法律检索方式。b. 法律汇编检索。这里主要指的是由全国人大常委会法制工作委员会编辑、人民出版社出版的按年编辑的《中华人民共和国法律汇编》，这是当前最为权威和系统的

---

① 参见李傲、孔庆欣：《行政诉讼案例指导制度研究》，载《湖南师范大学社会科学学报》2007年第4期。

② 牛同栩：《律师如何检索法律文献》，载渠涛主编：《中外法律文献研究》（第二卷），北京大学出版社2008年版，第306页。

法律汇编出版物。c. 网络检索。这是最为简便的方式。

（2）行政法规的检索。其方式包括：a.《国务院公报》检索；b. 行政法规汇编检索；c. 网络检索。

（3）地方性法规检索。其方式包括：a. 公报检索；b. 当地重要报纸；c. 汇编检索；d. 网络检索。

（4）规章的检索。a. 部门规章的检索。主要通过三种方式：一是部门公报，二是国务院公报，三是全国范围内发行的报纸。也有的是通过部门网站登载。b. 地方政府规章的检索。主要有两种方式：一是本级政府公报，二是本行政区域范围内发行的报纸。

（5）行政规范性文件的检索。目前主要依据各级各地政府颁布的相关规定。其检索主要通过制定机关的公报、在该行政区域普遍发行的报纸、政府网站和公告栏等。①

2. 司法解释的检索。

司法解释的检索方式主要包括检索连续性出版物、综合性法律工具书、专门性工具书、注释性出版物、司法指导性出版物、电子数据资源六种基本大类。

（1）连续性法律出版物。连续性出版物主要指作为官方的刊、报及其他连续出版物，目前普遍查询与利用的有：a. 公报。《最高人民法院公报》和《最高人民检察院公报》是法定刊载司法解释文献的官方文本。b. 年刊。主要指《最高人民法院年鉴》和《最高人民检察院年鉴》。c. 机关业务文件选。包括《司法文件选》、《检察业务文件选》、《法律应用研究》等刊物中的司法解释专栏。d. 官方报刊文本。《人民法院报》和《检察日报》是及时刊登司法解释性文件的官方媒体。

（2）综合性法律工具书。主要指各出版社推出的大型法律汇编文本中的司法解释部分。主要有由全国人大法工委审定、法律出版社出版的《中华人民共和国最新立法司法文告》及由最高人民法院编辑、人民法院出版社出版的《审判工作常用法律司法解释汇编》等。

（3）专门类工具书。指专门编辑司法解释及司法文件的一类工具书。这些出版物一般是由中央立法或司法机关有关业务部门编纂或审定，并主要由人民法院出版社等中央级专业出版社出版。

---

① 参见渠涛主编：《中文法律文献资源及其利用》，法律出版社 2006 年版，第 39~47 页。

（4）注释性出版物。这类出版物的作者大多为参与文件起草的法学专家或资深法官，对于读者正确理解司法解释的含义有积极作用。例如《民事审判指导与参考》、《刑事审判参考》。

（5）司法指导性出版物。如最高人民法院相关业务庭、室编纂的《经济审判手册》、《行政审判手册》等。

（6）电子数据资源。如人民法院出版社出版的由最高人民法院研究室编纂的《中华人民共和国司法解释库》光盘版、中国法院网和各地高级人民法院网站上设立的司法解释文件库。①

3. 案例的检索。

目前国内在案例的检索上远不如对法律和司法解释的检索方便。"国内出版了一些判例汇集，但不够系统和规范；不仅分散零碎，而且还缺乏应有的连续性与稳定性，在编排上随意性也很大，对案例的选择和分类不够细致，没有形成一套普遍影响又有一定规模的案例集。"② 目前国内对案例的检索主要通过以下渠道：

（1）纸质出版物。a. 专业法律期刊。如《最高人民法院公报》上的裁判文书栏目和典型案例栏目、《中国司法评论》中的典型案例栏目、《判例研究》、《判解研究》等。b. 连续性多卷案例丛书。如《人民法院案例选》、《中国案例指导》等。c. 编年体汇编出版物。如《人民法院裁判文书选》、《中国审判案例要览》等。d. 审判业务指导书。如《行政执法与行政审判参考》、《民事审判指导与参考》等。e. 学理类案例丛书。如《判例精编丛书》。

（2）电子光盘出版物。国内各家电子数据制作公司出版的光盘均设有典型案例子库，比纸质出版物的优势就在于检索更快捷，携带方便，存储量大。如由人民法院出版社推出的最高人民法院研究室编辑的《人民法院案例库》。

（3）电子网络出版物。目前几乎所有的中文法律网站都设有案例文献的子文献库，互联网上则有大量社会影响较大的案例资料，目前国内部分高级法院和中级人民法院开通的网站上推行裁判文书上网，也为案例的检索提供了极为丰富的资源。③

---

① 参见渠涛主编：《中文法律文献资源及其利用》，法律出版社 2006 年版，第 51～58 页。

② 戴守义主编：《法律文献信息检索》，中国政法大学出版社 2002 年版，第 117 页。

③ 参见渠涛主编：《中文法律文献资源及其利用》，法律出版社 2006 年版，第 63～71 页。

（二）法律检索的途径

传统上律师进行法律检索主要依靠法律汇编等纸质材料，律师一般都会经常购买最新的法律汇编书籍或者订阅定期出版的司法文件选之类的材料，以保持对最新的法律信息的及时掌握，同时也是为了在处理案件时能够及时进行法律检索，但这也导致了律师工作量的增加。随着互联网的日益普及和网络资源的不断丰富，法律检索变得越来越便捷，可供选择的途径也越来越多。对于法律诊所的学生来说，在法律检索的途径方面相对于商业律师要更有优势，途径更多。诊所学生可以利用的法律检索途径包括：图书资料查阅、网络搜寻、电子数据库检索、向专门机构索取等。

1. 图书资料查阅。在图书馆查找资料，是传统的、直观的、比较经济的检索方法。这也是诊所学生在法律检索方面的一大优势所在。大学图书馆里有较为丰富的图书资料，而且会经常更新，可以满足办理案件所需的多方面的知识要求。规范的图书馆对资料的管理是科学、系统、专业的，大型图书馆通常有检索指引、检索方法介绍，有专门的辅助检索人员。目前，图书馆的管理工作越来越多地运用计算机科学技术，大大提高了图书馆资料检索、资料管理的效率。以武汉大学为例，武汉大学图书馆目前共有藏书五百多万册，其中武汉大学法学院图书馆有藏书十五万余册，中外报刊二百多种，而且都有完备的分类管理和计算机管理系统，在法律书籍和资料的保存和收集方面均极为完备，有丰富的资源可供诊所学生进行检索。法律诊所的学生应当熟悉图书馆的检索程序、检索技巧及计算机检索技术，充分利用大学图书馆资源。

2. 网络搜寻。随着互联网的日益普及，网络资源本身也越来越丰富，网络信息检索的重要性日益增加。网络信息检索所具有的多样性、灵活性也远远优于传统信息检索。通过网络进行的法律检索往往比较全面，能够得到与案件有关的多方面的信息。目前通过网络进行检索的方式主要有两种：一是使用搜索引擎进行搜索；二是浏览免费法律网站进行检索。

（1）使用搜索引擎搜索。目前国内使用较多的搜索引擎有百度、谷歌等。当用户输入检索关键词后，搜索引擎就会在网络数据库中查找匹配记录。搜索引擎能及时提供新增信息，适合于检索特定的信息及较专深具体或类属不明确的课题。使用搜索引擎需要注意的事项就是要选择适当的查询词以准确检索到所需要的信息。但同时由于搜索出的信息量大，也需要自己多加鉴别，选择适用。

（2）通过免费法律网站进行检索。目前有许多的法律方面专业网站可供免费浏览使用。如综合性的法律网站有中国法院网（www.chinacourt.com）、

北大法律信息网 （www. chinalawinfo. com） 等；法律法规类的有 Qseek（www. qseek. net）、中国法律法规信息系统 （www. icclaw. com） 等；案例判例类的有 Lawspirit 典型案例 （www. lawspirit. org/case. shtml）、法理与判例网（www. chinalegaltheory. com） 等，另外还有各级国家机关的网站可以在办理具体案件需要时供查找。这些网站上面均提供了非常丰富的法律信息资源，诊所学生应当学会充分利用互联网资源。

3. 电子数据库检索。在大学里，电子数据库资源属于图书馆资源的一部分，但是，使用电子数据库又必须通过计算机网络进行，是一种付费的网络信息资源。电子数据库资源是图书馆资源和互联网资源的交叉部分，因此，我们有必要将它单列出来。电子数据库资源的利用也是法律诊所学生进行法律检索的一个优势所在。目前主要的中文数据库有中国知网 （http：//www. cnki. net）、万方数据库 （http：//www. wanfangdata. com. cn） 等，西文数据库有 Westlaw International 法律数据库 （www. westlaw. com）、lexis 全文数据库 （www. lexisnexis. com） 等。这些数据库提供了便捷的法律法规或者法学方面论文的检索服务，不但是诊所学生在学习方面的好帮手，而且也是法律检索的重要工具。诊所学生应该充分利用在学校期间所能利用的这一资源。

4. 向专门机构索取。向专门机构索取的检索方式，源于特定资料的管理制度，主要是政府法规、规章、以及其他规范性文件，如政府通告、命令、决定等。此类规范通常由特定国家政府部门或地方政府发布、管理、收藏，并以特定方式向社会公布。近些年推行的政府上网工程，使得政府信息的获得变得更加便捷容易，但是，还是有些应当公开的信息政府并未依法公开，有些信息依法应当由当事人申请公开，这就需要在办案过程中依照一定程序向有关机构索取这些信息资料。①

第四节　法　律　分　析

前面我们提到，法律研究的目标是为办案策略的形成、确立和执行提供法律论证，因此，我们就有必要在完成法律检索工作的基础上进行法律分析，同

---

① 2008 年 5 月 1 日起施行的《中华人民共和国政府信息公开条例》对政府信息公开的有关事项作了较为具体的规定，是制度上的重大进步，而同年由武汉大学社会弱者权利保护中心志愿者参与代理的"徐建国诉黄州区交通局案"作为该条例颁布后首例原告胜诉的政府信息公开案入选由多家权威媒体参与评选的"2008 年中国十大案件"。

时在法律分析过程中进一步进行法律检索。法律分析是法律研究不可或缺的一部分。

一、事实分析

事实分析是法律分析过程中首先要做的事情。传统观点认为，法律分析的过程是严格按照三段论逻辑根据事实和证据推导出结论的过程，但是，博西格诺等学者在他们所著的《法律之门》中，提出了所谓律师解决问题"结论的统治地位"的论述，与三段论逻辑推理的运用迥然不同："就律师而言，他要将案件提交法庭，在他的思想中，结论优于前提而占有统治地位是比较明显的。他为委托人的利益工作，因而有所偏袒。这样一来，除了很小的范围外，结论不再是一个选择的问题。如果他想要取得成功的话，就必须从确保委托人胜诉的结论出发。他会如此这般地组织事实，以便能够从他所渴求的结论推出他认为法庭乐于接受的某个大前提。他提请法庭注意的先例、规则、原则和标准构成了这一前提。"①

对法律推理过程的认识，在律师职业中意义重大。常见的工作方式是从现存事实入手，逐渐展开分析过程，在这个过程中，发现事实与分析法律交替进行，最终实现"从结论到根据"的逻辑推理。

首先，律师要从自己的当事人能够胜诉这一结论出发建构事实。当事人向律师陈述的事实，需要律师运用法律原则和理论予以支持。律师所建构的事实是与其将要主张的适用于案件的法律理论相一致的，正是这一事实保证律师所主张的法律理论能够适用于案件。对案件事实的建构是保证律师能够得出自己所期望的案件结果的前提条件。但是，最初关于案件事实的建构仅仅只是初步的，它是律师工作的方向而已。

其次，在律师初步完成对案件事实的建构之后，就应开始艰苦的收集证据、证明事实的工作。律师收集证据的活动带有强烈的目的性，而且其唯一目的就是建构自己所期望的事实。当然，证据收集中发现的各种情况或变化，又反过来要求进一步调整事实的建构。律师在事实建构和法律理论的关系上，始终应保持开放的心态。他希望基于最理想的理论模式建构事实，但最终的事实仅仅建立在能够收集到的证据的基础之上。

律师对事实的建构不应忽视或无视对方当事人关于案件事实的陈述。律师应根据不同阶段中自己所掌握的有关对方当事人或律师关于事实的看法，思考

① ［美］博西格诺等著：《法律之门》，邓子滨译，华夏出版社2002年版，第27页。

和调整自己对事实的建构。如果是一起诉讼案件,律师随着被告的答辩、庭前证据交换、开庭审理,不断了解和掌握对方所试图建构的事实。同样,在谈判和调解中,律师也根据对方所作出的种种反应,从各种蛛丝马迹中分析和了解其试图建构的事实。

关于事实分析的技巧问题,美国律师协会法律教育处于 1992 年 7 月发布的《法律教育与职业的发展———一种教育的统一连续体》的报告中指出:为了分析事实以便识别由事实引发的每一项法律问题,律师应该熟悉以下技巧与概念:1. 分析事实以便:(1) 掌握当前所有可能的相关事实,并将复杂的事实分成几个部分,以便进行系统地分析。(2) 批判性地审查每项事实,区别不同层次的"事实"(例如,由观察所得的资料、推论等)。(3) 尝试评价每项事实的可靠性。在搜集更多的事实以后,制定对上述事实的可靠性重新进行评价的标准和程序。(4) 识别自相矛盾的事实,并评价这种自相矛盾可能具有的重要影响。2. 运用法律原则和规则:(1) 识别确定法律问题和可能的解决方案的具体事实;(2) 根据法律原则和规则的概念及用语对事实进行组合、分类,并指出具体的特征(应该精确和客观地描述事实,并且考虑到所有相关的事实);(3) 识别所需要的其他事实,并且制定收集这种事实的程序和方法,并将它们与法律分析相结合。[1]

二、法律分析

在绝大多数情况下,案件的事实一旦确定,适用于该案的法学原理和法律也随之确定。这是因为,绝大多数案件中争论的焦点仅仅是事实而非法律。确定性是法律的根本特征之一,法学原理以提供纠纷的类型化解决的形式,为纠纷解决提供了最大限度的适用范围。律师所进行的法律分析,就是预见具有确定性的法学原理运用到具体事实的结果,确定了案件的事实,也就确定了案件的逻辑结论。

然而,某些案件涉及的法律并非十分清晰。"某些案件只有一条路、一种选择。这是些法律规定非常明了、非常确定的案件。它们堆积成山,令人乏味。另一些案件则提供了真正的选择机会——不是一个非此即彼的选择:一个选择被人们认为理所当然的错误;而是一个经过周密权衡的选择,其一经宣告,一种新的正确和一种新的错误(标准)即由此产生。当然,在这些案件

---

[1] 参见 [印] 马海发·梅隆主编:《诊所式法律教育》,彭锡华等译,法律出版社 2002 年版,第 51 页。

中，选择的偏好既非盲目，亦非专断。人们的权衡不是基于突发奇想，而是出于理智。作出选择的法官对选择的妥当性与明智性的确信程度是不同的。虽说如此，在他的思想里，总存在着一个货真价实、而非名义上的替代选择。这里有两条开放的、通向不同目的地的道路。分岔路口，没有一个为旅行者竖起的栅栏，上写此路不通。他必须竭尽智力、鼓足勇气，走向这条路或那条路，祈祷他选择的不是埋伏、沼泽与黑暗，而是安全、光明、开阔的坦途。"面对这种案件，律师在了解法官可能的多种选择的基础上，所要做的是从法律原理的角度，首先予以探索和讨论。律师有义务也有责任先于法官对案件作出分析、研究，其讨论的目的，就是说服法官，为法官的裁判提供理论素材及思考的路径。

律师对案件事实的法律分析，也是一个不断的试错过程。律师通过对各种可能性的分析，通过对各种方案的可行性的法理论证，通过对结果所可能导致的后果的反复衡量，最终得出结论，并达到影响法官判决的目的。

达到案件结论运用的是演绎推理的方式，遵循从原则、规则到个案，从共性到个性，从抽象到具体的法律推理方法。其过程一般被描述为三段论推理方式：

1. 在了解案件基本案情的基础上，寻找到适用于此类案件的法律规范，即大前提。对大前提的法律分析包括分析并准确理解法律规范的构成要件、成立条件、适用范围、法律含义等内容。

2. 从具体案件中提取与大前提有关的、能够进行评价和抽象的案件事实，以大前提为标准分析具体案件的事实是否符合大前提的要求，如果符合，则成为小前提。对小前提的法律分析包括对案件事实的认定、案件事实是否符合法律规范（大前提）的构成要件、成立要件、适用范围和法律含义，确定个案情节与法律规定情节的一致性。

3. 将大前提与小前提结合起来，推导出针对个案的结论。

三、法律策划书的制作

在律师实务中，法律策划书又叫律师策划书，是律师对法律事务进行策划后将策划的过程和策划的结果形成的文字材料。我们也可以将法律策划书视为对法律研究成果的一种书面形式的固定与总结，一般是在对案件进行法律分析后制作。诊所学生在办案实际中也应当重视法律策划书的制作，以指导办案过程的有序进行。

代理诉讼案件的法律策划方案一般包括以下内容：

首部：当事人找到律师和律师接受委托进行策划的概括介绍。

第一部分：案件中当事人情况以及相关各方之间的关系。

第二部分：案件基本情况，要突出案件中最重要的事实，分析确认涉及的法律关系。

第三部分：案件事实各个关键环节及相应的证据，包括证据所能证明的情况和不能证明的情况。

第四部分：关于本案法律、法规、规章、司法解释等依据。律师要尽可能最大限度地列举出所有适合本案的法律、法规、规章、地方政府及有关部门的有关文件、司法部门如最高人民法院等就同类案件或案件涉及问题所作出的有关司法解释、地方法院的有关规定、有关惯例。

第五部分：分析各方当事人在本案中的优势和劣势。重点阐述对于委托人来说存在什么问题，存在什么法律风险，如何应对的策略。

第六部分：与本案相似的案例及处理方法、处理结果。

第七部分：关于本案代理的策略。包括诉讼主体是否适格、诉讼管辖是否合法适当，提前进行财产保全的调查和措施，调查取证、勘验、鉴定的具体方案，代理的思路和实施的措施、步骤等。

第八部分：对对方可能采取对策的分析与我方的应对策略。

第九部分：有关本案裁判时间、可能临时出现的问题及其对策。

第十部分：对本案裁决获胜率的预测。①

四、法律分析中的学理思考

法律诊所教育的目标并不在于简单地给予学生毕业前参与法律事务、培养实践技能的机会，它的本质在于帮助学生培养经验式学习的能力以及凭借经验进行反思的能力，即高等技能。② 法律诊所学生还负有在实践中学习专业知识的任务。因此，在法律研究特别是在法律分析的过程中，诊所学生需要对遇到的法律问题不仅从办案的角度进行分析，还要加以学理上的思考，以促进专业知识的学习；另一方面，学理上的思考也有助于更好地进行法律分析。因此法律分析中的学理思考也是诊所学生应该具备的一项技能。

---

① 参见高殿民著：《大律师之九项修炼》，法律出版社 2008 年版，第 156~157 页。

② 参见李傲著：《互动教学法——诊所式法律教育》，法律出版社 2004 年版，第 74 页。

第五节 法律研究中的职业道德

律师进行法律研究的首要目的，是为了更好的维护当事人的利益。但是，维护当事人的利益并不是律师应该遵守的唯一准则。2007 年新修订的《中华人民共和国律师法》第 2 条第 2 款规定："律师应当维护当事人合法权益，维护法律正确实施，维护社会公平和正义。"我国《律师职业道德和执业纪律规范》第 4 条规定："律师应当忠于宪法和法律，坚持以事实为根据，以法律为准绳，严格依法执业。律师应当忠于职守，坚持原则，维护国家法律与社会正义。"诊所学生办理案件时从事的实际上是与律师同样的工作，也需要遵守这些职业道德规范。具体来讲，法律研究中的职业道德主要体现在要正确处理好以下几种关系：

一、法律的适用与规则的完善

法律社会学的研究，将法律维护社会稳定、促进社会发展的功能放在了首要位置。由于法律规则制定过程中立法主体、立法过程、立法时机等各种条件的限制和制约，严格的法律规则的实施难免与社会现实的要求存在一定的矛盾，从而使法律规则的实施面临挑战：在某些情况下，法律规则的实施会与问题的真正解决发生对立或冲突。此时，法律研究者所面对的实质上是维护法律稳定与促进法律之间价值选择的矛盾，是法律的严格适用与法律的追求目标的冲突，是法律实施与公正实现的冲突。法律规则的适用优先，抑或具体问题的解决优先，便成为法律研究中必须面对的问题。

实际上，法官所追求的"合情合理"，正是希望在其审判活动中能够将问题的解决与法律规则的实施有机地结合。将法律视为一个不断完善和发展的过程，在立法与司法之间形成良性互动关系。对审判中实质正义的诉求，不仅仅是当事人的期待，更应当是律师代理的重要目标，审判活动中对实质正义的体现克服了法律规则的局限而使判决更容易获得各方的支持。

如果在法律研究中既考虑到法律的适用，也同时考虑到法律的完善，那么，法制本身便是一个动态发展的过程。在这个发展过中，虽然在特定案件的处理上很难兼顾法律稳定与发展相互的协调，但法律研究必须关注这一领域，并有所作为。在处理二者的矛盾和冲突时，律师应当关注法律职业的伦理意识与社会责任。

93

二、规则的形成与具体纠纷的解决

法律研究是一项基于法律而高于法律的活动。所谓基于法律，是指法律研究应当以现行的法律规则为出发点和立足点，并体现现行法律所倡导的精神和原则。所谓高于法律，是指法律研究还必须关注到与现行法律相适应的普遍的社会观念与社会环境，在解决纠纷的同时，预防纠纷；在适用制度的同时，发展和完善制度；在解决社会矛盾的同时，引导社会的发展方向。法律研究中应当将纠纷的解决与规则的形成有机地结合，必然需要思考通过诉讼解决纠纷的特殊性：法律诉讼中是追求个案公正还是类型公正。规则只能是基于类型的，而非基于个案的。

律师在自己的职业活动中，面临着这样的道德困境：在全力解决当前的纠纷，极力维护当事人利益的需要与法律的适用、法律的完善发生冲突时，必须作出判断和选择。一般而言，胜诉是律师所追求的目标。但是，律师同样肩负着维护、健全和发展规则的任务，肩负着维护并实现法律职业共同体使命的重任。律师不仅应当在诉讼活动中发挥重要作用，还应当在社会生活的各个方面贯穿公平、正义的理念。而其所能够进行的通常方式便是将纠纷的解决与良好规则的建立，有效予以协调。

三、纠纷的解决与纠纷的预防

解决纠纷固然是律师工作的重要内容，但有效地预防纠纷，同样是律师工作价值的体现。纠纷解决与纠纷预防之间的冲突，也是法律研究所面临的困境之一。

纠纷解决仅仅是法律研究的一部分内容，因为在许多情况下的法律研究，与具体纠纷的解决没有直接的关系。在诸如合同、谈判等领域，预防纠纷是进行法律研究的主要目的。在现代律师业务中，随着非诉业务的广泛开展，为律师活动增长了空间的同时，也为律师职业道德提出了更高的要求。律师应当将预防纠纷，建立和谐、有序、富有生机和活力的社会作为职业追求。

法律研究中纠纷解决与纠纷预防之间的矛盾，不同于律师工作中诉讼业务与非诉讼业务之间的矛盾，尽管律师在自己的职业活动中，将工作的领域偏重于诉讼还是偏重于非诉讼业务，也是一个关系到律师职业道德的问题。从现实的情况看，诉讼业务与非诉讼业务的选择，两类业务在律师职业中的侧重，都影响到了律师的经济收入。在律师业务中，诉讼业务是传统律师业务的主要领域。但是非诉讼业务现在已经逐渐成为律师业务最富活力的部分。律师工作的重心已经从解决已有的纠纷转向了预防纠纷，从医治"社会病变"转向了引导并防止"病变"的发生。律师在进行法律研究时，要能够既关注到对已有纠纷的解决，也关注到对未来纠纷的预防。

第六节　法律研究的实验项目

一、制定法律研究计划

1. 实验目的。

诊所学生进行法律研究前，应该制定法律研究计划，填写法律研究行动计划表。法律研究是案件办理中的重要一环，也是法律诊所学生专业素养的重要体现。制定出法律研究计划，可以使诊所学生对法律研究中可能遇到的问题提前做好充分的准备，有利于指导法律研究工作顺利有序地开展。本次实验的目的就是通过课堂互动的方式使学生思考并列举制作法律研究计划的注意事项，并能够制作出一份较为完备的法律研究计划。

2. 实验素材。

【案例】

84岁甲（女）有私房一处。甲有一孙子乙（21岁），乙急需用钱，欲背着甲将房子卖掉换钱。乙趁甲不备，偷出甲的房产证，将甲名字划掉，写上自己的名字。乙找到朋友丙，告之欲将祖母房子卖掉。甲房估计价值10~12万元，乙说6万元即卖，并以个人名义同丙签订了买卖房屋协议，丙实交4万元，而后二人到房管局办理过户手续。房管局听信乙的解释，认为甲同意卖房，于是将原房产证收回，给丙颁发了新的房产证。丙持房产证限定甲在一定期限内搬家时，甲才知道自己的房子已经被卖掉。无依无靠的甲到法律诊所请求帮助。

3. 实验步骤。

（1）实验开始前发给学生案件资料，包括诊所学生整理的案情简介，案件代理人与当事人的会见记录、调查记录等。

（2）将课堂学生分为数个小组，每组不少于5人。每组确定一名汇报人，汇报本组的法律研究计划内容；一名观察员，不参加讨论。

（3）老师讲解制定法律研究计划的一般注意事项，并结合本案情况预作提示。

（4）各小组对案件材料进行分析，讨论本组的法律研究计划内容，并填写法律研究行动计划表。

（5）各组汇报人向大家汇报本组法律研究计划内容，并互相传阅各组计划表；由各组观察员汇报本组工作过程情况。

（6）由老师组织讨论，各组互相点评。

（7）老师对讨论情况作总结，并对各组的方案作简要点评，汇总意见后，给出法律研究计划建议方案。

4. 讨论与思考。

针对本次实验，讨论并思考以下问题：

（1）是否明确当事人的愿望？

（2）是否制定了法律研究的时间表？

（3）是否对需要检索的法律进行了排序？

（4）法律研究计划是否符合准确、迅速、高效、经济的要求？

（5）在进行法律检索的过程中，是否计划利用法律诊所资料、图书馆、网络、相关部门、专业教师、律师等资源？

（6）哪些资料需要全文或部分复印？哪些资料只需要记录名称？

（7）在检索法律资料过程中是否需要运用 U 盘、软盘、CD、相机或其他存储信息的工具？

（8）掌握部门法的知识对法律研究计划的制定有何影响？

二、进行法律检索

实验项目一：法律检索技能的锻炼

1. 实验目的。

法律检索是法律研究的一个核心环节，也是最能体现诊所学生专业素养的一个环节。法学院的学生在进入诊所之前就应该具备法律检索的基本技能。但诊所课程中的法律检索毕竟还有一些自身的特殊之处。本次实验的目的就是通过课堂的演练和交流，使同学们较为全面地熟悉和掌握法律检索的技能。

2. 实验素材。

【案例】

曹某（女）与何某于 2001 年登记结婚，2003 年生一子。婚后二人感情一般，且何某结婚三年后有了第三者，并把大部分心思放在了第三者身上，对曹某非常冷淡，对家庭事务和儿子的教育也极少过问。儿子三岁前随男方父母生活，后来回自己家里上学，男方母亲随之过来接送，曹某对孩子倾注了很多时间和关爱。由于婆媳关系处理不好，也由于何某对家庭的态度，曹某十分灰心。2008年元月，曹某从丈夫手机中发现其与第三者交往的事实，质问时遭到殴打，此后二人关系日益恶化。曹某不堪忍受，于2008年2月14日起诉至当地人民法院，请求离婚和争取儿子的抚养权，后来考虑到离婚对儿子成长不利，主动撤诉。撤诉当天，何某对曹某进行殴打，骂其不该撤诉，曹某被迫逃至朋友家躲避。2月28日，在曹某回到家中时，发现何某与第三者在家里做饭，欲上前质问时再次遭到何某的殴打，情形恶劣，街坊皆知。此后曹某精神状况极差，本已罹患的中耳炎更加严重，郁郁寡欢，且只能一直居住在娘家。后曹某找到诊所寻求帮助。

3. 实验步骤（注：本实验部分步骤需课下进行）。

（1）将学生分成2至4人的若干个小组，并向大家发放案情简介、案件代理人与当事人的会见记录、调查记录等材料，使其对案件事实情况有基本了解。

（2）各组学生组织讨论，分析本案中可能涉及的法律规范的数量、效力等情况，分析本案中可能用到的司法解释的情况，讨论是否需要查找案例。

（3）在完成步骤（2）的基础上，各组学生进行分工合作，确定各自需要检索的内容。

（4）讨论确定不同检索内容的检索途径，如是通过图书馆还是网络等。

（5）课后大家按照既定计划进行检索。

（6）第二次课时各组汇报本组法律检索情况，开展课堂讨论并互相点评。

（7）由老师对讨论情况做总结并对本案法律检索方案提供指导性意见。

（8）学生在课堂讨论及老师点评基础上对法律检索方案作进一步完善。

4. 讨论与思考。

（1）在法律检索工作中，遇到了哪些困难？

（2）诊所学生进行法律检索有何优势？

（3）建立法律检索体系有何重要意义？

（4）你对于完善目前的法律检索体系有何建议？

实验项目二：电脑在法律检索中的运用

1. 实验目的。

电脑在人们的学习和工作中正扮演着越来越重要的作用，而现在诊所学生所进行的法律检索工作大部分就是通过电脑及其所连接的互联网络进行的。一些较为成功的诊所都越来越重视电脑在法律检索中的作用。① 使用电脑并通过互联网进行检索具有经济、高效、便捷等特点。电脑在诊所教育中的工具作用日益凸显。本实验的目的就是通过课堂互动培养学生运用电脑进行法律检索的技能。

2. 实验素材。

【案例】

　　吕某，女，17 岁，家住 W 市 H 区农村，在 W 市 Q 区某高中上学。2008 年 10 月 6 日吕某晚自习后骑自行车回家途经 Q 区工业大道由当地某建筑公司正在施工建设的延长线路段时，撞到一个未盖井盖的下水道井口，吕某从车上摔下致左肱骨外科颈骨折并肩关节脱位，当晚被送往 W 市某医院紧急治疗，后因伤势严重于次日转到省中医院住院进行手术治疗，住院八天共花费医疗费用一万多元，吕某母亲一直在医院陪护。

　　经查，事故路段是当地学生上学必经路段，人流量大。事故当天施工单位拉开下水道井盖进行施工，但在离开时并未将井盖盖上，并且未在周围设置明显的警示标志和进行其他防护，直接导致吕某在夜晚光线较暗的情况下骑车撞到该井口摔伤。

　　事故后吕某父亲多次与该建筑公司经理戴某联系欲协商解决此事，但对方一再推脱，承诺到医院看望吕某，却始终未出现，且表现出相当恶劣的态度，并表示其对吕某受伤一事不承担任何责任。吕某父亲找到诊所寻求帮助。

3. 实验步骤。

（1）将学生按每 3~4 人均分为若干小组，每组确定一名汇报人，汇报本组检索经过及结果；一名观察员，不承担检索任务，负责观察记录本组同学检索情况并总体协调。

（2）向学生发放案件材料，包括案情简介，案件代理人与当事人的会见

---

① 比如，在国内诊所课程设置和开展方面处于领先地位的武汉大学法学院已准备在近期为诊所配备数十台电脑，以保证学生上诊所课程时每人一台可上网的电脑使用，这将大大增强诊所的法律检索功能。

记录、调查记录等前期材料。

（3）各小组讨论，教师汇总，在黑板上列明本案需检索哪些方面的法律（仅作参考，范围可由学生在检索过程中自行斟酌确定）；要求学生检索类似案例。（10分钟）

（4）限定学生使用电脑对本案进行法律检索，所检索结果以文档形式保存于电脑桌面，各组成员之间可分工进行，也可各自进行。（30分钟）

（5）检索结束，各组汇总检索结果，发送至老师电脑；各组汇报人汇报本组的检索结果，包括所检索的法律规范、案例及其检索方式，所采取的检索方式等。（15～20分钟）

（6）各组观察员对本组检索过程予以评价，包括小组成员之间协同程度，检索用时等情况。（5分钟）

（7）由老师组织评估各组检索内容准确性与完备性，选出绩效最高的一组。（5分钟）

（8）全体讨论，教师汇总，分别评出本次检索法律规范、司法解释和案例的最佳方式。（10分钟）

（9）教师对本次试验予以点评，对使用电脑进行法律检索的注意事项提供指导性意见。

4. 讨论与思考。

（1）诊所学生目前是如何检索案例的？最好的检索方式是什么？你对我国案例检索体系的完善有何建议？

（2）学生运用电脑进行检索采取的是何种方式？是否运用了数据库等资源？在各种方式之间应如何选择使用？

（3）电脑在诊所资料的归档整理方面应如何发挥作用？怎样建立诊所资料的检索体系？

（4）使用电脑进行检索有哪些特点？需要着重注意的有哪些方面？

三、法律研究的评估

1. 实验目的。

法律研究的评估是对整个法律研究过程的回顾与反思，评估的过程本身是一个学习法律研究技巧的过程，有利于对整个法律研究过程有一个全局的观察和把握。同时，对法律研究的评估也是一个发现问题的过程，对以后进行的类似工作很有借鉴和指导意义。本实验的目的就是培养学生对法律研究的评估技能，并进而提高其法律研究的技能。

2. 实验素材。

【案例】

武某系湖北省某地一农村妇女，1996 年与杨某结婚，次年生长女杨甲。婚后杨某长期在外务工，武某在家务农并照料孩子及整个家庭。但杨某重男轻女思想严重，一心想要一个儿子，在长女杨甲出生后，杨某即多次明确对武某说一定要再为他生一个儿子。2003 年武某再次怀孕，经 B 超检查发现是女孩后，杨某即威逼已有七个月身孕的武某堕胎。2005 年武某再次怀孕，在坚持拒绝了丈夫杨某再去做 B 超鉴定男女的要求后，生下次女杨乙。杨某愤怒异常，对母女三人不管不顾，为达到有一个儿子的目的，在杨乙还未满月时即开始在外面与第三者童某长期公开同居，并由童某在 2006 年为其生下一个男孩。并从 2006 年开始先后三次向当地法院起诉要求与武某离婚，当地法院基于法定事由先后裁定驳回了杨某的起诉或判决不准离婚。2007 年，在武某外出务工期间，为避免影响自己与童某的同居生活，杨某私自将次女杨乙送给他人抚养，并在被派出所认定为弃婴后由其养父母为杨乙办理了收养手续。2008 年 12 月，杨某再次向当地法院起诉离婚。现在武某一方面想要回对次女杨乙的抚养权；另一方面称杨某长年在外做包工头，收入颇丰，但杨某所挣的钱并不让她知悉，并在动了离婚念头后，挂失了原在她手上的一份存折，现在她同意离婚，但对前两次开庭时法院对夫妻财产的认定及财产分割方案不能接受。后武某找到诊所寻求帮助。

以下是诊所志愿者针对该案所做的法律研究工作简要情况：

A. 法律研究计划：

当事人的真实意图分析	当事人的利益诉求主要有两项：一是恢复对次女杨乙的监护关系；二是获得尽可能多的经济上利益。此外，当事人也提出了追究杨某重婚和遗弃责任的要求。但当事人最终目的在于获得满意的经济上利益。案件难点也在于此。
计划时间表及绩效分析	由三名诊所学生利用课余时间分工合作，在一周之内研究制定出代理本案的策略，分析本案涉及的法律问题，并进行检索，查找出本案可能用到的法律条文，熟悉本案涉及的法律制度。三名学生所检索部分各有侧重，所用时间较为合理，在远赴案件发生地之前利用学校的便利条件做

好法律准备工作，将成本降到最小，符合高效、经济要求。

所需利用资源及工具情况	（一）所需资源：法律诊所以前代理类似案件资料、图书馆相关专业书籍、学校电子数据库资源、互联网资源、诊所指导老师及老师所联系专业律师。 （二）所用工具：U 盘、笔记本电脑、相机、DVD 刻录光盘等。
需检索法律	《婚姻法》、《刑法》（重婚罪、遗弃罪部分）、《刑事诉讼法》（自诉部分）、《人口与计划生育法》、《湖北省人口与计划生育条例》、《妇女权益保障法》、《未成年人保护法》、《收养法》及相关法律、司法解释中关于举证、取证问题的规定。
所需掌握部门法知识	民法婚姻家庭部分，《刑法》重婚罪、遗弃罪部分，《刑事诉讼法》自诉案件程序、证据部分，《民事诉讼法》离婚案件程序及证据部分，行政法与行政诉讼法政府信息公开、行政程序部分，法社会学的内容。掌握部门法知识对于快速、准确认定案件所涉问题，有针对性的进行法律研究意义重大。

B. 法律研究步骤与结果：

对案件事实的分析认定	（一）杨某坚持要求离婚，但在财产分割上最多只同意给武某 15000 元。杨某在外做包工头多年收入颇丰，但所得一直由其自行支配，且可能早已进行了转移、隐匿，在其老家住宅内没有什么值钱东西。武某原所持 15000 元存折已被杨某挂失。 （二）杨某与童某长期公开同居并生一男孩这一情况知情人众多，但很少有人愿意出面作证。当地计生部门一直在调查此事。 （三）杨某已将次女杨乙送给该县某地村民李某某夫妇抚养，并向李某某夫妇出具了书面保证，杨乙已被李某某夫妇到当地公安部门报案认定为弃婴，并到民政部门办理了收养手续，现已改姓李。
基于案件事实的法律分析	（一）案件事实（一）中所述的是一个民事性质的婚姻家庭纠纷，主要应适用的法律是《婚姻法》，在证据方面应适用的也应该是民事诉讼证据规则。 （二）案件事实（二）所述的杨某与童某行为涉嫌构成重婚罪，可考虑要求追究其刑事责任，主要应适用的法律是《刑法》、《刑事诉讼法》、《婚姻法》，在证据方面应适用刑事诉讼证据规则。 （三）案件事实（三）所述的杨某行为是否构成遗弃罪，值得研究，主要应适用的法律是《刑法》、《收养法》、《未成年人保护法》、《人口与计划生育法》等，在证据方面应采用刑事自诉证据规则。
经法律检索后的法律分析	对于杨某提起的离婚诉讼，根据《婚姻法》规定，双方婚姻状况属于调解无效后应准予离婚情形，且根据该案具体情况，武某主张对两个

女儿的抚养权的主张应得到支持。武某需要对杨某的财产状况进行举证。在提供具体的证据线索的情况下，武某可申请法院调查取证，但即使对于该具体证据线索，武某亦难于提供，导致其财产权益方面要求较难得到法院支持。杨某转移、隐匿财产情况可作为武某主张多分财产事由。杨某重婚、遗弃行为可作为武某要求离婚损害赔偿事由。

对于要求追究杨某重婚、遗弃行为刑事责任部分，根据《刑法》、《刑事诉讼法》规定，可提起刑事自诉，但也需要自己举证，且刑事自诉部分有较民事部分更高的证据要求，但对杨某的威慑力更大，且刑事自诉允许调解、撤诉，刑事部分认定事实可在离婚诉讼中作为证据使用。且提起刑事自诉可引起民事诉讼程序中止。

办案策略的拟定

基于当事人武某的最核心诉求在于在离婚诉讼中获得更多的经济上利益，但在这方面却又难于举证，追究杨某重婚和遗弃行为的刑事责任仅是其附带提出的要求；杨某提起的离婚诉讼开庭在即，目前情况下仓促应诉，结果可能仍然难以达到争取更大经济上利益的目的。因此，代理人决定采取在离婚案件开庭之前，提起对杨某的刑事自诉，力求在刑事自诉的调解程序中利用刑罚的威慑力迫使杨某在经济上作出更大让步，以减轻在民事程序中的举证压力；即使刑事自诉部分不能获得成功，也可以达到中止离婚案件的审理程序的目的，争取更多的调查取证时间，而且在刑事程序中收集的证据也可以在民事程序中使用。在证据收集方面，着力收集杨某重婚和遗弃的证据，以要求离婚损害赔偿的方式争取财产利益。至于要回对次女杨乙抚养权的要求，力求取得当地公安机关和民政部门的配合，让其主动撤销为杨乙违法办理的收养手续，在上述两部门不愿主动撤销的情况下也做好提起行政诉讼的准备。

C. 法律研究中发现的问题

（1）案例汇编方面的落后与检索的不便。在对本案进行法律研究过程中，代理人试图查找到与本案类似的案例以供参考和比较，但发现我国当前并没有对案例进行汇编和分类整理的数据库资源，在检索方面远不如查找法律法规和法学理论知识方便，查找起来耗时耗力且成本较高。

（2）刑事自诉案件调查取证方面规定的立法缺陷。刑事自诉案件采用的是刑事证明标准，对证据要求较高，但同时又要求由自诉人承担举证责任，往往导致刑事自诉人由于调查取证的能力有限而难以承担举证责任，无法追究被告人的刑事责任。而自诉案件的自诉人常常是权益受侵害的弱势群体，其权益往往并不能通过刑事自诉程序得到很好保障，有违刑事自诉制度设立初衷。

（3）立法中对女性权益保障的缺失。在目前的中国尤其是广大农村地区，夫妻双方结婚后一般都是女方到男方家落户，一旦双方因离婚发生纠纷，当地村民乃至基层组织明显偏袒男方，女方在调查取证方面困难重重，往往导致其合法权益得不到维护，有违实质公正。另外由于"男主外，女主内"的传统习惯，男方往往成为家庭收入的主要来源和实际掌控者，一旦双方离婚，男方有便利条件转移、隐匿财产，女方的财产权益更容易受到损害。因此，法律很有必要在证据制度和法院裁判方面对女性作出更多的保护性的规定，以达到实质公正的目的。

3. 实验步骤。

（1）将学生分成若干组，每组人数在 4~6 人，并保证每组至少有一名办理过案件的学生，每组确定一名汇报人。

（2）学生对以上案件及其法律研究过程记录仔细进行阅读。

（3）各组讨论，并填写法律研究评估表。

（4）各组汇报本组评估情况，并进行讨论和互相点评。

（5）老师简要点评评估情况，并给出如何评估的指导性意见。

4. 讨论与思考。

（1）对法律研究进行评估的意义何在？

（2）对法律研究进行的评估应包括哪些事项，应重点关注哪些事项？

（3）对评估的结果应如何处理？

四、法律研究的综合模拟演练

实验项目：法律研究的综合模拟演练。

1. 实验目的。

本实验让学生模拟法律研究全过程，以全面锻炼学生法律研究的技能，并重点要达到以下目的：

（1）学习站在律师的立场，如何有效率地、准确检索法律；

（2）学习如何有针对性地表述选择法律的理由。

2. 实验素材。

【案例】

朱教授是某大学法学院的一位知名教授，但该院一位并非由其指导的研二学生——吴某却将其告上了法庭。据吴某所说，朱教授的不当举动已经构成了理论上的性骚扰行为，并对她造成了生理和心理上的严重侵害。在吴某的诉状中她具体陈述了案情经过，在原、被告均有参加的期末晚宴后的第二天，即 2004 年 6 月 1 日的晚上，朱教授到吴某的宿舍对其实施了人身侵权行为。原告认为，其所受到的伤害是由朱教授和某大学所致，她希望能够通过一个有效的途径来避免朱教授将来可能对她实施的骚扰行为，但又担心这会使朱教授对她的论文答辩产生不利的影响。对于她的损失，她向法院提出了赔偿请求，其中包括人身损害赔偿以及更为重要的精神损害赔偿。

吴某的案情陈述：我是某大学刑法学方向研二的学生，我的导师是一位女教授，也是朱教授的同事。我从未上过朱教授的课，仅闻其名而已。朱教授是我们大学知名的刑法学教授，因此也受到了众多学生的崇敬。但是我曾经听到过关于他和某些女学生不正当关系的传闻，不知是真是假。总之，他对女学生的过分"照顾"给他造成了不良影响。

我第一次见朱教授是在 2004 年 6 月 1 日举办的期末晚宴上，主要是为了庆祝研三的学生顺利通过毕业论文答辩。当晚至少有 10 个学生（有男有女）和两名刑法学教授（男性）在场，我坐在朱教授的右手边，离他有几个位子，但我一直没有和他私下交谈过。

吃完饭后，我们绝大部分人去唱了卡拉 OK，其中包括我在内只有两名女生。另一个女生是我非常要好的朋友，她也顺利地完成了她的毕业论文，她为了庆祝自己的成功但又不想只身前往，于是要我陪她一起参加。除了我们以外，六名男生还有两名教授也都去唱了卡拉 OK。由于当晚教授点了很多瓶酒，因此有很多人都醉倒了。我想朱教授也喝醉了，因为他时常坐在我旁边称赞我非常可爱。由于我只喝了几口啤酒，所以还比较清醒，对于朱教授的话我感到不太舒服，但我最后还是选择不加理会。而当我们女性遇到异性的这种评价时，除了不理会外也没有其他办法。

当晚，我和另一个女生一同回宿舍，男生们和教授为了确保我们的安全也送了我们一程，等我们到宿舍后，他们也就各自回家了。

第二天晚上，在我吃饭的时候我收到了朱教授的短信，他问我愿不愿意参加当晚由教授们和研三的学生所举办的另一个庆祝晚宴。由于事先没有接到相关通知，也没有精力去参加，于是我告诉他我已经吃过晚饭，并且回家之前会一直在教室自习。

当我回到宿舍时，看到朱教授拿着一个包裹站在宿舍门口。他把包裹递给我说是送我的礼物，里面是他从餐厅带我给的一些精美的巧克力，并希望我能喜欢。除了谢谢以外我不知道应该说些什么，但当我接过包裹时他却抓住我的手，说我很漂亮。他看着我的眼神让我感到恐惧和不安，我朝他笑了笑，劝他赶快回家。然而，他却离我越来越近，我的手也被抓得越来越紧。我知道他想对我做什么，于是我告诉他那是不可能的，请他赶快回家。我试着脱身，但他却一直抓着我的手、臂膀、甚至手腕。对于我来说，要摆脱一个比我强壮的男人是相当困难的。我感到十分恐惧，但又不敢激怒他，于是我还是好言相劝，请求他放手回家。后来，我告诉他自己还有很多功课要做就一把将他推开，立即跑进了女生宿舍，我相信他是不敢追进来的。

大概过了十分钟朱教授才离开。之后他又给我发了条短信说他非常想念我，我告诉他我要忙学习，请他休息，不要再想我。那晚当我睡觉时，脑中一直浮现朱教授当时的眼神令我难以入睡。平时当我回宿舍时，尤其是在深夜我就会担心又会遇上他并且像上次一样被他侵犯。这些恐惧让我的注意力难以集中，我非常担心明年自己论文答辩时，朱教授会从中作梗，并以顺从他的要求来作为我通过的条件。

朱教授的案情陈述：我是某大学法学院的一名刑法学教授，本人治学严谨、寓教于乐，并为自己在本大学法学院执教 20 年并指导和培养出诸多学生而深感自豪。在执教期间，我与学生和同事之间的关系都处理得相当融洽，他们常常会和我就一些共同感兴趣的法律问题进行探讨和研究。

在我印象中，吴某也参加了 2004 年 6 月 1 日的晚宴。她是一个非常自信的女生，尤其是当她在她的男性同学和教授面前表现得更为明显。我时常在课余时间见到她和不同的男生出现在校园的各个角落，但我很少见到她和女同学在一起。

在 6 月 1 日那天的晚宴上，吴某坐在我的右侧虽和我隔着好几个位子，但她却不停地朝着我这边的方向望过来，试图向我挤眉弄眼，此外，当晚她的所有言谈内容都在取悦我。当一个学生因我成为他的导师而感到幸运时，吴某就会在言语中隐隐吐露出没有机会与我亲近的失落。从中，我感觉到她似乎在向我传递着某种特别的暗示。

吴某对我的态度直到在当晚的卡拉 OK 活动中也没有改变。她唱着情歌，看着我，和我一起放声大笑。我觉得她唱得很不错，于是在她完美地演绎了一首歌曲后，我就会用坚实的臂膀搭在她的肩头上以示我对她的支持和鼓励。当然，在那一夜她也会和别人交谈，但我始终觉得她表现出了对我过多的注意。当晚，我们玩得都很尽兴，但她似乎并不满足于此，比如说，当我提起欧洲的优质巧克力时，她就会要我带些给她品尝。

那天晚上，为了确保女学生们的安全，我送她们回宿舍。第二天，这些学生又邀请我参加另一个宴会，奇怪的是这一次吴某却没有出现。于是我开始打听她没来的原因，一位男生建议我通过手机短信与吴某取得联系。在我与她的短信交谈中，我感觉得到她对我的某种需要，她说参加宴会的人太多，她更希望能够与另一个人单独相处。她还说她会学习到当晚十点半，且希望回到宿舍后能够有一些令人兴奋的余兴节目来排遣她的疲倦。她话中带话，暗示着我能为她带来她所希望的那种兴奋。

我承认当晚我在一家西餐厅喝了很多酒。那里的甜点也相当可口，其中美味的巧克力让我想起了前一天晚上我对吴某的承诺，于是我把一些巧克力打包准备送给吴某。宴会正好在晚上 10 点就结束了，我穿过校园径自到了她的宿舍。吴某于 10 点半准时回到宿舍，但她却未显疲态并且欣然接受了我送给她的巧克力。我记不清之后我们还聊了些什么，我只知道她一直在笑，而且笑得很开心，很调情的。突然间，她告诉我她累了，需要继续学习，于是她把我一把推开走进了宿舍。我想之所以会这样，是吴某没有完成当晚的功课使然，因为她是一个很勤奋、很刻苦的学生。

后来，为了确定她是否安好，我给她发了条短信以表达我的关心。她告诉我她玩得很尽兴，然后跟我道了晚安大家就各自睡觉了。但是从那晚到这场官司期间，我一直没有收到吴某的消息，所以她的起诉弄得我一头雾水。

吴某是个可爱的女孩子，她非常善于通过美貌来展示她的优点。她厌倦了男学生们对她的崇拜，她希望能够同样吸引类似教授这样的年长而有资历的异性，并以此作为对自己魅力的挑战。虽然我不确定女生这样做的动机是什么，但我认为这是非常危险的。我承认我当晚醉酒且难以抵挡吴某对我的诱惑，但这种情况我想以后再不会发生。

作为一名教授，我从未伤害过任何一个女学生，以后也同样不会，我关心每一个学生的身心健康的成长，为此而全身心的付出。我希望吴某与异性之间所引起的任何问题最终都能够得到妥善的解决，我也很乐意为问题的解决提供帮助和支持。

3. 实验步骤。

（1）发资料，将学生分为朱教授律师组与吴某律师组，并分别单独发资料，注意性别平衡。

（2）两个小组分别制定出所代理方的法律研究计划，并制作法律研究计划表。

（3）两个组成员分别查找相关的法律规定（可以两人一组分别查找），并比较查找方式与结果的不同，选出最佳搭档。

（4）小组确定法律理由，并阐述选择与运用法律的理由。

（5）制作出各自的律师策划书，并阐述本方的代理策略。

（6）对以上工作进行汇总，相互进行评估，并制作法律研究评估表。

4. 讨论与思考。

（1）结合本案讨论道德冲突、社会性别观念的不同对律师、法官的影响。

（2）结合本案法律检索过程谈谈你对我国目前法律检索现状的认识及其完善建议。

（3）讨论法律研究中的法律分析的特点。

（4）讨论诊所学生进行的法律研究与法学专业学习之间的关系。

（5）思考诊所学生进行法律研究的优势和劣势。

第七节 法律研究的课后练习

【案例1】

李某，男，68岁，原系某地质勘查局职工，长期从事野外勘探工作。其单位在20世纪80年代分配给他住房一套，因为他很少能够回家，主要由其妻及四个子女居住。1998年单位进行住房制度改革，李某的妻子在李某在外不知情的情况下，与小儿子一起将该套住房买下（因房改房具有福利性质，故价格远低于市场价），并将该房屋产权登记在自己名下。2002年李某的妻子去世，但该房屋的所有权人一直没有进行变更登记。2003年李某退休回到本地，因与小儿子性格不太合，一直住在经济条件很好的大女儿家。2005年，李某结识了一位同样丧偶的老太太，二人情投意合，并很快决定结婚共度晚年。但几个子女都并不太支持父亲的举动。由于李某结婚需要拥有自己的住处，便想到要向小儿子要回房子，但都遭到小儿子的拒绝甚至打骂。在经过跟儿子几年的拉锯战后，李某决定对儿子采取行动。2008年底的一天，李某找到诊所工作人员求助，并一再强调房子是国家分给自己的，自己想让老伴和儿子住他们就住，不想让他们住他们就得给自己，房子应该完全属于自己。

练习与思考：

请针对本案制定出一份法律研究计划，并思考以下问题：

1. 本案中的争议房产的所有权应如何认定，哪些人对该房产享有财产性权利，各自享有怎样的权利？

2. 本案中李某和其子女之间存在哪些权利义务关系，这些权利义务关系对李某妻子去世后的遗产分割有何影响？

3. 本案中需要查找适用的法律条文和政策性文件有哪些，如何认定它们的效力，如何处理它们之间的关系？

4. 本案中父子之间的纠纷通过何种方式解决比较合适，都分别有哪些解决途径，各有何种利弊？并请你从法理学的角度对法律与道德在社会纠纷解决中的作用进行论述。

【案例2】

黄某，女，28岁，2006年5月加入某广告公司从事销售代表工作。2006年7月，因为工作关系，黄某与公司总经理文某熟识。文某开始不时通过语言方式骚扰黄某，并向她发送内容淫秽的短信。2006年7月和8月，黄某为领取月度业务提成去办公室找文某签字时，先后两次遭到文某动作上的骚扰和猥亵。此期间，来自文某的骚扰电话和骚扰短信也一直未有间断，且内容越发淫秽，言辞越发露骨。2006年9月至12月期间，文某利用职权、威逼利诱，多次逼迫黄某在签字前与其发生性关系。2007年1月，文某交给黄某一张色情光盘，并要求她进行"学习"。黄某不堪忍受被告的性骚扰，罹患重度抑郁症。2007年上半年，黄某在家养病期间，文某依然不停发送淫秽短信，骚扰不断。2007年7月，黄某辞职到本地另外一家公司工作，并更换了联系方式。但文某变本加厉，不仅雇人跟踪，搜集黄某的日常生活、工作信息，还屡次出言威胁，要她辞职，并继续通过短信方式对黄某进行性骚扰。黄某不胜其扰，痛苦不堪，向诊所求助。

练习与思考：

（一）请完成以下工作

1. 请检索出与本案相关的法律条文。

2. 请结合案件事实对本案进行法律分析。

3. 请查找国内外的性骚扰案例，并结合本案予以参考比较。

4. 请列举出本案相对于一般诊所案件的特殊性和办案中的注意事项。

5. 请列举出本案办理过程中可能遇到的困难。

在完成以上工作的基础上，请你制定一份完整的法律研究计划，拟定出本案的代理策略。

（二）请思考以下问题

1. 我国目前在性骚扰方面的立法存在哪些缺陷？

2. 性骚扰案件加害人一方的合法权益应如何得到维护？

3. 性骚扰案件受害人的性别分布状况如何？立法应如何考量这一因素？

4. 请从性别与法的视角对性骚扰问题进行论述。

【案例 3】

外地人凡某自驾车来本市办事，因没有系安全带被本市公安局交通管理局执勤民警拦住。执勤民警依据《中华人民共和国道路交通安全法》第 51 条、第 90 条的规定，当场给予凡某罚款 50 元的行政处罚，并告知其在 15 日内到中国银行缴纳罚款。次日，凡某乘公交车（支付车费 2 元）到附近中国银行某支行缴纳罚款时，该支行工作人员表示该支行不是此罚款的代收机构，并向其提供了一张中国银行在本市的《指定代收交通违法罚款网点名单》。根据该名单，凡某在第二天再次乘公交车找到中国银行另一支行缴纳了罚款。凡某不服该处罚决定，欲向法院提起行政诉讼，到诊所寻求法律帮助。

练习与思考：

（一）请完成以下工作

1. 请检索出本案中行政处罚的法律依据并结合案件事实予以分析。

2. 请对本案中行政处罚行为的适当性进行分析判断。

3. 凡某多支出的 2 元公交车费是否可寻求救济？如何救济？

4. 代理该案的诊所学生在代理案件过程中查明，本市公安局交通管理局曾制定《××市公安局交通管理局十项便民利民措施》并公开公布，其中明确表示对于类似凡某的违章行为一般不予罚款处罚。请对该文件的性质和效力予以判断，并结合行政法上的信赖保护原则予以分析。

请你在完成以上工作的基础上对本案进行法律研究，拟定出本案的代理策略。

（二）请思考以下问题

1. 我国行政诉讼法的目的和功能是什么？在实践中的贯彻落实情况如何？

2. 我国《行政诉讼法》对于行政诉讼的受案范围是如何规定的? 还有哪些需要改进和完善的地方?

3. 请结合公益诉讼的理论, 对本案的公益性质予以分析。

第八节　法律研究的扩展阅读资料索引

一、著作类

1. 渠涛主编:《中文法律文献资源及其利用》, 法律出版社 2006 年版。

2. 林燕平主编:《法律文献检索: 方法、技巧和策略》, 上海人民出版社 2004 年版。

3. 李傲著:《互动教学法—诊所式法律教育》, 法律出版社 2004 年版。

4. ［英］戴维·斯托特著:《法律检索之道》, 郭亮译, 法律出版社 2006 年版。

5. ［印］马海发·梅隆主编:《诊所式法律教育》, 彭锡华等译, 法律出版社 2002 年版。

6. ［美］克里斯蒂娜·孔兹等著:《法律研究方法》（The process of legal research）, 美国 ASPEN 出版公司 2003 年版。

二、论文类

1. 王丽:《法律人的思维方式与法律教育——由"法律诊所"教育手段生发的思考》, 载《法学杂志》2007 年第 2 期。

2. 吴亮:《我国法律检索文献书籍的发展现状与分析》, 载《法律文献信息与研究》2005 年第 3 期。

3. 黄如花:《网上法律信息的检索》, 载《图书馆建设》2001 年第 4 期。

4. 林燕平:《论法律文献检索方法的教学与运用》,《华东政法学院学报》2000 年第 3 期。

第四章 咨　　询

第一节　咨询的概述

一、咨询的概念与特征

《现代汉语词典》对咨询的解释是"询问，征求意见"。"咨询"的一般含义是询问、商量、谋划。传统意义的咨询就是"向有识之士求教解决相关问题的对策"。在实际生活中，"咨询"也可以理解为参谋、顾问。咨询的范围很广，按照涉及的领域不同，有法律咨询、心理咨询、财务咨询、管理咨询等之分。而本书所称的咨询，特指法律咨询，其含义是提供法律方面的意见、建议，它是解决法律问题的一个阶段，是律师业务的重要组成部分。

在法律实践中，咨询与会见有时不是很容易区分开来，很多时候是边会见，边分析，然后给出咨询意见，尤其是在一些法律援助机构，碰到简单的案子，很多当事人要求马上得到法律建议与解决方案，这时法律工作者省去了事实调查与法律研究阶段，当场根据当事人提供的资料，联系相关的法律、法规进行分析解答。但这并不意味着咨询与会见可以混为一谈，在律师业务中，两者有着明显的不同。在会见阶段，律师的主要目标是接待当事人，做好会见笔录，了解案情，询问案件相关资料，并不急于给出法律意见。咨询阶段，则是在会见、事实调查和法律研究之后，制定出若干备选方案，目的是为当事人提供专业的法律意见，帮助当事人采取最佳解决措施。再者，咨询不是单纯地给予当事人建议，在这过程中，还包括律师与当事人的沟通，讨论，协商，分析等，然后共同作出决定。可见，咨询是双向的，互动的，参与式的，具体有以下特征：

（一）咨询是一项高度专业化的工作。法律实务工作专业性强，咨询工作要求提供者是复合型人才，需具备渊博的知识，同时又能将所学展现出来，拥有严格的思维能力。不光要求从业人员法律功底扎实，还要求具备其他一些素质，比如要掌握心理学、社会学相关知识，具有良好的沟通技能，善于倾听，掌握表达的艺术，具备很强的表达能力与应变能力。其次，咨询工作的专业性体现在咨询意见必须经过认真的事实调查和法律研究之后才能作出。

（二）咨询具有客观真实性。律师接受当事人的咨询，提供法律意见，是一项基本业务。咨询工作的好坏，直接关系到律师的形象、声誉以及案源。更重要的是，律师的意见直接关系到当事人的切身利益，包括最重要的人身、财产权利，很多当事人就根据律师的意见来作出最终的决定。因此，咨询工作必须具有客观真实性，律师不能信口开河，咨询意见要有理有据，律师必须对自己的专业水平和职业道德负责，做到客观真实，以事实为依据，以法律为准绳。

（三）咨询包括诉讼咨询与非诉咨询。当事人可能就处于法律纠纷或法律冲突中的事项进行咨询，比如婚姻家庭纠纷案件中怎样维护自身的权利，法庭上如何辩护，法律依据有哪些；当事人也可能为了处理一些非诉法律事务来咨询，比如咨询申请破产的程序，或就税款的数额和纳税的方式进行咨询，或者咨询如何做婚前财产公证、如何订立遗嘱。随着经济的发展，在法律咨询工作中，后者的比例逐渐增大，以商务咨询居多。人们不再等到纠纷发生之后才找律师咨询，当事人请律师帮助不仅仅是为了传统意义上的诉讼，很多的是为了避免诉讼，保障稳定有序的生活和工作环境。

（四）咨询中法律纠纷或法律事务的最终决策人是当事人，不是律师。咨询虽然具有双向性，律师在其中起着重要的作用，但始终要明确当事人的选择才是起主导作用的。关于当事人与律师在咨询中的角色定位，美国学界一直有两种观点，一种是传统服务型关系，称为"律师中心主义"，认为律师在会见、咨询、诉讼等法律服务的过程中处于主宰和决策地位，聘请律师意味着一切由律师全权处理。而当事人处于辅助地位，仅负责提供信息，什么时候做、应该做什么和怎么做都由律师决定。律师的这种绝对权威地位是由其职业的特殊性决定的。另一种是现代合作型关系，称为"当事人中心主义"，① 与传统服务型观点正相反，现代合作型的观点认为只有当事人自己知道他想要什么、怎么做，律师的任务是在当事人做决定的过程中为他提供法律帮助和法律建议，必要时包括进行法律知识的普及和教育。律师不仅要尊重当事人的意见，同时必须听取当事人的意见。最终的决定应符合当事人的意愿，即当事人是决策人，律师是辅助者。由于诊所中的学生缺乏实践经验，在多数法律诊所和诊

---

① Robert M. Bastress, Joseph D. Hanbaugh. Interviewing, Counseling, and Negotiating: Skills for Effective Representation. Aspen Publishers 1990: p. 230

所教材中，诊所教师都主张学生与当事人之间应该建立"参与、互动、合作型关系"，即"以当事人为中心"的现代合作型关系的具体体现。[1]

（五）咨询可以是法律服务中的一个环节，也可以是一种独立的法律服务方式。法律服务通常包括会见、事实调查、法律研究、咨询、调解、谈判、诉讼几个阶段，咨询是其中的一个环节，当事人只有经过咨询后，才能根据律师建议寻求调解、谈判或者诉讼等手段来解决案件。但是在有些情况下，咨询还是一种解决法律问题的独立方法，当事人可能根据律师提出的建议，自行完成以后的工作，致使律师的法律服务工作就此完成。所以，针对不同的案件情形，咨询的服务方式是不一样的，律师要灵活运用。

（六）咨询是一种独立的律师技能，它有自身独特的规则和技巧。咨询要本着一切以当事人为重的原则来进行，做到诚实守信，对当事人的个人隐私、商业秘密严格保密。

二、咨询的种类

按照不同的标准，咨询可以分为不同的种类。首先，按照涉及的领域不同，可以将咨询分为法律咨询、心理咨询、管理咨询、财务咨询等几类。其次，按照咨询方式不同，可以将咨询分为电话咨询（如服务热线）、来信咨询、来访咨询、在线咨询等。对于法律咨询来说，电话、信件、网络的方式虽然快捷方便，但咨询的内容有限，只能给予笼统的意见，并不能准确把握当事人目标，为当事人提供专门的建议。正式的来访咨询才是法律咨询最好的模式，可以充分发挥咨询的作用，抓住案件要点，为当事人制定出恰当有效的解决方案。因此，本书的咨询特指正式来访的咨询。

三、咨询的作用

既然法律咨询是法律服务的一个环节，为什么不能省略，直接进入到调解、谈判或者诉讼阶段？这是因为咨询的作用是不可代替的。经过咨询，当事人对于自己的问题，由迷惘变得清晰起来，从无可适从到有方可循。咨询可以帮助当事人与律师辨明问题，找出重点，从而磋商对策。在这个过程中，律师处于旁观者的角色，他头脑冷静，思路较为开阔，能帮当事人客观分析问题的原因，为当事人提出一些合理化的建议。如果省略这一环节，必然影响后面环节的解决效果。

---

[1] 李傲著：《互动教学法——诊所式法律教育》，法律出版社2004年版，第212页。

第二节　咨询的主要阶段

咨询有其特有的规则与方法，一个完整的咨询应该包括咨询计划，正式咨询以及咨询后的评估。明确咨询的这三个阶段，可以使咨询变得有序，保证咨询的质量，达到"事半功倍"的效果，这不仅是律师专业水平的体现，同时也是对当事人负责的表现。

一、咨询的计划

"凡事预则立，不预则废"，"不打无准备之仗"，这些谚语说明做任何事都需要有计划，同样一个成功的咨询也离不开事先的深思熟虑。因此，制定咨询计划是咨询的第一步，同时也是非常重要的一个环节。一张咨询计划表应当包含以下内容：

（一）有明确的咨询目标

在经过会见、事实调查与法律研究三个阶段后，此时的诊所学生已经掌握了案件事实，并结合已知的资料找到了相应的法律依据，然后通过分析案情，明确特定事实与法律规定之间的关系。到了咨询阶段，则要求学生把握当事人咨询的主要目的，明确哪些事情需要咨询，哪些内容需要做决定，在与当事人的互动、询问、探讨中，为当事人提供专业的咨询意见以及实施方案，并分析各种方案的利弊，以供当事人选择有利于自身的最佳解决办法。只有明确目标，才能有的放矢。

（二）信息资料情况

在咨询阶段，要翻阅、整理所有的案件材料，包括事实调查的资料，法律条文的检索、研究结果和所有同案件有关的法律或非法律细节等。在这过程中，我们应始终明确咨询是以当事人为中心的，要记得询问并考虑当事人的想法，从当事人的陈述中，把握当事人的主要目的以及追求的解决效果，明确这一点之后，学生不仅要帮助当事人分析其请求是否成立，是否有法律依据，还要考虑用什么样的方式实现当事人的最终目的。

（三）制定出备选方案

通过对资料的研究，确定所属的法律关系后，律师或诊所学生应制定出几种解决方案，并要分析各种方案的利弊得失，注明哪些结果是必然的，哪些是预测的，哪些情况还有待进一步调查，以便到时可以一一向当事人解释，由当事人自己作出判断加以选择。对于这点，学生在实际操作过程中，可以准备一个备选方案表（见下面第（五）点论述）。

（四）设计出咨询进程

整个咨询该如何进行？是从法律事实到法律依据，还是从法律法规到相关事实？如果出现新的证据资料，或者当事人的目标发生变化，又该如何应对？此次咨询的重点、难点问题是什么？当事人能不能按照你的咨询节奏来进行？这些都应该是咨询前所要考虑到的，防止到时出现思路混乱的尴尬局面。所以，咨询前学生应该对咨询的进程做到心中有数，并及时调整。

（五）咨询所做的其他准备——表格、图示等。

咨询之前，准备若干信息表、备选方案表，可以使案件资料一目了然。

例一：案件信息表

序号	时间	信息	来源	证据	备注
1	2003-7-11	当事人赵某住院治疗	2003 年 7 月 20 日会见记录	病历、住院通知单	
2	2003-7-14	法医鉴定	当事人提供	鉴定书	对方当事人提出异议
3	……	……	……	……	……

例二：备选方案表①

序号	方案	利	弊	实现条件	成功率	当事人意见
1	调解	省时、省事、省诉讼费、有利执行、尽快得到赔偿	在赔偿费用上让步，对方可能推脱，赖账，认为当事人软弱可欺	能找到对方，对方同意	50%	认为希望不大

---

① 李傲著：《互动教学法——诊所式法律教育》，法律出版社 2004 年版，第 214 页。

序号	方案	利	弊	实现条件	成功率	当事人意见
2	诉讼	法律程序保障、请求全额赔偿，给当事人出气	费时、费事、诉讼成本、执行可能出现问题	补充损害证据、请某某出庭作证	80%	倾向于诉讼
3	……	……	……	……	……	……

二、正式咨询的步骤

制定好咨询计划后，就可以开展正式的咨询，与当事人面对面沟通交流。但律师在正式咨询前，往往会事先询问：案件是否有新的进展？双方当事人有没有新的想法与要求？当事人是否要补充一些资料？这种咨询前的信息了解，可以使律师及时更新案件材料，并作适当调整，以保障咨询的高效进行和当事人目标的实现。

正式咨询可以分为以下六个具体步骤：识别目标；评估可用于实现目标的现有资料；确定若干解决方案；评估每一种方案的利弊、成本、风险、成功率等；选定最佳方案；依决定开始行动。①

（一）识别目标

识别当事人目标是会见阶段的重要任务，然而这种识别不是静态的。虽然在制定咨询计划时已经进行过一次识别，但到了正式咨询阶段，还要特别关注当事人目标的变化。因为当事人在会见后，可能经过一段时间的思考，或者由于案情出现了新的转机，会改变原来追求的目的。这时，律师或诊所学生要及时明白当事人的意思，适时调整咨询计划，适应当事人的需求。当然，在这过程中，要准确把握当事人的目标，还需通过一系列的沟通交流工作，从当事人的陈述中提取有用信息，揣摩其意图并表达出来，向当事人确认，经过反复的互动，达到识别目标的结果。

---

① Stefan H. Krieger, Richard K. Neumann, Jr., etc. Essential Lawyering Skills, Interviewing, Counseling, Negotiation and Persuasive Fact Analysis. Aspen Publishers 1999：p. 33

（二）评估可用于实现目标的现有材料

确认目标之后，诊所学生应该对现有的资料进行评估，分析相关法律事实和法律规定，判断能否实现当事人的目标。如果资料不完善，应及时询问当事人能否补充完整。如果不能提供，且诊所学生经过了慎重思考，发现仍旧不能实现目标，应该如实告知情况，切不可因为同情当事人而意气用事，说大话，因为最终损害的还是当事人的利益。反之，如果对现有资料评估后，发现实现当事人目标没有问题，则可顺利进行下一环节。

（三）确定若干解决方案

在制定咨询计划阶段，学生已经讨论制定出了若干备选方案。在正式咨询中，如果当事人没有改变目标，也没有出现新情况，诊所学生可以直接向当事人解释方案内容。推荐解释过程如下：首先解释每个方案的名称含义，运用通俗易懂的语言让当事人明白方案的内容；其次解释具体方案与当事人目标之间的关系，让当事人知道如何通过这些方案来实现目的；最后要向当事人说明各个方案之间的区别与联系，阐述各自的利弊。反之，当一些要素发生改变时，诊所学生应及时改变方案策略。需要注意的是，虽然咨询以诊所学生的方案为主，但要始终牢记咨询是以"当事人中心主义"为基础的，在解释完方案后，要主动询问当事人准备的解决方案。

（四）评估方案

在前一环节，诊所学生与当事人共同确定了几种备选方案，并大概对每种方案有所了解，但是没有对每一种方案的利弊、成本、风险和成功率等进行仔细的评估，以此作出最后的决定。因此在这个阶段，学生应该提醒当事人明确各个方案的价值，不要孤立地看待某个方案，要明确主次顺序，明白成本与风险的高低，了解选择一种救济方案后对其他方案可能造成的影响。

（五）选定最佳方案

这时，当事人对各种方案已了然于胸，要做时选择最佳方案，如同液体从一个 T 型管流出，是一个逐渐缩小选择范围的过程。但要注意的是，决定权仍在当事人手中，学生切不可为图省事，代为决定。在当事人摇摆不定时，学生可以站在当事人的角度，根据其利益、目的，提出自己的建议与倾向，引导当事人自己独立思考，选择适合自身情况的方案。如果出现当事人对事实或法律有误解，学生应该及时提醒并给予分析。但无论怎样，学生都应该保持中立，尊重当事人的决定。

（六）依决定开始行动

一旦确定好方案后，应该制定行动计划，向当事人说明要做哪些工作，时间安排大致是怎么样，当事人怎样配合工作。

三、咨询的评估

咨询结束后，诊所学生应该填写咨询评估表，以便对咨询活动做个梳理与反思，对咨询计划，咨询步骤，咨询技巧，学生与当事人之间的关系等内容逐个评估。咨询计划的制定是否符合要求？运用的法律法规是否准确完善？计划是否具备开放性？咨询计划应当是易于变通、富有弹性的，以应对突如其来的变化。学生制定出初步咨询计划后，有没有与指导老师联系并讨论咨询计划中存在的问题？计划是否具有可行性？哪些地方应做修改与完善？比如备选方案是否合理？信息资料是否完整？评估咨询的步骤设计是否合理？是否牢牢贯彻"当事人中心主义"的咨询模式？正式咨询中，咨询技巧的运用是否到位与有效？咨询过程中还存在哪些问题？下次如何能做得更好？

第三节　咨询的技巧和职业道德

一、咨询的技巧

（一）运用心理学方法

咨询的过程是律师与当事人双方互动的过程，作为律师或诊所学生对于当事人心理活动的把握很重要，如果能适当运用心理学方法，当事人与律师之间比较容易建立起信任关系，从而有利于咨询活动的开展。再者，诊所学生，由于年轻，又没有社会经验，当事人有时会由此对其专业水平产生怀疑。针对这种心理，诊所学生千万不能有胆怯与退缩，要自信，有胆量，不要畏首畏尾。另外，在咨询中，学生要敏锐观察，注意当事人的心理变化，要"想当事人所想，急当事人所急"，及时发现当事人的要求，与当事人默契合作。

（二）善于倾听与灵活发问

诊所学生要学会做一个良好的倾听者，专心、认真、注入感情地倾听当事人的陈述，随时换位体察对方的感觉，抓住案情的要害和事实，而且要听出弦外之音，善于发问，会曲线发问，问题要问到点子上，取得有用信息，不要漫无目的地闲聊。

（三）及时记录

科学研究表明：常人不可能一次记住七种以上的新信息，而且学生事先准备的信息也许并不完善，所以在咨询中，需要及时记录各种有用信息，补充完善资料。当事人与学生讨论的种种意见，也应该记录，以便以后再深入思考。咨询记录是诊所档案管理中必须存档的内容，也可以为学生以后准备代理词、庭审资料提供参考。

（四）保持中立

"当事人中心主义"的模式要求学生应该始终保持谨慎的中立态度，不应该表现出个人好恶、倾向，否则会影响当事人的决策。其次，诊所学生不能一味迎合当事人的意见，这样会让当事人怀疑学生的专业水平。学生要做的就是耐心解释法律问题，为当事人权衡利弊，提供专业意见。

（五）咨询中的拒绝艺术

如果通过分析法律规定及案件事实，发现根本不可能实现当事人的目标，比如诉讼时效已过，丧失胜诉权，这时学生如何回答当事人？一种方法是可以直接回绝，告知理由。但这无疑给当事人沉重打击，考虑到当事人的心情，学生应该懂得拒绝的艺术，做到既要清楚传达无法解决的意思，又要将对当事人的伤害降到最小程度。在得知当事人的愿望不能实现时，可先不急于表态，留下点时间再钻研，只要有一线希望，就要为当事人争取；如果实在没办法，也是为当事人尽力了，当事人也比较容易接受。当然，在告知不可能时，诊所学生要解释相关理由，做到有理有据，表明你否定的结论不是妄自作出的，而且要具有同情心，安慰当事人的情绪，但不能因为同情而改口，否则只会起到相反作用。如果当事人的问题虽然不能通过法律解决，但有其他途径可以救济，这时诊所学生应该指出，给予建设性意见。

二、咨询的职业道德

诚实守信原则，保密原则，当事人知情同意原则，一切以当事人为重的原则等是咨询中律师都应遵守的职业道德。做为诊所学生，联系到学生法律工作的特殊性，还有其特有的职业道德要遵守，当多方利益发生冲突时，需要作出正确的选择。

（一）当事人利益与自身利益冲突时，应以当事人利益为重

诊所学生经常碰到这样的情形，接下一个案子之后，由于各方面的原因，导致案子一拖再拖，而作为学生可能面临着放假、毕业等情况，假如案件开庭安排在假期或者毕业后，诊所学生该如何协调时间上的冲突？如果学生在只考虑自己利益的前提下来办这个案子，肯定是不尽心的，不利于当事人利益的维护。因此，在这种情况下学生要分清孰轻孰重，既然答应了当事人，事先就要考虑到会发生冲突的可能，关键时刻要牺牲小我，当然如果能争取到双赢的局

面那就更好了。

（二）要实事求是，给出现实的可行性意见

律师在咨询时必须尊重客观事实，给出的咨询意见应当具有可行性，不能仅仅根据法律规定，还需考虑到政治、经济、社会等各方面的因素。诊所学生在提供咨询时不应该机械地运用和理解法律，给当事人开空头支票，要提供具有实际意义的意见，能实实在在地解决问题，否则不切实际的不合理的意见只能加重当事人的伤害。所以当法律规定与现实可行性之间发生冲突时，不能死搬硬套，要灵活运用法律。

（三）在当事人利益与社会公共利益发生冲突时，以当事人同意为原则

诊所学生的法律工作属于法律援助性质，本身就具有公益性，有时不仅仅是代理一个案件，而是有着更广泛，更深层次的价值追求，想通过个案来唤醒整个社会的法律意识，权利意识，推动整个社会的法律进程。一般当事人只想解决眼前的问题，取得自己的利益，并没有看到社会效应。如果一个案子通过诉讼会取得更好的社会价值，但是对方当事人已答应本方当事人的要求，案件可以和解，不需要诉讼，当事人也很满意这种结果时，诊所学生为了社会公共利益而坚持让当事人放弃和解，选择诉讼，这种行为是不恰当的。只有在当事人知情并同意的前提下，才可以按照诊所学生的要求来追求社会公共利益。

第四节　实 验 项 目

一、咨询前的准备阶段

实验项目：制定咨询计划

1. 实验目的：锻炼学生制定计划的能力。

提示：诊所学生为当事人提供法律咨询前，应该制定咨询计划，填写案件信息表与备选方案表。准备案件信息表目的是了解案情情况，并对案件信息的数量、质量作出判断，以便在咨询中有针对性地询问当事人，进一步完善资料。制定备选方案表目的是为当事人提供多种选择，供其权衡利弊，便于当事人理解具体解决措施和决定采取何种途径。制定咨询计划一方面可以为当事人提供专业的服务，另一方面可以培养诊所学生严谨的态度与专业的精神，督促学生做好相关的法律知识功课，防止在咨询中出现思维断层与错误的回答，有利于诊所学生及时发现问题，加强当事人对学生的信任，并对咨询过程有较好的控制力，从而有利于双方的沟通与交流，使咨询顺利进行。

2. 实验素材。

【案例】

　　王某，女，为本案被告当事人。王某和其丈夫张某在 A 新村有一套 40 多平米的房子，夫妻二人与孩子原住于此。王某的公公婆婆在 B 新村拥有一套较大面积的房子，户主为公公。1999 年，为方便公公就医（B 新村的房子离医院较近），被告及丈夫与公婆商定：被告夫妇以 5 万元的价格买下公婆的住所，并搬至此处居住；而公婆则搬至被告夫妇的原住所（建设新村）居住，并在此颐养天年。达成合意之后，被告的丈夫将 5 万元（4 万现金，1 万元债券）交给了婆婆和大姑（丈夫的姐姐），基于信任，没有要求开具任何收据，也没有办理房屋的过户登记手续。2005 年 2 月 15 日，丈夫张某突然去世。4 天后，王某的大姑开始上门，要求被告退还房屋，并就此事多次与被告吵闹。为此，死者的 3 个舅舅专门来到其居住地进行居间调解。在调解过程中，婆婆和大姑并不否认曾收过死者房款，但声明死者只交付了 4.5 万元。还有 5 千元则被死者用以支付了装修的费用。而被告则主张：丈夫当时交付了 5 万元，装修的费用为 8 千元，是被告和丈夫另行支付的。舅舅主张维持现状，姑婆均未表示反对。但舅舅离开后，姑婆二人又多次上门要求被告退房。2006 年 3 月 7 日，被告突然收到法院通知：其公公婆婆已将被告诉至法院，要求她退还房屋。2006 年 3 月 16 日中午 11：50，被告想方设法见到了公公，问他为何起诉被告。公公对此感到惊讶，表示自己对此毫不知情。后在法庭，公公曾明确向法官表示："我的房子不给媳妇住，不给孙子住，给谁住？"（丈夫去世时，公公患有脑血栓，家人和法官为防止其受刺激而对他隐瞒了死者死亡的真相，只是告知他：儿子现在在外打工。另外，公公并不识字，只会签名）。但是，在第 2 天，公公被带至居委会和法庭时，他又表示要求被告退房。另外，法院告知被告：开庭当日，公公婆婆都不会到庭，他们已全权委托大姑代理他们出庭。被告丈夫死亡，原告方为之支付了丧葬费用若干，要求被告偿还，但此项没有列入诉讼请求。被告表示，自己目前没有能力支付，但自己的孩子长大后会代为偿还。被告向我们出示了 3 份录音材料，分别记录了公公表示被告有权占有使用房屋、姑婆和被告之间关于被告丈夫给付金额的争议、被告的一段陈述。而第一段录音是在有法官在场的情况下录制的。同时，被告认为其丈夫的死亡原因不大明朗，原告一方负有不可推卸的责任。现王某提起反诉，主张对房屋的合法权利。

案件信息表：

序号	时间	信息	来源	证据	备注
1.					
2.					
3.	……	……	……	……	……

备选方案表：

序号	方案	利	弊	实现条件	成功率	当事人意见
1.						
2.						
3.	……	……	……	……	……	……

3. 实验步骤。

步骤一：课前发给学生资料——包括代理人与王某的会见笔录、调查笔录、证据等案件资料。

步骤二：将课堂学生分为小组，每组确定一名汇报人，汇报本组的咨询计划内容；一名观察员，不参加讨论。

步骤三：老师介绍案例。

步骤四：各小组阅读案例，分别讨论整理案件信息，并填写案件信息表。

步骤五：各小组根据案件信息表，讨论解决方案，并填写备选方案表。

步骤六：由各小组汇报人向大家汇报本组的案件信息主要内容，备选方案以及整个咨询计划。

步骤七：各组观察员汇报各小组的讨论情况。

步骤八：由各小组对其他组方案作出评论，指出优缺点。

步骤九：讨论总结。

4. 讨论与思考。

制定咨询计划表后，需要思考以下问题，检验计划表是否符合要求？有没有必要对其做进一步修改？

（1）是否明确当事人的目标？

（2）是否充分研究了案件事实与相关法律？是否足以提供咨询意见？

（3）是否寻找到实现当事人目标的方案？有几种方案？

（4）是否对各方案进行比较、评估、排序？

（5）是否设计了咨询步骤？

（6）是否考虑到咨询员应当对各方案给予客观介绍并保持中立态度？

（7）计划是否开放性的、可变更的？

（8）各组计划之间有何差异？差异产生的原因是什么？

二、正式咨询阶段

实验项目一：咨询过程中资料的取舍问题

1. 实验目的：锻炼学生利用专业知识辨别证据的能力。

在咨询阶段，当事人由于解决问题心切和缺乏法律知识，仍然会把很多材料交给你，而其中有些是与案件无关的，起不到证明或其他作用。面对纷繁的资料，作为接受过良好法学专业教育的学生怎样在咨询过程中留下有用信息，剔除无关资料？在取舍资料时，学生怎样将自己的判断依据向当事人阐明，让当事人获得理解并接受你的行为？如果证据资料充分，则可以拿出备选方案，如果经过事实调查和法律研究，发现仍需补充，则可要求当事人进一步提供材料。

2. 实验素材。

【案例】

当事人：吴某，男。吴某于 2007 年 10 月多次看到 A 银行对外的关于 B 理财产品的电子广告，称此产品有 25% 以上不封顶的产品收益，便前去咨询了解。吴某向银行工作人员表明来意，并说明家庭经济状况不好，冒不起风险，如果 B 理财产品真的如银行宣传的一样，只赚不赔，收益很高，就愿意购买，如果是风险投资，就不打算买了。当时银行工作人员明确告知当事人 B 理财产品的收益底线，并表示没有风险，在这样的情况下，吴某购买了 5 万元的 B 理财产品，并办理了相关手续，签订协议，由于吴某文化程度有限，没有看协议上的具体内容，就签字了，工作人员当时也没有就协议相关情况尽说明义务。2008 年 7 月，吴某去银行查看投资情况，发现该产品一直在跌价，完全不是当时承诺的情况。之后，吴某去找银行进行理论，却被告知 B 理财产品就是风险产品，银行与吴某签订的协议书上写得很清楚，吴某这时才发现协议书上有一个格式条款："声明：本人已知晓本协议所述业务为委托代理性质，同时本人已了解本产品为非保本型理财产品，有损失本金的可能性，愿意承担风险。"这与当初的宣传完全相左，协议书的内容并非当初双方商定的，吴某感觉被欺骗了。于是，向有关专业人士进行了咨询，要求解除协议，并赔偿他的经济损失。吴某在咨询时提交了以下材料：双方协议书，向有关部门的申诉书，银行的书面答复，银监会的书面答复，A 银行的 B 理财产品宣传广告，报纸上相似案件的报道，银行法的有关规定。

3. 实验步骤。

步骤一：将学生分组，各小组再分配角色，扮演当事人吴某和律师。

步骤二：将相关资料发给学生阅读。

步骤三：讨论咨询中应该注意的问题。

步骤四：各小组展开实验，并做好记录。

步骤五：各小组依次汇报讨论结果，说明对资料取舍的理由。

步骤六：点评，总结。

4. 讨论与思考。

（1）形成一个资料表，并对留下的有用资料的作用加以说明，对去除的无用资料说明理由，显示需补充的资料，根据此案例，将表格补充完整。

资　料　表

	序号	资料名称	归类	用途	备注
有效资料					
	序号	资料名称	说 明 理 由		备注
无效资料					
	序号	资料名称	归类	用途	备注
需补充资料					

（2）咨询工作有没有做到以下几点：

A. 恪守"以事实为依据，以法律为准绳"的原则，在工作中不能一味迎合甚至助长询问人错误观点，也不能忌讳各种压力，避重就轻，敷衍了事。

B. 要做到言之有据，不能妄下结论。

C. 最大限度维护当事人合法权益，凡是涉及当事人合法权益的地方，律师都要着重强调，对不利于当事人的问题，律师也不能隐瞒，并对上述两种情况都要尽可能给出可行的解决方案。

D. 避免激化矛盾，尽量减少当事人的诉讼之累，激化本来不激烈的矛盾不符合当事人的根本利益，也严重违反了律师的职业道德。

E. 对有关部门与群众矛盾方面的咨询要持慎重态度，要讲明利弊，做好疏导工作，防止事态扩大。

F. 对当事人决策方面的咨询要注意从正反两方面分析利害得失，要为当事人提供可行参考意见，但不应代替当事人进行决策，从而避免相应法律风险。

G. 对具体涉案引用条文的解释要分析清楚案情，可以对相关条款的引用是否正确进行解释。但对适用该条款的幅度、过错大小、情节轻重等方面，因对相关证据情况不了解，一般不宜作解释。

H. 对涉及其他部门的咨询，如具体规定或细节不清楚的，可以指引当事人去相关部门咨询。

实验项目二：咨询过程中突发情况的应对

1. 实验目的：提高应变能力。

提示：咨询时，当事人经常会提出新问题，也会改变原来的目标，有时甚至在咨询现场当事人之间发生冲突，情绪激动等，面对这些突发状况，诊所学生该如何应对？本实验的目的是培养学生的临场应变能力，启发思考，灵活运用各种咨询技巧解决突发状况，做到既解决当事人的难题，又获得当事人信任；既能维护自身的专业形象，提高处理危机的能力，又能使咨询有序顺利进行，同时增加教学的生动性与实用性。

2. 实验素材。

【案例1】当事人临时改变目标

当事人：何某，女。何某一家于 1998 年在某大学内承包几十亩土地种植玉米等农产品，并在土地附近造了一座两层楼的房子，以供家人居住。后来由于开发商要开发何某种植的土地，便要求何某退还土地，房子也要被强制拆除。在这过程中，由于双方在补偿价格上出现争执，何某一家并没有签协议书。但开发商和政府部门出面强行将何某土地上的农作物铲除，并用推土机撞伤了何某的丈夫，致其至今卧床不起，并对其居住的地方停止水电供应。第一次会见时，何某的请求是要将政府和开发商作为被告起诉，要求按照相关法规和政策对土地进行补偿。但在咨询阶段，何某要求增加一个诉讼，要起诉某开发区主任，因为她认为正是受了区主任的唆使，推土机驾驶员才撞伤其丈夫的。

面对当事人临时改变目标，意味着准备的方案可能不适合，这时该如何及时调整？

【案例2】 当事人情绪失控

当事人：刘某，男，脑瘫患者，说话困难，但智力正常。刘某父母很早就离异，刘某一直跟随其父亲生活，由于小时候的脑瘫后遗症，刘某虽然能生活自理，但一直不能劳动，靠领低保金生活。最近，刘某与其父亲发生口角，被父亲赶出家门，不允许其回家。刘某现要求起诉其父亲，要求分得一半房子。由于刘某口齿含糊，叙述不连贯，诊所接待学生不能及时明白其陈述内容，刘某突然情绪激动，大声吵吵嚷嚷，甚至嚎啕大哭，咨询无法继续。

此种情形下，诊所学生该如何与刘某进行沟通交流，让他冷静下来，双方能有效沟通？

【案例3】 当事人之间发生争执

当事人：李某夫妇。李某夫妇就劳动工伤问题进行咨询，诊所学生拿出了备选方案，方案有调解、仲裁与谈判。李某要求通过仲裁途径解决问题，但其妻子觉得仲裁成本相对比较大，而且不想和单位闹僵，还想继续在原单位工作下去，李某觉得其妻子想法是错误的，于是两人争论起来，诊所学生虽然进行了制止，但当事人之间越吵越凶。

此种情形下，诊所学生应该如何控制咨询场面，抚慰这两个当事人，化解冲突？

3. 实验步骤。

步骤一：介绍以上三个案例情景，发放案例材料。

步骤二：将学生分成三组，每组选择一个情景进行实验。

步骤三：每个小组进行讨论，并做好记录。

步骤四：各小组汇报结果。

步骤五：点评与总结。

4. 讨论与思考。

（1）由于拆迁户（当事人）不同意在政府的安置补偿合同上签字，政府下令如不在期限内搬迁，将采取行政强制措施，强行拆除旧屋。当事人已提起行政诉讼，诊所学生正在为代理做准备。刚刚接到当事人的电话，说他收到了强制执行通知书，三天后如还不搬迁，就要强拆。拆迁户准备了一桶汽油，声称：如果政府派人来强制拆迁，他就要将汽油倒在身上点燃跟他们拼命。诊所学生遇到此种情形该怎么办？

（2）当事人与邻居发生纠纷，邻居将其大衣撕破，当事人起诉要求赔偿。代理的学生发现当事人准备提交法庭的大衣销售发票上价格处有涂改痕迹。交到法庭上，法官很可能发现问题，导致发票证据不被采信。不交，又缺少证据。和当事人明确地提出来，怕当事人下不来台，影响关系。学生应当怎么办？①

（3）除了以上几种情形，还有没有碰到其他情形的突发情况，如何应对？

实验项目三：咨询过程中当事人不满意的应对

1. 实验目的：对待当事人的技巧。

咨询过程中，会碰到各种类型的当事人。有些当事人法律知识贫乏，完全依赖诊所学生的意见，有时甚至需要诊所学生代替作出决定。而有些当事人经过几次诉讼下来，对法律知识与法律程序有一定程度的熟悉，咨询的目的是为了确认自己的判断或寻找更好的解决途径。不同类型的当事人有着不同需求，所以会出现当事人对咨询意见不满意的情形，例如对咨询人员态度的不满意，对备选方案不满意，对他们的专业水平不满意。面对当事人的质疑，诊所学生该怎样来消除当事人的疑虑，让当事人相信我们的专业水平，保持双方的信任关系。本实验的目的是：呈现现实中几种典型的当事人不满意情形，让诊所学生学习如何使不满意变成满意，消除误解，另一方面，可以使学生提高咨询技巧，改善咨询态度，督促其加强专业知识的学习。

2. 实验素材。

---

① 案件来源：2003年4月美国哥伦比亚大学"中美法律诊所教师培训交流会"资料。

【案例】

当事人余某（女，文盲）、杨某（女，文盲）系 A 市某区经济开发区 B 村村民，平日以在开发区工地帮货主卸货为生。2005 年 4 月 13 日下午，某施工队在村附近欲卸载材料，杨某与同搬运组七人一道上前招揽生意。双方因价格问题产生言语上的冲突，施工队遂报警，有关民警赴现场了解情况并将双方劝散后未作其他处理便离开，全过程中亦未做记录。民警离开后，所有村民也离开现场，施工队自行卸下材料。

2005 年 4 月 28 日下午，余某同搬运组八人（此地有两个搬运组轮流工作，成员固定。杨某、余某分属两组）在开发区汽车城附近招揽生意。货主陈某（系大队书记外甥）运送办公用品至此，要求村民帮助卸货。因价格未能谈拢，陈某出言不逊，搬运组村民与之论理，陈某随即报警。不久，三辆警车赶赴现场，从警车下来的十数人在货主陈某的指认下将余某及同组三人共四名妇女抬上警车，后又将上前来质问为何抓人的杨某（杨原本在路边植树）押走。

余某、杨某等的家人从村民口中得到消息后赶到经济开发区派出所，接待的民警拒绝让他们与家属见面，也不允许通电话。与此同时，被关押的五名妇女被要求在一些案卷和空白纸上捺手印，民警称只要捺了手印就可放人。这些妇女均不识字，民警也拒绝告知案卷的内容。除了余某和杨某坚持不捺手印以外，其他三人在照民警的话办后被分别处以 200 元罚款，村干部代为缴纳罚款后这三人被当场释放。当晚 10 时至 11 时间，余某和杨某的丈夫被民警要求在一些文件上签字，民警承诺签字后明天就放人。两名当事人的丈夫都仅有小学文化程度，经过劝说，在没有读懂案卷的情况下签字，随后回家。次日，两名当事人的丈夫被告知立即送行李至 A 市女子看守所，余某、杨某已于 4 月 28 日晚被转移至看守所关押。到达看守所后，两人按照要求缴纳了当事人的生活费和相关费用：余某 250 元、杨某 240 元。虽被多次索要，但民警和看守所工作人员始终没有出示发票或收据。

在押期间，两名当事人被强制劳动。杨某于 7 日后被释放；余某于 10 日后被释放。

咨询过程中，由于两位当事人文化程度的原因，诊所学生一个问题解释多次才让当事人明白，当事人也讲不清案件情况，反复多次后，当事人有点急躁，觉得诊所学生理不清问题，不满意学生的备选方案，流露出不相信诊所学生的表情。

3. 实验步骤。

步骤一：介绍案件情况，发放案例材料。

步骤二：将学生分组，进行模拟演练。

步骤三：给予学生准备时间，然后一一上台重现咨询情景，其他小组做好记录。

步骤四：各小组相互指出优缺点，并说出如何改进。

步骤五：点评与总结。

4. 讨论与思考。

（1）如果根据事实调查和法律研究后，当事人的目标不可能实现，告知当事人后，当事人仍旧不接受，发展到最后胡搅蛮缠，对学生恶语相加，这时该怎么办？

（2）经常有这种情形：当事人来咨询，说明情况后，总是问诊所学生案子能否胜诉。学生不是法官，当然不能给予绝对的回答，把话说满，但有些当事人就不满意，说问了好几个专业人士，都说能打赢官司，质问学生懂不懂法律，这时如果你是接待这位当事人的学生，你怎么办？

（3）诊所学生与当事人之间的信任关系是如何建立起来的？

（4）诊所学生的服务范围有哪些？面对当事人不合理的要求，该如何回答？

（5）上述案例中，有没有设身处地地为当事人着想，考虑到他们的情绪，理解他们的焦躁？

三、咨询评估阶段

实验项目：咨询的评估

1. 实验目的：锻炼学生的反思与总结的能力。

提示：咨询后的评估是对整个咨询过程的回顾与反思，本次实验的目的，一方面是检验学生在咨询中是否把握住了咨询的要点，有没有经过精心准备，是否尽最大努力去事实调查与法律研究，全身心地为当事人负责；另一方面，咨询评估的过程也是学生发现问题的过程，他们主动思考，积极去发现问题并寻找解决的办法，获得真正有价值的知识，为下次更好地咨询积累经验。再者，咨询评估也是一个信息整理的过程，咨询评估表可以使信息得到完整的固定，便于保存与查阅。

2. 实验素材。

【案例】

  陈某，女，17 岁，高中生，为本案原告当事人。陈某于 2007 年 10 月 6 日晚自习下课回家途中（大约晚上 8 点到 9 点之间），经过 A 市某区工业大道延长线路段的一个十字路口时，因施工单位未设置标记和采取适当的防护措施，加之路口没有路灯等设施，且当天天气情况较差，没有月亮，光线不好，由于自行车不慎撞到下水道井口跌倒，造成当事人陈某左肱骨外科颈骨折并肩关节脱位（某中医院诊断），于当晚入住 A 市医院，并于 10 月 7 日因伤情严重转至省中医院，10 月 10 日陈某接受手术，10 月 14 日出院，住院 8 天共花去医疗费用 12295.96 元（有正式发票）。陈某住院期间护理人员为其母亲。

  陈某父母系外地至 A 市农民工，平均工资为 100 元每人每天，均持有就业证，发证日期为 2006 年 2 月 2 日。受害者父母于当晚向和平派出所报案，派出所工作人员要求当事双方协商解决此事。受害人父亲与施工公司戴总经理联系，对方回答说出于人道主义精神表示同情，并承诺将于 10 月 11 日（周六）至医院看望陈某，却并未出现。此后公司经陈父再三打电话催促而一再拖延，并且表现出相当恶劣的态度。公司后又承诺于 13 日（周一）看望伤者，并再次失信。陈某父母与其理论，却被公司告知其对陈某受伤一事不承担任何责任。在万般无奈之下，陈父转而求助媒体，某电视栏目为此做了一期节目，但公司负责人依旧表示出恶劣的态度，并扬言不惧怕媒体。

  在媒体采访的过程中，该公司始终大门紧闭，不愿接受采访。具体节目已于 10 月 14 日播出。公司律师后依然宣称公司对此次事故不负任何责任，受害人的赔偿一事至今未果。

  据悉，工业大道延长线段于 2006 年 8 月开始动工，现仍未设置路灯等必要设施，下水道井盖至 2007 年 10 月 13 日中午之前一直未安装，且未设置任何明显的标志（有受害人家属 13 日上午所拍视频为证）及适当的防护措施。建筑公司于 13 日增加了围在井口周围的石块，高度不超过 30 厘米，并设置红色塑料袋做标记，井盖直到 10 月 20 日下午才安装（我们于 20 日下午已到现场证实，并拍摄照片）。

  工业大道延长线宽约 10 米，与该地区的重要通道交汇，且为居住在该地区的学龄青少年上学必经之路，我们到达现场的时间是下午 5 点到 6

点之间，正是放学时间，5分钟内就有十多个学生骑自行车经过此处。下水道口位于十字路口，人流量大，且交叉斜路有较大坡度，极易发生安全事故。

　　现场考证，下水道口无绕行标志，无路灯，无危险提示，无护栏，只有几块简单的石头阻挡，且石头低于30厘米，并且放置散乱（有照片为证）。

　　可作证人员为陈某同学（事发时与其同行，并送其至医院）、陈某父亲同事及经常路过该路口的附近居民等。并有电视台新闻录像等视听资料。

3. 实验步骤。

步骤一：将学生分成若干小组，每组确定一名汇报人。

步骤二：发阅读材料给学生，学生阅读咨询计划，事实调查，法律研究等相关材料。

步骤三：各小组讨论，并要求对发现问题做好记录，填写咨询评估表。

步骤四：各小组汇报咨询评估情况。

步骤五：点评，总结咨询评估。

4. 讨论与思考。

（1）咨询评估表的内容有哪些？

（2）对于咨询计划，咨询步骤，学生与当事人之间关系的评估完整与否？

（3）做咨询评估时，你觉得最大的难点是什么？

（4）对整个咨询过程的回顾，哪些是需要下次咨询注意的地方？

（5）根据咨询评估的要求，将上述评估表填写完整。

四、综合模拟演练

实验项目：综合咨询模拟演练

1. 实验目的：咨询的技巧训练。

提示：本实验目的是让学生体验咨询的全过程，让学生掌握各个环节的重点，充分展示其所学的专业知识与咨询技巧，检验自身的专业能力与应变能力。当事人与律师角色的设置，可以让学生换位思考，体验不同角色的心理特点，双方快速建立信任关系，使沟通工作容易展开。同时，这也是教师观察学生的表现，检验教学成果的过程，通过综合训练，可以对教学方法与教学模式进行总结与反思，找出需要完善和改进之处，为以后教学提供更好的经验。

2. 实验素材。

【案例】

　　江某陈述：江某，女，50 岁，丧偶，有一个儿子于某在高校食堂工作。几年前经人介绍与比她大 15 岁的孙某（退休教师）相识并结婚，此时，江某的儿子已成年，以给人打工为生。孙某自身有两个女儿，均已出嫁，生活安定，唯一的儿子因贩毒、吸毒被判刑，家里的积蓄都被他败光了。江某和孙某结婚后，住孙某单位分的两室一厅福利房（江某无房）。为了照顾家庭，江某辞职回家，照顾孙某的生活起居，两人靠孙某的退休金生活。同时，江某每月去郊外的监狱看望孙某的儿子 1 次，并送去 200 元生活费。直到 2009 年，由于和孙某儿子关系恶化，每月一次探望变为邮寄生活费 200 元。婚后孙某经常生病住院，江某总是尽心照顾，送饭送菜，毫无怨言，双方相处融洽。但后来，夫妻两人的关系逐渐恶化，主要是因为孙某的儿子即将刑满释放，孙某希望其儿子与他们一起生活，但江某坚决不同意，认为如果让孙某的儿子进来住，将来孙某不在了，基于他儿子之前的恶劣行为，他儿子一定会占住房子，撵她走。到时她们孤儿寡母，无依无靠。与其等到那时，不如现在就离婚，分割财产。

江某想知道：

（1）她现在提出离婚，能否分到一部分房产和财产。

（2）如果离婚，她有没有权利要求孙某每月给她生活费。

（3）如果不离婚，她怎样做才能保护自己的利益。

江某补充资料：

　　当初江某和孙某结婚时，孙某和孙某的女儿都表示只要江某好好照顾这个家庭，待孙某百年之后，这个房子就归江某。江某想，孙某为人不错，再说作为妻子照顾孙某十几年，不愁吃喝，最后得到一处房子，也算是为儿子攒下家产。没想到伺候了他这几年，到头来他却要把他的儿子接来，还扬言："你可以住我的房子，但你儿子没权住我的房子。想为你的儿子要房子，休想！房子早晚是我儿子的！"孙某工资卡上存有四五万块钱，都是结婚后攒的。但孙某从来没告诉过她密码，还说："这钱与你无关，是我的工资。"

房子上的名字是孙某的，房改政策下来后，房子还需要补交 3000 元，江某想反正将来房子是自己的，就用自己的钱取了 3000 元交了。房产证还没下来，据说年底所有的证件都能办下来。她听人说，他们的房子市场价至少值 15 万元。

3. 实验阶段与步骤。

第一阶段：制定咨询计划的练习

步骤一：将学生分成两组，每组两名"律师"，两名"当事人"，一名观察员。

步骤二：发给律师组学生"江某陈述"部分，发给当事人组学生"江某陈述"和"江某补充资料"部分。

步骤三：对扮演"当事人"的学生进行角色模拟指导：

（1）除非律师问及，不要主动陈述补充资料内容；

（2）情绪是焦急、气愤的、激动的，急切想知道自己的处境、相关的法律规定；

（3）讲出自己想到的解决方案，跟律师组探讨是否可行，法律上有没有依据。

步骤四："律师组"学生制定咨询计划：

（1）根据案件资料，列出当事人的目标；

（2）根据案件资料，填写案件信息表；

（3）拟订备选方案，填写备选方案表；

（4）设计咨询计划——咨询内容、步骤、应当注意的问题等。

第二阶段：更新资料，完善信息表

步骤一：正式咨询前询问当事人最新信息，完善信息表。

步骤二：律师方讨论：

（1）是否获得了较为全面的资料？

（2）是否明确了当事人的总目的？主要目的？次要目的？

（3）根据调查的事实，认为法律条文的检索和法律研究是否充分？是否足以提供咨询？

（4）与当事人之间的关系怎样？

当事人讨论：

（1）是否有机会提供所有的信息？

（2）是否提供了所有的信息？

（3）律师是否理解自己？

（4）律师的语言、反应、提问与回答问题的技能如何？

第三阶段：正式咨询

步骤一：律师方讨论：

（1）咨询中，律师与当事人之间采用哪种模式？

（2）备选方案是否完善？

（3）律师在当事人最后的决定中起了哪些作用？

（4）律师对咨询是否满意？

（5）有哪些经验或教训？

（6）律师在咨询过程中，是否有性别意识？如果有，是否对咨询产生影响？

步骤二：当事人讨论：

（1）律师咨询计划是否准备充分？

（2）律师的解释是否详实、全面、易懂？

（3）律师是否对备选方案有倾向性，是否对自己的决策有影响？

（4）对于最后的选择是否满意？

（5）态度如何？是否让人放松、信任？

（6）你希望律师在哪些方面有所改进？

（7）在咨询过程中，是否有性别意识？如果有，是否影响你的决定？

第四阶段：评估与反思

步骤一："律师组"学生进行咨询评估；

步骤二：评估咨询计划；

步骤三：评估咨询内容、步骤；

步骤四：评估咨询中的职业道德；

步骤五："律师组"学生对咨询各个部分的评估综合，形成咨询评估表。

4. 讨论与思考。

（1）写出整个咨询过程中，你哪个环节掌握得还不够，什么问题最让你棘手。

（2）根据实际的咨询，你认为实验中还需补充哪些实验步骤？

（3）对咨询实验的设计有什么建议？可以提出新的实验项目。

（4）对咨询这一章节的学习，你有何心得？有没有好的建议让教学有所改进？

第五节　咨询的课后练习

【案例1】

参见第三章第七节课后练习案例1。

练习：

1. 怎样制定咨询计划表？

2. 这张咨询计划表偏重哪个方面？

3. 你在制作咨询计划表的过程中，有什么心得以及自己以后需注意的地方？

4. 针对此类特殊敏感的案件，咨询过程中应该如何措辞，如何把握当事人心理？

5. 是否把握了当事人的目标，有哪几种方案？

【案例2】

当事人张某系某单位退休职工，单位进行房改时，张某可以出一笔钱将单位房子买下，自己成为产权人。但当时，张某的女儿女婿一家没有房子住，便与张某商量，由其女婿出购房款，把张某单位的房子买下来，女婿王某一家与张某可以一起居住，但当时双方言明房子的产权仍旧是张某的，女婿王某一家只是暂住。但当住在一起后，张某的女儿女婿开始对张某的态度慢慢转变，王某对自己的岳父冷眼相对，不理不睬，扬言房子是他买的，他才是所有权人，女儿也坐视不管。在居住期间，王某不顾张某的反对，不考虑张某的年迈不便，对房屋大肆改装，给张某的生活带来很多不便。不仅如此，王某对张某不断施加精神压力，并多次暴力威胁，干涉张某的交际，并诽谤张某，严重影响到了张某的生活自由，使当事人张某一直生活在没有安全感的环境中。张某多次提出要求其女儿女婿搬离他的房屋，但遭到拒绝与谩骂，王某声称房子是他出钱买的，该腾地方的是张某。张某认为其女婿一家在其屋子居住是租住性质，即使女婿出钱买了这房子，只能算这几年来的租金，张某才是房子的产权人，王某的行为侵犯了张某的财产权。

张某前来咨询，寻找救济途径，希望能通过调解就调解，实在没办法就采取诉讼的办法，但因为考虑到家庭内部矛盾，最好能和平解决问题，不太想闹上法庭。

练习：

1. 正式咨询前，是否询问了当事人张某的想法有没有改变，对方的态度有什么变化，有没有双方坐下来协商的条件？

2. 该案件的正式咨询步骤应该怎么设计？

3. 咨询的步骤包含哪些内容？

4. 有没有对重要的情况进行事实调查，比如对房产证上姓名的真实性？

5. 咨询过程中，需要运用哪些技巧？

6. 有没有向当事人解释各个方案的特点？

【案例3】

原告吴某与被告 A 银行发生储蓄合同纠纷，原告吴某诉称：原告到被告处办理个人外币储蓄手续时，得知存款额要高于 5000 美元；低于 5000 美元的，必须接受被告提供的个人理财服务，并向其缴纳相应服务费。原告表示只办储蓄，不要个人理财服务，不愿支付服务费，但被被告拒绝，以致双方不能缔结储蓄合同。为不特定社会公众提供储蓄服务，是商业银行的法定义务。银行从事储蓄业务，是对社会不特定公众的要约；储户持币开户，已构成承诺。银行没有限制储户必须存款多少的权利。被告利用优势地位以 5000 美元划线，强迫低于此数的储户接受其提供的个人理财服务，实际是变相搭售，剥夺原告对金融服务的选择权，并以服务费方式变相剥夺储户获取利息的权利，有违诚实信用原则。被告这种行为是对小额储户的歧视，给原告造成了一定心理伤害。依照《中华人民共和国合同法》（以下简称《合同法》）第42条规定，被告在缔约过程中的这一行为，侵犯了原告的合法权利，应当对因缔约过失给原告造成的损害承担赔偿责任。请求判令被告赔礼道歉，赔偿原告为此次储蓄而支出的往返路费34元（以下未另外注明的货币单位均为人民币）。原告提交以下资料：

1. A 银行支行营业大厅门口的监控录像，用以证明吴某为存款曾到 A 银行支行。

2. A 银行支行的柜台业务说明、柜台宣传资料以及 A 支行理财顾问的名片，用以证明因 A 支行以理财服务费为名收取不合理费用，吴某未办理储蓄。

3. 面额分别为 14 元和 20 元的出租车车费发票两张，用以证明吴某的损失。

练习：

1. 对原告提交的资料进行判断取舍，看哪些是与案件有关的？
2. 怎样让当事人接受你的专业决定？
3. 给当事人制定的方案是否符合当事人的目标？
4. 咨询完后，制作一张咨询评估表。
5. 咨询评估表需要包括什么内容？

【案例 4】

当事人贾某将其位于 A 市 B 街 22 号的私有房屋（面积为 36.4 平方米）出租给李某进行个体经营使用，贾某收取租金。2006 年 A 市土地管理局在清理整顿城镇土地市场中发现贾某擅自出租土地，于 2006 年 12 月 13 日给贾某下发通知，限其于同年 12 月 17 日到市土地管理局办理土地使用权出租手续。贾某按期到该局办理手续时，该局要求贾某先签订土地使用权出让合同，补交土地使用权出让金，方能办理土地使用权出租手续。贾某以补交土地使用权出让金无法律依据为理由，不予交纳，故土地使用权出租手续也未办理。2002 年 6 月 6 日 A 市土地管理局依照《中华人民共和国城镇国有土地使用权出让和转让暂行条例》（以下简称《暂行条例》）第 28 条、第 31 条、第 45 条、第 46 条和《某省土地管理实施办法》第 20 条第 1 款之规定，对贾某作出行政处罚决定：1. 处以罚款，按所得总额的 20% 的标准执行；2. 补交土地使用权出让金，并依法办理登记。贾某不服，称：A 市土地管理局作出的处罚决定，在程序上和实体上都与我国法律、法规相悖，某省关于《城镇国有土地使用权出让和转让的实施办法》尚未公布，故被告让补交土地使用权出让金无依据，属滥收费、滥罚款，请求法院撤销被告的处罚决定。

练习：

1. 模拟咨询过程，分"当事人"组与"律师组"进行角色扮演。
2. 行政案件的咨询，需要注意哪些方面？有没有特有的咨询技巧？

3. 咨询中，当事人提交了新的资料，并提出新的目标，你该如何应对？

4. 如果咨询过程中，当事人对你的方案不满意，你怎么办？

5. 如果发现当事人的理由站不住脚，该如何使当事人明白？

第六节　咨询的拓展阅读资料索引

一、著作类

1. 李傲著：《互动教学法——诊所式法律教育》，法律出版社 2004 年版。

2. 美国 ASPEN 出版公司著，中伦金通律师事务所译：《律师执业基本技能：会见、咨询服务、谈判、有说服力的事实分析》，法律出版社 2006 年版。

3. 中华全国律师协会著：《律师执业基本技能》，北京大学出版社 2007 年版。

4. 杨立娟主编：《大律师之金口才》，法律出版社 2007 年版。

二、论文类

1. 陈爱华：《律师解答法律咨询的基本步骤与要求》，载《律师世界》1995 年第 8 期。

2. 黄晓辉、李溢明：《构筑实践平台 培养综合素质——以大学生法律咨询与援助中心为视角》，载《福建政法管理干部学院学报》2008 年第 2 期。

第五章　谈　　判

第一节　谈 判 概 述

一、谈判的定义及其社会角色定位

谈判是指能够互取所需的双方或多方当事人为了达成各自的需求或者为了维护各自的利益，而自愿进行私力的、非法定程序的信息传递或交换，并在此基础上予以协商的过程。谈判的双方可以是案件的双方当事人，也可以是当事人聘请的律师。

美国谈判专家威恩·巴罗认为：谈判是一种双方都致力于说服对方接受其要求时所运用的一种交换意见的技能，其最终目的就是要达成一项对双方都有利的协议。由此可见，谈判的最终目的还是落脚于互惠互利。一项争议如果能够通过谈判解决，将会比通过诉讼或者其他途径解决花费更少的成本。因此，双方在能够从彼此那里满足各自的需求，并且通过谈判比通过其他方式更为经济时，双方便会进行"圆桌会议"。也就是说，这个时候双方有了谈判的前提。如果双方能够在谈判过程中冰释前嫌，化干戈为玉帛，那么最终能够得到令彼此都满意的结果。

现代社会，人们更加讲究"经济"和"效率"，崇尚互利合作，追求双赢局面，谋求共同发展，谈判越来越受到人们的青睐。更有人把谈判看成是法律职业中诉讼的一个方面。在美国超过95%的民事纠纷并非是通过司法途径解决的，而是通过谈判解决。而即使是进入诉讼中的纠纷，很少是通过法院裁判解决，更多的纠纷还是在上诉过程中双方通过谈判的方式予以解决①。谈判应用的领域已经不仅仅局限于非诉讼阶段和诉讼阶段中平等民事主体之间。刑事

---

① ［美］X. M. 弗拉斯科纳，H. 李·赫瑟林顿著：《法律职业就是谈判——律师谈判制胜战略》，高如华译，法律出版社2005年版，第3页。

公诉案件、行政管理及行政赔偿领域都闪烁着谈判的智慧。从而谈判从私权利领域扩张到了公权力领域。

美国一项重要的司法制度辩诉交易（plea bargain），就是在法官开庭审理之前，处于控诉一方的检察官和代表被告人的辩护律师进行协商，以检察官撤销指控、降格指控或要求法官从轻判处刑罚为条件，换取被告人的认罪答辩（plea of guilty）。在行政管理领域，"服务行政、积极行政、参与式行政为主的现代行政管理模式，已逐渐取代了惩罚、命令为主的控权式管理模式。行政管理相对人与行政机关之间基于自愿的支持和配合而形成的行政行为的模式日益增多，行政合同、行政奖励、行政给付、政府法律援助等一系列新型行政行为正走向形式化与规范化。政府在上述行政行为的实施过程中，尊重民众意愿，鼓励民众参与，在政府与公民之间的沟通过程中，协商和谈判成为政府行政管理的重要环节。而行政诉讼案件中，通过谈判解决纠纷的数量也在呈现逐年上升的趋势"。①

二、谈判的四个基本构成要素

谈判是协商的过程，这个过程是一个有机联系的整体。一般地说，谈判由四个基本要素所构成，即谈判主体、谈判议题、谈判方式和谈判约束条件。

（1）谈判主体：谈判主体就是指参加谈判活动的双方人员。在法律谈判中，谈判主体可以是纠纷的双方当事人，也可以当事人所授权的律师。谈判活动归根到底是谈判人员以各自的需要为出发点进行的讨价还价。谈判能否取得成功，与谈判双方的共同需求息息相关，与谈判主体本身的谈判技能也密不可分。

（2）谈判议题：谈判议题就是指在谈判中双方所要协商解决的问题。没有谈判议题，谈判便无从开始。谈判议题可以是立场观点方面的，也可以是经济利益方面的，还可以是行为方面的，也可以是基于心理需求。并不是所有的问题都能够成为谈判的议题，一个问题大致上需要满足如下条件方能成为谈判议题：一是它对于双方的共同性，亦即这一问题是双方共同关心并希望得到解决的，双方有共同的需要。如果不具备这一点，就失去谈判的前提条件。二是问题具有可协商性。也就是说，问题可以通过谈判的方式得到解决。三是谈判议题的"利害关系性"，也就是说议题与双方的利益密切相关。

（3）谈判方式：谈判方式指的是谈判人员之间对解决谈判议题所持的态

---

① 李傲：《互动教学法——诊所式法律教育》，法律出版社 2004 年版，第 266 页。

度或方法。谈判的方式很多，依据不同的标准，可以作出不同的分类。

如果以谈判者的心理倾向性为标准，谈判方式可划分为常规式（多用于固定客户之间的交易）、利导式（通常使用将计就计、投其所好的谋略）、迂回式（利用某些外在条件间接地作用于对手）和冲击式（使用强硬手段给对方施加压力）。

如果以谈判者所采取的策略、态度为依据，则谈判方式可有合作式、对抗式和混合式三种。采取合作式的谈判者希望避免冲突，谈判双方都准备作出让步，根据公平的标准来做决定，采取灵活变通的方法，以寻求谈判双方各得其利、均有所益的最佳方案。对抗式下的谈判者态度相对比较强硬。他们往往从自身利益的最大化出发，以牺牲对方的利益来满足自身利益为目的。混合的谈判方式就是谈判过程中包含了合作和对抗两种方式的转换。

（4）谈判背景：谈判活动作为一个有机整体，除了以上三个方面的要素之外还得考虑其他对谈判具有重大影响的因素。我们把这些因素统称为谈判的背景，也就是谈判的客观条件。约束谈判的客观条件繁多，比如谈判的时间和场所，谈判的人员组成结构及分工，分开谈判还是一起谈判等。这些因素共同构成谈判的背景，对谈判的进行起着相当大的制约作用。所以，我们也把它列入到谈判的构成要素中。而在谈判的背景中，谈判地点的选择显得非常重要。一般来说，如果条件允许，谈判地点选择在自己工作的地点最为适宜。在自己熟悉的环境下与人谈判心理压力相对较少，并且也方便随时索取相关资料。如果对方不同意到己方的工作区域内谈判，而不得不选择其他地点谈判时，那么尽量避免到对方的区域去，选择一个中立的地点，保证地点对双方都无优势①。

三、谈判的三个阶段

谈判的整个流程可以分为以下三个阶段：

（一）谈判准备阶段

这是谈判的第一个阶段。在双方进行正式接洽前应当为谈判工作做好充分的准备。要想使谈判工作顺利地开展，就必须做到"有备无患"。具体来说谈判工作需要做如下准备工作：

首先，确定谈判核心，也就是本次谈判所要达到的基本目的，收集谈判可能用到的所有资料，包括对方当事人的情况，需要用到的法律法规条文等。而

---

① 王丙毅、李红心：《谈判技巧——准备》，载《党员干部之友》2001 年第 6 期。

且必须确保所获信息的真实性，这样才能在正确信息的基础上分析整个谈判中的问题，以制定相应对策，使自己在应对谈判过程中出现的突发情况时更加从容。

其次，对所收集到的资料进行分析，分析对己方谈判有利的条件，以及不利的条件。对于不利的条件和因素进行对策分析。同时，需要对对方的优劣势进行一个分析，做到"知己知彼"。之后确定一个己方谈判的上、中、下策，下策通常就是"底线"。

再次，建立在以上两个步骤的基础上，谈判者可以预测确定谈判的模式，想好谈判中可以运用什么样的谈判技巧达到最佳谈判效果。

最后，预见谈判中可能出现的困难和挑战以及应对这些情况的对策。万一谈判失败，己方可以通过其他什么方法来达成目的。如果己方参与谈判有多个人，要明确成员间的分工与配合，把握好谈判的进度和节奏。

在这些准备工作都做了之后可以制定一张谈判计划表。任何谈判都应有一个完整的谈判计划。一个正确的谈判计划首先要明确自己的谈判目标是什么，对方的谈判目标是什么，并把双方的目标进行比较，找出双方利益的共同点与不同点。对于双方利益一致的地方，应该仔细地列出来，并准备在以后正式谈判中摆在桌面上，由双方加以确认，以便提高和保持双方对谈判的兴趣和争取成功的信心。同时，又为以后解决利益不一致的问题打下基础。做了以上的准备，即使谈判中出现意外情况，相信比没有准备应对起来会更加轻松自如。

（二）正式谈判阶段——交锋阶段

这个阶段是谈判双方正面接洽协商的阶段。双方可能为达成互利而相互作出让步，也可能彼此为了各自的利益而互不相让。谈判到底在怎样的一个气氛下进行？谈判的开场白如何进行？运用什么谈判技巧以达到目的？什么时候该"乘胜追击"？什么时候又该"按兵不动"？己方是否作出让步？在多大程度上作出让步？如何把握谈判的进程？这一系列的问题都是谈判中可能会遇到的问题。这需要谈判者视具体的情况及时采取应对方法，调整自己的谈判策略。因此，这个阶段也是最考验谈判双方律师或者当事人谈判技能的阶段。

（三）谈判终局阶段

谈判结束后，要对本次的谈判活动做一个总结和评估。看看此次谈判和原定计划有什么差距，差距在哪，分析导致差距存在的原因，总结此次谈判的成败得失，为以后谈判积累经验教训。要考虑有无再次谈判的必要性和可能性。

四、谈判议题

谈判到底围绕什么内容展开，也即它涉及什么范畴，归纳起来包括：①

（一）经济利益

分配经济利益是谈判的主要内容。经济利益，有眼前利益和长远利益；有既得利益和预期利益；有谈判者的个人利益和其他相关人的利益；有行为之前的利益期待和行为之后的利益主张。多数谈判的当事人之间存在经济利益关系，维持或结束经济利益关系的需要使谈判成为可能或是必要的。

（二）行为权利

谈判的内容还包括行为权利。如无行为能力人的监护权、专利使用权、商家独家买断某种商品的权利。经济利益常隐藏在行为权利的背后，如交付购货定金，意味着在一定期限内卖主不得将商品卖给订货人以外的其他人；房屋出租人有义务为按时交付租金的租户维修房间。

（三）自主权利

争取自由、自主的权利，不仅是心理需要，也是行为需要。谈判中的一些事项，是因一方对自主权利的追求和另一方的限制或禁止行为引起的。比如，家长对孩子的行为方式和行动时间的限制；家庭中夫妻一方对另一方的工作性质、时间、地域等方面的限制；邻里之间对"晚归"或"噪音"的限制；雇主对雇员工作种类的选择权的限制等。自主权利是人的基本权利，争取自主权利可能有明确的法律依据，也可能没有明确的法律依据，而只是要求他人对自身基本人权的尊重。

（四）心理需求

一些心理因素甚至能决定谈判的结果。事实上，有些争议就是由于当事人的情感、心理等方面的需求引起的。如在一场消费者与商家的谈判中，消费者坚持要求商家道歉，这种要求同经济赔偿要求处于同等重要的地位。因为消费者对商品质量不满，同时对商家的服务态度、责任心不满意，认为只有道歉才意味着商家承认自己在态度和责任心上的错误，只有承认错误，才有可能达成协议。争取"探视权"的谈判，也是为了满足一种心理需求。对心理需求的满足，虽然不同于"实实在在"的经济利益，但它与人的基本权利、人格尊严密切相关。

---

① Robert M. Bastress, Joseph D. Hanbaugh. Interviewing. Counseling, and Negotiating: Skills for Effective Representation. Aspen Publishers: p. 240

（五）名声信誉

无论是个人或是组织，都可能"为名誉而战"。知名企业、知名品牌严厉禁止他人冒用或仿照他们产品、商标，因为那样造成的不仅是经济上损失，冒牌货还毁坏了他们的名誉。他们小则谈判解决，大则对簿公堂，常常不惜血本一追到底。同样，一个实力雄厚的大公司和一个濒临倒闭的小企业之间产生经济纠纷，大公司愿意选择谈判解决，而不愿意通过诉讼将小企业推向破产，也是为了维护大公司的形象和名誉。

（六）维持关系

有着特殊关系的谈判各方，为了维持关系选择谈判解决。如雇主和雇员之间产生矛盾，如果双方仍互相需要，他们宁愿通过内部谈判解决，以维持今后的合作关系。家庭成员之间、同事之间、有长期供应关系的供需双方之间，选择谈判和左右谈判局势的一个不容忽视的因素是他们之间的特殊关系。

（七）其他需要

除上述范畴之外，人还有许多基本的需求，如人对生活质量、安全感、归属感、被认同感等方面的需要。因而，相对于诉讼，谈判方式解决争议更充满人性化，更具备个性化。谈判中，代理人不能忽视任何一方所关心的任何利益范畴，否则难以找到解决问题的契合点。

第二节　谈判的模式和策略

一、谈判模式

（一）谈判的两种模式

谈判的目的是寻求满足双方利益的解决方案，但谈判中所体现的气氛和所运用的谈判策略会各不相同，这就体现为不同的谈判风格。我们把谈判风格又叫做谈判模式。主要有两种：一种是合作型谈判（双赢谈判），一种是对抗型谈判（非输即赢的谈判）。

1. 合作型谈判（双赢谈判）：谈判双方的目的是共同合作以解决问题，因此谈判时双方自愿融入合作关系。谈判的重点在于问题本身，而非双方的情况，并且谈判更关注于将来的合作。双方在谈判前就已经有良好的关系，比方说已经建立或者即将建立长期的合作关系。这种关系可在谈判中成为润滑剂，有利于合作协议的达成。在信息提供方面，双方都愿意提供确切的信息，也愿意分享背后的原因。谈判双方会共同努力，本着公平的原则来分配权利和承担义务，致力于达成双方都满意的结果。合作型谈判往往在公司合伙人、生产商与销售商、房东与租户、共有财产的所有者等之间发生。

2. 对抗型谈判（非赢即输的谈判）：完全不考虑对方的需要和利益，往往只关注如何使自己的利益最大化。例如，关系不佳的劳资双方进行谈判。谈判双方往往存在较大的冲突，谈判中表现为：很少有双方信息的交流，只是一连串的提出条件及遭受拒绝，谈判中双方僵持不下的局面时有发生。而在谈判的程序方面，两方难以达成一致意见。这种谈判模式在以下情况中出现较多：合伙组织解体后合伙人进行财产分割，人身损害要求赔偿，要求保险公司理赔等。

（二）两个模式的区别①

通过对比谈判策略，我们能够发现两种谈判模式至少存在三点不同：

1. 对对方的态度：合作式谈判，谈判者对对方的态度是希望了解对方更多的信息、需求，希望满足对方的需求。对抗式谈判，谈判者更关注本方的情况，如果掌握了某些对方的信息，特别是对对方不利的信息，则利用这些不利信息警告、要挟对方，以迫使对方屈服。

2. 对利益的分析：合作式谈判，双方都期待能在谈判中发现其他可以促成谈判成功的信息，在可接受的情况下愿意为对方提供便利，以此扩大本方的利益。为此，他们都做了心理上、策略上的准备。双方相信，他们会通过谈判扩展他们的关系，他们希望互利、互助、互通有无。对抗式谈判，双方将目光集中在各自的利益上，他们谈判的目的是满足个人的利益追求。由于将谈判标的局限在"钱"上，他们在利益分配上认定双方是你多我少的对立关系，因此互不相让。

3. 对前景的估计：合作式谈判，双方对前景的估计是积极、开放、乐观的，如果谈判没有成功，他们只是没有获得，但也不会感觉是损失。至少在相互关系上、在心理上、在道德感上没有损失。对抗式谈判，双方对前景的估计是相对消极、封闭、狭窄的。如果没有成功，通常是：我没得到，你也别想得到。心理上会有损失感。

然而，上述划分并不绝对，没有两个人的指纹是完全相同的，同样，也没有两个人的利益需求是完全相同的，只要善于寻找各自的不同利益需求，扩大谈判可能涉及的范畴，就有可能将看似对抗的关系转化为合作互利的关系。谈

---

① 参见李傲：《互动教学法——诊所式法律教育》，法律出版社 2004 年版，第 274 页。

判一方所表现出来的合作态度，也极大地影响着另一方的态度，从而改善谈判的气氛和模式。

二、谈判策略

谈判人员为了达到预期效果，会采取一些可能达成目标的措施，这些谈判中运用的措施就是谈判策略。任何一项成功的谈判离不开谈判策略的巧妙运用。一个优秀的谈判者必定深谙谈判之道，面对各种情况能够巧妙运用谈判策略达成目标。下面将简单介绍一下对己方有利的几种谈判策略，其主要措施有：

（一）先紧后松

这是指在谈判中己方为了达到自己预定的目的，先向对方提出苛刻要求，然后再逐渐让步，以此来获得己方的最大利益。就是谈判之初对于己方利益抓得很紧，到后面进一步协商时，在次要问题上多处作出让步。以让对方感受到你已经作出巨大牺牲，从而可能换得对方对己方提出的要求的让步。

例如：在大批量的货物买卖中，买方想在购买数量不变的前提下让卖方降低价格。于是，买方采用了"先紧后松"战术。买方在货物品质、运输方式、交货时间、交货方式和支付条件等几方面，先提出苛刻的要求，但同时要让对方感受到有协商的余地。否则很可能因为你一开始提出的条件太过苛刻，卖方根本不想与你进行交易。紧接着在针对这些条款的讨价还价中，买方尽力使卖方感到自己与对方进行交易的诚心，并且己方在好几项交易条件上都忍痛作了让步。此时要求卖方在价格上作出让步的可能性就会大大增加。

但是任何一项策略必然利弊兼存。在此项策略的运用中，"紧"和"松"的尺度的把握需要有个限度。太紧可能阻止进一步的协商谈判，太"松"己方利益则可能受损，从而得不偿失。因此，在谈判前需要考虑清楚哪些问题可以让步，让步的多少，确保每一次的让步都会换来更大的利益，物有所值。

（二）声东击西

就是"醉翁之意不在酒"，"顾左右而言它"。是指在谈判中故意绕开问题的核心所在，去谈相反的或其他不重要的问题，借以转移或分散对方注意力，缓解紧张气氛。这样可以乘其不备实现己方目的，或者是对方放松了警惕和戒心而暴露了真实目的。采用这种方法往往是出于对对方的不信任，谈判者往往都很注意隐藏自己的真实目的。

举个例子：某女去服装店买衣服，看中了一条蓝色的格子裙。但不直接去问这一条蓝色格子裙的价格。而是跟老板说："我想买一条质量好的裙子，麻烦你推荐一下。"此时老板可能向她推荐质量好且价格高的裙子。该女表示对这条质量好的裙子很感兴趣,并且问很多关于这条裙子的相关信息,并且问它的价格。当老板告诉她价格后,她说:"倒是想买,就是太贵!"此时老板很可能要解释这条裙子贵的原因。而后该女很随便地指着那条蓝色裙子问老板:"刚才那件裙子质量确实不错,就是贵了一点,这条呢?看起来和刚才的也相差不远,那它多少钱啊?"老板有可能为了说服她买那条贵的裙子,告诉她两条裙子的差别有多大。通过这个介绍,该女获得有关蓝色裙子质地的信息,而此时老板给她的蓝色裙子价格一般会是一个较实在的价格。

(三)攻心策略

上面的例子不一定会获得成功,但确实说明谈判的过程也是一个心理战的过程。攻心策略是利用谈判对手的心理来达成己方的谈判目的。攻心策略的几种常用手段有:

1. 设定最后期限的方法。例如,在一场商品买卖的谈判中,如果你作为卖方,看到对方很有购买的意图,但是在价格方面还在犹豫,你在谈判中透露期限信息给对方,告诉对方这个价格过了这个期限之后就会上涨,或者优惠活动只做最后几天等。此时可能给对方产生心理压力,感到"机不可失,失不再来",心理上有一种紧迫感,从而作出让步。

2. 强硬态度策略。谈判中采取比较强硬的态度,比如遗憾、不悦、霸气、愤怒等爆发行动使对方感到压力,或使对方相信本方已达到底线,从而作出让步。但是这种手段可能只对新手或软弱型谈判者起作用。运用该手段的风险在于,一旦对方掌握真实信息,本方即在后面的谈判中失去信任。

3. 苦肉计。对对方动之以情、晓之以理,说明自己的困境,感谢对方的支持,"示弱",有时会收到事半功倍的效果。

(四)疲劳战术

该战术是较量双方的耐心、耐性和意志。这个战术的常用手段是:己方对于对方所提出的要求不让步,坚守"阵地",同时多个谈判员轮番上场进行谈判"轰炸"。对于注重时间和效率的谈判对手,采取重复、慢节奏、循环往复的回合谈判来损耗谈判时间,造成谈判的低效率,迫使对手作出让步。疲劳战术有利于消磨谈判对手的锐气,考验对手的耐受力,如果不致于让对方忍无可忍、拂袖而去的话,可能会因此使己方获利。

(五)出奇制胜

"出奇制胜"的意思就是要让对方感觉措手不及,在出其不意中获得谈判胜利。这种策略的表现如下:谈判中突然改变思路、手段、观点或方法,使对方在没有准备的前提下仓促应对。如果谈判中遇到对手采用这种策略时，首先应当保持镇定，不要轻易下决定，可以要求暂停，仔细思考过后再来继续谈判。这样才能"处变不惊"。

（六）趁热打铁

这是指在已经取得对方一定让步的基础上，抓住有利时机，趁热打铁，一鼓作气，巩固和确定谈判成果，"落袋为安"。这一策略的核心是：己方利用对方在某一阶段的让步、犹豫或失误，尽快推进谈判进程，明确各方权利义务，在对己方最有利的情况下签订谈判协议，结束谈判进程。该策略要注意把握时机、反应灵敏且不动声色。但不主张在谈判内容明显不公平或对方对谈判内容有重大误解时签订合同，否则可能面临对方反悔或合同无效的后果。

第三节　谈判策略中的替代方案（BATNA[①]）

谈判前固然要选择最优方案，但是这并不意味着方案是唯一的。为了预防谈判中的突发情况，应当学会制定替代方案，这也是谈判的保险措施。替代方案最大的价值在于：替代方案保证谈判底线。如果没有替代方案，谈判者可能"一条路走到黑"，在谈判中处于被动地位；可能面对对方的策略或突发事件措手不及，导致己方利益受损。但是如果事先想好了谈判的替代方案，就可以在谈判触及底线或对方坚持己见时，及时采取其他办法。比方说：你想有一辆自行车以方便出行，能够承受的最贵的价格是 250 元。但是对方的新车非 280元不卖。所以此时你可以选择去别家买，或者改买一个好一点的二手自行车，或者先租一辆车。

在买卖合同中，双方都希望通过谈判达成协议以实现互利，交易中双方都有替代方案。如果合同双方对于各项条款均能通过协商达成协议，谈判即告成功。如果双方无论如何无法达成一致，双方可能放弃谈判。因为放弃谈判对于他们来说，失去的仅仅是一次交易的机会和所花费在谈判上的时间。所以，在这种谈判中，此番交易机会对双方同样重要，谁在谈判中都有可能处于相对劣势的地位。美国 X. M. 弗拉斯科纳和 H. 李·赫瑟林顿把这种情形称之为"失去机会"替代方案。

有些情况下，虽然双方都有各自的替代方案，如果谈判不成功，双方都可以使用替代方案，但是替代方案的使用不利于任何一方，会造成两败俱伤。这

---

① BATNA：Best Alternative To a Negotiated Agreement.

时双方都有可能让步，只是看哪一方让步更多。例如：员工和公司因为工资待遇问题产生纠纷，员工代表与公司决策层谈判。虽然员工可以将集体罢工或提起诉讼等措施作为替代方案。但是一旦罢工，可能导致严重的损失使得收入更加降低，甚至可能使自己失去这份工作。若是诉讼，则要花费大量的经济和时间成本。对于公司而言，工人罢工，企业生产线就会完全瘫痪，将会对其造成很大的经济损失。当然可以另请高明，但招聘同样需要时间成本和经济成本，而且工人罢工毕竟会影响到公司的声誉。所以上述替代方案对于双方来说都要冒巨大的风险，一旦实施，需要付出很大的代价。可见，替代方案是以防万一的措施，是不得已而为之的措施，也是"防患于未然"的措施。

具体到一项法律纠纷，双方私下谈判协商解决问题，最终使纠纷化解于谈判阶段是最好的选择，如果无法达成一致，就只有采取替代方案。可能的替代方案有第三方介入调解、诉讼、仲裁、投诉、信访等。其中，通过诉讼手段来解决问题是常见的替代方案。

第四节　谈判者应具备的基本素质和品格

一、谈判者需要具备的基本素质

谈判，特别是涉及一些重大问题的谈判，实际上是一门相当困难、相当复杂的社交艺术。既不是人人都能胜任，也不是只要手中握有决策权的人就一定能够取得谈判的成功。因此作为一个谈判者，特别是重要谈判中的主谈人员，至少应具备以下几项素质：[1]

（一）知识储备

作为一个谈判者，应当具有谈判所涉议题的丰富知识，至少对自己所要谈判的问题做到心中有数。而作为谈判者的律师，更要注意知识面的扩展。在法律实务工作中律师会接触到各种类型的案子，和各种各样的人打交道，在夯实自己法律专业知识的同时也应当关注其他方面的知识，如国际政治经济形势方面的知识；科技发展趋势和发展水平方面的知识；还有政策知识、天文地理、中外历史，甚至文学艺术、伦理道德等方面的知识。

总之，知识面越宽，洞察力就越深，分析力就越强，回旋余地就越大，应

---

[1]　马子麟：《谈判心理与谈判技巧》（连载一），载《管理科学文摘》2000 年第 11期。

付"场面"也就越加自如。否则，一个孤陋寡闻、知识贫乏的人，即使他手中掌握的决策权再大，他也不会用到点子上。同时，态度诚恳可亲，知识丰富，谈吐文雅，在气质上、精神上就能引起谈判对手的敬重，博得对方的好感。

（二）要掌握一定的相机处置权和决策权

除了作为先期的试探性接触的谈判代表以外，谈判人员，特别是主谈人员必须掌握一定的相机处置权和决策权。如果谈判人员只能按照事先给他规定好的框架去参加谈判，他在谈判中就很少有回旋余地，特别是遇到事先未曾料到的情况或问题发生时。诚然，在谈判之前应该有一个大致的框架，但谈判人员不要过于受到框架的约束。

（三）语言表达能力

谈判本身就是一个相互协商的过程，落脚点就是"谈"。所以对于一个谈判者来说语言表达能力非常重要。流畅的表达可以使双方的沟通和交流更加顺畅。同样一句话，稍加铺垫可能会使对方更容易接受，先讲出理由而后引出结论可能使判断更具有合理性。诙谐幽默的语言可以缓解谈判的气氛，使谈判在一个友好轻松的氛围下进行。回答恰当得体而不拖泥带水，简明却切中要害，辩论逻辑严密且客观公正，又能做到收放自如，这些需要经验积累和有意识的培养。

（四）应变能力和承受压力的能力

谈判中经常会出现突发情况。比如说对方突然提出一个新问题，或者出现僵局。此时就需要谈判者及时改变自己的谈判策略，想出应对办法，化解僵局，缓解气氛。谈判中对方可能为达成目的向己方施加压力，所以此时必须具备良好的心理素质，面对压力保持镇定，确保用清晰的头脑去应对各种情况。应变能力包括：

1. 不仅要能从对方的谈话中听出"弦外之音"，要能洞察对方的态度、意图和心境，学会"察言观色"，要善于从对方的眼神和神态表情中找出对方没有明确表示的意图。

2. 要能迅速从对方或明或暗发出的各种信息中作出准确分析，不仅要弄清对方的真实意图，而且还要发现对方的强弱点。

3. 要能迅速根据自己比较准确的分析判断作出相应的响应，采取应急对策。没有这种敏捷的反应能力，就很难驾驭谈判。稍微的迟钝和愚昧也可能导致坐失良机，贻误大事。

4. 要有灵活性和幽默感。谈判高手常常看起来轻松，自信，游刃有余。

即便观点强硬，但在语言表达上不一定咄咄逼人。谈判是协商的过程，不是辩论赛。将对方驳斥得哑口无言，不见得就会促成协议的达成。谈判人员面对谈判对手，不必神色紧张，如临大敌，明显表现出要和对方斗力、斗智的态度。轻松自然的神态和诙谐幽默的语言，使谈判能够在一种轻松愉快、耐心和谐的气氛中进行同样可以掌握主动，实现预定的目标。

（五）要有一定的潇洒风度和交际能力

服饰仪表常会给对方留下深刻的第一印象。举止尔雅、落落大方、不卑不亢、不拘谨、不张狂，保持沉着冷静、潇洒自如，同样影响着谈判的效果。在谈判桌以外的社交活动中，例如宴请、参观、互访、座谈等，要有应付"场面"，甚至控制"场面"的能力。不可拘板紧张，手足无措，更不可有失礼、失态等表现。否则将在谈判对手的心目中，损害自身的地位。

二、谈判者应当具备的品德

（一）诚实守信

在谈判中，谈判者应当做到"言必信，行必果"。诚实守信的表现有：双方都协商好的问题不轻言反悔；双方约定好的谈判时间能够按时到达，不拖拉；诚实无欺诈。当然诚实信用并不意味着毫无保留。诚实信用的同时要注意自我利益的保护。谈判中，表达意见时应客观、留有余地，有限度地提供信息，不要轻易承诺。诚实的反义词是欺骗，在谈判中采用欺骗手段为本方谋利，是违背律师职业道德的行为，而且损害律师的声誉。如果当事人企图不遵守诚信原则，在谈判中采用欺诈手段，引诱他方作出错误决定，或假意接受协议，不打算履行义务，承担责任，作为代理人的律师有义务向其阐明利害关系，指出可能有的不良后果，纠正其不正当的谈判策略。

谈判中诚实信用的作用尤为突出。谈判双方如果都能遵守诚信原则，会大大降低谈判的成本。由于谈判中涉及权利、义务、责任、利益，以承诺兑现为执行保证，信用显得更为重要。不守信用导致的不利后果，将长期损坏失信者的利益。无论是当事人还是代理人，都不应因眼前一时利益而"失信一世"。

（二）尊重他人

"尊重他人也就是尊重自己"，谈判中应当给予对方足够的尊重。言谈举止文明，这个不仅体现个人的修养，对谈判也有所助益。谈判过程中应当耐心倾听对方的观点，对于情绪激动的对方不要"硬碰硬"，可尽量想办法使其恢复平静。谈判中更不能采用暴力手段或者对谈判对手恶语相加。

第五节 谈判的实验项目

一、谈判前准备

实验项目一

1. 实验目的：制定谈判计划。

提示：所谓"知己知彼方能百战不殆"，因此在谈判之前必须做好一系列的准备工作，制定好自己的谈判计划，才能做到有备而战，使整个谈判有序进行。己方往往需要明确自己的谈判底线，对自己谈判有利的条件是什么？不利的方面有哪些？谈判地点在哪？谈判人员如何组成及其分工如何？谈判对方的背景资料？谈判可采取的模式和手段有哪些？谈判不成有何替代方案？是否需要收集法律法规等相关资料？要做好一场谈判，做好充分的准备工作十分必要。本实验的目的是让学生学会制定谈判计划，以便为谈判做好充分的准备。

2. 实验素材：案例、谈判计划书。

【案例】

何某与刘某于 2002 年经人介绍认识，刚开始感情甚好，于是登记结婚，后生有一女。由于男方何某外出打工，女方刘某就在家带孩子。但是男方在外出打工期间与同乡李某认识后两人一见如故，于是以夫妻名义同居，并且生有一子。后来男方也带着第三者返回家乡，但是两人在外租房同居，甚少回家。在何某外出打工期间，自从遇见第三者之后再没有向家里寄过家用。这些使刘某对丈夫产生怀疑，终于发现丈夫背叛自己的事实，一气之下离家出走，回到自己娘家生活三年之久。此期间女儿跟着何某与第三者生活。经发现，原来第三者的女方也是已婚人士，与何某关系甚密后于是与自己丈夫提出离婚，并办理了离婚手续。何某与刘某有房产一处，这几年在外打工何某有积蓄若干。现刘某想离婚，并且提出房产归自己，并要求何某支付其打工期间对女儿的抚养费，女儿抚养权归自己。但是何某拒绝承担抚养费，并且责怪女方出走期间对女儿不闻不问，认为女方有过错，房产不愿意全让给女方。此事闹得很大，周围邻居都知道此事，为明哲保身，无一人敢做声。女方刘某只希望解决问题，不到万不得已不想起诉。

谈判计划书

谈判主题

谈判人员构成及其分工

谈判背景介绍

谈判地点

谈判设计

    我方、对方优劣势分析

    我方目标层次分析（顶线目标、底线目标、可接受的目标）

    可采谈判方式及模式

    替代方案

谈判程序

具体日程安排

可能遇到的困难

    3. 实验步骤。

    （1）将学生分为四个小组（A1、A2 和 B1、B2），每个小组 7~8 个人，其中 A 组代表何某，B 小组代表刘某，分别为其制定谈判计划。其中两名汇报人，分别汇报本组的谈判计划内容及讨论过程。

    （2）由教师提示谈判前准备的相关知识和注意事项。

    （3）由学生针对上述案件进行讨论并最终制定谈判计划书。教师或学生助教分散至各组，或巡回观察各组讨论情况。各组有 25 分钟讨论及制定计划的时间。

（4）汇报员汇报本组讨论的情况，包括：存在分歧的地方、达成一致的问题、异议的处理情况等。其余成员可作补充发言。预设是 5 分钟汇报时间。

（5）将各组制定的行动计划进行比较和评论。

4. 讨论与思考。

同学请于实验课后思考下列问题：

（1）制定谈判计划前需要做哪些准备？

（2）以什么样的形式来开始这个谈判比较妥当？

（3）对方是否采用威胁手段，你是如何应对的？

（4）你采取了什么方式取得对方的资料信息？

（5）有无突发事件发生？如果有，如何应对的？

（6）设计谈判方案时是否和当事人进行了充分的沟通商量？

（7）对于上述案件有没必要请其他人参加，以期达到解决问题的目的？

（8）需要解决的问题有哪些？哪些是眼前利益？哪些是长远利益？

（9）是否准备了替代方案？

实验项目二

1. 实验目的：选择最佳谈判参加人与谈判地点。

提示：人们经常讲"天时、地利、人和"，谈判也讲究"地利"和"人和"，这两样因素对谈判结果具有一定影响。谈判地点的选择，往往涉及一个谈判的环境心理因素问题，有利的场所能增加自己的谈判地位和谈判力量。人们通常希望在自己熟悉的领域内交谈，这种"地理优势"能够减少内心的畏惧感。但有些谈判当事人也可能希望在陌生的环境中进行，保护个人的隐私。谈判人物的选择也相当之重要。选择不当有可能激化矛盾，导致双方根本无法沟通。有些人的参与则能起到威慑、掌控、协调关系的作用。本实验的目的就是想让同学们通过实验学会根据具体情况选择适当的谈判地点及谈判人员。

2. 实验素材。

【案例】

甲老太太年逾七十，有一子和一女。老伴已经去世，留有一座房子。儿子和儿媳妇新婚还没有房子。女儿嫁了人，按揭买的房。现老太太又身患重病，急需大笔医疗费用。现儿子和女儿双方争议的焦点如下：该房产如何分割、赡养费用的分担、医疗费用双方如何承担、老太太平时生活起居及住院期间的照料事务双方如何分工。

3. 实验步骤。

（1）利用"头脑风暴"的形式，请大家写出最佳谈判地点、谈判参加人员以及做如此选择的原因。

（2）分别汇报自己的选择结果及原因。

（3）讨论存在分歧的地方及理由。

（4）总结与点评。

4. 讨论与思考。

（1）谈判有哪些人参加更有利？仅由双方代理律师参加，还是双方当事人与律师共同参加？是否要吸收其他人（如老太太、儿媳妇、女婿、其他亲戚朋友、医院的主治医生）参加？为什么？

（2）谈判应选择在哪里进行？某一方律师的律师事务所？老伴留下的房子里？居委会办公室？餐厅或其他地方？为什么？

（3）谈判中性别因素是否会起作用，即双方代理人的性别、当事人的性别、其他谈判参加人的性别是否影响、如何影响谈判的进程甚至谈判的成败？

二、谈判过程和结束阶段

实验项目一

1. 实验目的：通过该游戏体会两种谈判模式的区别。

2. 实验素材。

【游戏】

　　学生可以自由组合，每两个学生为一组。两个学生面对面站着，在其中间划上一条横线。两个学生互相握住对方的双手。要求老师在下"开始"的命令后，同学在规定的时间内将对方拉过界线，到达横线这边自己的区域（也就是使对方"过界"）就算赢一次，将得 1 分。谁能使对方过界次数最多，得分最高，谁就是胜利者。由同学双方自己计数。具体游戏时间由老师机动把握。

3. 实验步骤。

（1）由教师讲解游戏规则，同学们自由分组，并在中间划好界线。

（2）老师喊开始，同学们开始游戏，并计数。

（3）老师喊"停"的时候同学们停止游戏，并记下自己的得分数。

（4）让最高分介绍经验并演示。

4. 讨论与思考。

（1）这个游戏对我们学习谈判模式有何启示？

（2）为什么有些同学可以得高分，而有些同学的得分却很低？请从谈判模式这个角度进行思考。

（3）你认为合作型和对抗型谈判模式是否可以转化，如何转化？

实验项目二：谈判策略的灵活运用。

1. 实验目的：谈判策略的运用在谈判中起着举足轻重的作用。策略运用得当，谈判将会达到谈判方想要的结果，本实验的目的就是力图使同学们会灵活运用各种谈判策略，以达到自己的谈判目的。

2. 实验素材：会见材料。

会见当事人笔录

会见时间：××年×月×日星期三下午2点半左右

会见地点：武汉大学社会弱者权利保护中心

会见双方：刘某的妻子，即受害人的妈妈

A同学 B同学

（W表示同学会见的提问，D表示刘某妻子的回答）

W：我们想先向你了解一些学校的情况。学校平常是几点开门的呢？

D：具体不是很清楚，一般应该未到7点钟就开了。

W：小孩受伤当天学校开门的比较确定的时间，你清不清楚？是那天早上开的吧？有没有门卫？

D：不是很清楚，但应该是7点钟以后，是当天早上开的，他们学校有一个老头专门负责开门的。

W：学校平常开教室的时间是什么时候呢？

D：不是很清楚，他们高年级的是学生自己开门的，低年级的是老师开门的。老师一般是7点半到学校，低年级的教室门一般是7点半开。

W：那哪些年级是自己开门，哪些年级是老师开教室门？

D：不清楚，我只知道我侄子他们六年级是自己开门的，我女儿她们是老师开门的。

W：受伤当天是所有的教室都没开门还是你女儿的教室没开门？为什么没开？

D：我只知道我侄子的教室门是开了的，我女儿的教室门没开，可能她们的老师还没到学校。

W：你知道学生一般是几点到学校的？老师之前有没有叫学生不可以太早到学校？

D：不是很清楚。我侄子一般是6点半去的，他带我女儿一起去，那天也有其他的孩子到学校的。之前没听老师说过。

W：那你侄子多大，送你女儿到学校后干什么事去了？

D：12岁，送我女儿到学校后，他就去他的教室了。我女儿就在操场上玩滑滑梯。

W：那就是你侄子不清楚事故的发生过程了？

D：是的。不过当时有其他小孩子在场，看到了我女儿被推下来的过程。我女儿班上也有几个孩子在那玩，看到了。

W：你女儿当时在做什么才被推下来的？

D：我女儿在滑梯上玩，坐在滑梯上。两个小男孩在玩"警察抓小偷"的游戏，一个跑上滑梯，后面一个抓不住就把我女儿给推下来了。

W：那两个男孩有没有受伤？年纪多大？

D：没有。上四年级，估计11岁左右，最小应该有10岁。

W：事故发生后，有没有老师赶到现场？学校有没有采取什么措施？

D：我女儿受伤后，有一个好像是学前班的老师赶到，还把我女儿带到办公室上了药。后来她的老师就让我女儿去找她哥哥，让她哥哥带她回家看医生。至于老师有没有跟着去还是我女儿自己去找的，我就不清楚了。

W：那就是之前已经有老师到学校了？

D：是的。

W：那出事之后，你们有没有找过学校？找过那两个男孩的家长？他们承认损害事实吗？

D：承认。拍片后，我就拿着片子去找学校。女儿的班主任就说让先治小孩子，学校要进行调查，让我们把票据保管好，再处理。我是出院后再去找学校，学校就把那两个孩子的家长叫到学校。我们协商过四次，原先学校老是说我小孩来得太早了，他们没有责任；那两个家长就说学校有责任，我们也有责任，我女儿坐在滑梯上，他们只给一点点钱。后来，我就去教委反映情况，在教委和村委会的调解下，学校就说他承担 10% 的责任，说那个把我女儿推下来的家长负主要责任，承担 50%，另一个家长承担 40%。但是两个家长就说教委、村委偏袒学校，学校不应该只承担 10%，我们也有责任，他们不应该承担那么多。后来教委和他们单独谈了，负主要责任的就说他承担 30%。另一家人就没有表态。可是我想如果我们有责任，我只要他们赔医疗费和后面取钢钉的费用，不要他们承担什么误工费、交通费什么的，这已经够多了。

W：他们态度怎样？

D：比较强硬，就总是说我们有责任，还说我们不在本地就医，跑到外省去。我们是想外省乡下有一家私人的专门骨科医院，很多老乡在那医治效果都不错，而且比本地便宜，我们又没什么钱，想在同等效果情况下，能省就省点。而且我们也想都是同一家学校的，就想你把医疗费赔给我们就好。但他们就总是说学校赔少了，我们也有责任，说学校的滑梯有安全隐患，我们孩子坐在上面下不来。他们只出一点钱。叫我们去告他们，法院判多少，他们就赔多少。比那高的滑梯也有，学校就说滑梯是经过专门检验的，没安全隐患。

W：教委给你们调解的时候，要求对方支付的赔偿范围是多少？

D：3500 元。就是医疗费 2247 元，几次拍片的费用，和后期取钢钉的费用以 1000 元算，总共 3500 元。

W：医院病历上有没有说什么时候取钢钉，取钢钉要多少钱？

D：上面没写，就小孩的主治医生说了 45 天之后，他说医院要具体多少不知道，但是他估计大概 800 元到 1000 元。

W：小孩住了多久的院？谁陪护？

D：住了 15 天（但是医院出院证明写的是 7 号入院，27 号出院，共 21 天；出院时的缴费的收据写的又是 23 号，她妈妈说是 16 天）。他爸爸陪了 11 天，我陪了 12 天。

W：出院之后呢？

D：出院之后，过了"十一"她就去上学了。

W：那你总共实际花费多少？

D：几千块。医疗费 2247 元，这里一张拍片的 30 元，还有两张在×××医院拍片的 60 多块，票在病历里，和片子带到外省的医院，外省的医院不让我们拿，说是他们的档案。坐了四趟火车，但好像只有两张票，一次 44 块。像打的、坐公车的就没有留票，我们想小孩子玩嘛，也没想和他们算这么多。住院就在医院吃的，大概有 300 多块。

　　W：你老公收入多少？你呢？

　　D：收入不固定，有时候多有时候少。但我女儿受伤的时候，正好是农忙的时候，一天可以赚 100 多块，我老公带我女儿去外省就医的那段时间，我估计那段时间至少可以赚 1000 块。

　　W：那有人可以证明你老公的收入吗？比如同行业的？

　　D：应该有的。

　　W：那女儿受伤后，你估计营养费有多少？

　　D：我大概三天买一次筒子骨，大概 200 块。

　　W：那你想要对方赔多少呢？

　　D：可能多当然好，把医疗费赔了，3500 元左右。

　　W：那如果调解的话，你认为最低多少，你可以接受？低于这个数，你就要起诉？

　　D：3000 元。

3. 实验步骤。

（1）将同学们分成 A、B、C、D 四组，其中每个组里同学又分成两个不同的代表方。一方作为受害人的谈判代表，另一方作为学校的谈判代表。从上面会见笔录中所了解到的情况，模拟谈判现场，双方进行谈判。其中每个代表方里有一位同学代表本方汇报谈判情况。

（2）各组同学模拟谈判现场进行谈判。

（3）汇报谈判结果和本组本方代表在谈判中所使用的谈判技巧。

（4）总结与点评。

4. 讨论与思考。

（1）在该场谈判中运用了哪些谈判策略？

（2）谈判结果是否令你满意？

（3）如果谈判结果不令你满意，为什么会出现这样的结果？在谈判中你还有哪些方面需要改进？

（4）你在谈判中所运用到的谈判策略对最终的谈判结果有没有起到作用？

（5）谈判模式如何，双方是否努力改善谈判气氛？

实验项目三：谈判评价表的制作

1. 实验目的：谈判之后，应当对谈判计划、谈判进程、谈判效果进行评估。如果谈判达成协议，还应当对谈判协议的内容进行评估。

2. 实验素材。

	谈判评估表	
谈判计划	计划中有无谈判进程表	
	谈判是否按计划进行	
	谈判前是否做了模拟	
	谈判计划的效果如何	
	与合作伙伴的分工计划是否有效	
	谈判计划需要完善的地方	
谈判进程和谈判协议	谁先开价（提出实质建议）	
	先提出者的利弊分析	
	对方对本方建议的反应	
	本方对对方建议的反应	
	本方运用的谈判技巧及其效果	
	对方运用的谈判技巧及效果、本方的应对办法	
	谈判的模式（合作式、对抗式、混合式）	
	哪方掌握了谈判的主动权，为什么	
	谈判气氛如何	
	整个谈判进程是否有效进行	
	是否出现突发事件	
	哪些环节破坏了谈判的进程	
	哪些环节促进了谈判的进程	
	是否与当事人进行了有效沟通	
	协议的提出方和接受方是谁	
	协议的形式（口头/书面）	
	执行协议的可能性	
	协议是"双赢"的吗？原因是什么	
	协议结果符合我方的开价/底线/介于两者	
	协议本身内容完备	
	签定协议中是否包含执行内容	

3. 实验步骤。

（1）每个小组填写一份评估表。

（2）各组间交换评估表。

（3）提问、讨论与点评。

4. 讨论与思考。

（1）大家对谈判的感受是否相同，不同点有哪些？

（2）谈判协议与法院判决的区别在哪里？

（3）是否存在"公平的谈判协议"，公平的标准是什么？

（4）个人的性格特征、言谈举止是否影响谈判的成败？

第六节　谈判的课后练习

一、课后练习。

（一）假设你是某甲的谈判代理人，就以下案例写一份谈判计划书

【案例】

某甲之女儿为一小学生。其父母于 2007 年 9 月为其向某保险公司缴纳 15 元保险费，投保了学生幼儿平安险（保额为 6000 元）及附加意外伤害医疗险（保额为 2000 元）、附加住院医疗险（保额为 1000 元）。2008 年 2 月开学时，某甲又向保险公司交保费 15 元，投保了学生幼儿平安险及其附加险（险种及保险金额与 2007 年 9 月 1 日投保的保险相同）。甲某之女不幸于 2008 年 7 月 11 日病故。事后，某甲以保险期间为一年，要求保险公司按两份保险理赔，即每份保险应理赔 6869 元，但保险公司认为该险种的保险期是半年，而不是一年，故只能赔付 6517 元，对于 2007 年 9 月签订的合同，以"超过保险期限"为由而拒绝理赔。双方发生争执。

（二）以下是同学写的"对学校的谈判方案"。（参见本节"谈判策略的灵活运用"中的会见材料）请评价该谈判方案的优缺点。

开价：3500 元

底线：3000 元

前期医疗费：2247+30+60＝2337（其中2247元住院费、30元拍片的费用有收据、60元拍片的费用收据在河南的医院）

后期医疗费：1000元

交通费：44×2＝88

因为之前，我们的当事人、学校进行了三次协商，教委也已经给他们进行了一次调解，教委提出的赔偿范围是3500元，所以我们本次调解打算开价3500元，先采用这样的责任分配方案：学校10%～20%＋主要责任人40%～50%＋次要责任人30%～40%，替代方案是我们的当事人承担10%（底线）。

对学校的谈判方案：

1. 先找门卫了解平常学校的开门情况，再找学生了解情况，然后找校长；

2. 尽量采用合作式，寻求学校的合作；保证学校承担10%，尽量争取20%；

3. 学校的理由可能是：受害人到校太早，学校不用承担任何责任。

我们的对策：

1. 先肯定学校在这次事故发生后，双方协商过程中所做的努力，确定学校也是希望事情得到尽快解决，希望学校可以配合解决这件事情。尽快解决这件事情对学校的正常教务的进行和学校的声誉都是有利的（要不要说一些当地村民对学校在解决这件事上的议论和不满？）。

2. 受害人的家庭非常困难，发生这样的事情是非常值得同情的，其医疗费大部分是找亲戚朋友借的。受害人是该学校的小学生，希望学校从学生的角度、学校的声誉、正常教学活动的角度及学校对学生负责的角度上考虑，承担20%的医疗费（要不要说有的学校为得病的学生捐款的事迹，多承担10%，三百多块钱，对学校而言不是一笔大数字，但对整件事情尽快解决却起到了很大的作用，对学校的声誉也会产生很大作用？）。

3. 学校的校门是有专门的门卫看管的，早上打开校门就表示学校允许学生进入学校，学生一旦进入学校，就脱离了其监护人的保护范围，学校就应该依法负担其对学生的管理、保护、教育义务，依法保护学生的合法权益，其中当然包括学生的人身安全。学校平常也是7点多就已经开校门的，7点多的时候部分教室已经开门，并且事发当天也有其他的学生到校了，平常也是这样，也有老师到学校了。门卫、老师有义务对学生在滑梯上玩警察抓小偷的游戏进行必要的管理、告诫或制止。

4. 相关的法律规定：

《教育法》：第 29 条、第 81 条

《学生伤害事故处理办法》：第 9 条、第 18 条、第 26 条

《最高人民法院关于审理人身损害赔偿案件适用法律若干问题的解释》：第 7 条

(三) 学生分为两组，分角色阅读各方谈判资料 (各方资料注意保密)，而后进行谈判。

红牛乐队的业务管理人资料：你是红牛乐队的业务管理人，该乐队是亚洲最红的摇滚组合。昨晚，乐队在上海进行了巡回演出，而乐队的鼓手在表演时伤了自己的手腕。一个星期之内他都无法参加表演。再说了手腕上的伤很难处理，天知道这名鼓手要经过多久才能重返乐队。

在上海的大型露天体育场，明天都安排了演唱会。你不想取消掉这些预约，因为每场演出都可以得到 10 万元的收入。除了支付各种花费与薪水外 (包括每名乐队成员就每场演出所得的报酬)，在体育场中进行的每场演出，乐队都可以实现 2 万元的净收入。

你同唐飞进行了联系，唐飞是上海的一名鼓手，几年前给红牛乐队作过演播工作。他是一个多才多艺的鼓手，完全有能力填补乐队里空缺的位子。如果你不能雇用唐飞参加演出，那你就有可能不得不取消这些演唱会，因为除了他实在是没有什么人可以顶替你的鼓手了。

当你跟唐飞联系的时候，他很高兴你能打电话给他。对于加入红牛乐队参加演出这件事，他感到很兴奋，但想跟一个律师朋友谈谈这个情况。他会让他的朋友事后跟你联系。

对唐飞的工作你当然要支付报酬，但你想把你的成本降到最低。唐飞听起来好像很渴望加入红牛乐队参加演出。你认为开个价只要略为高于他平时的工资 (日收入 1000 元) 是比较合适的。如果实在不行，你愿意支付每场 12000 元这个高价，只要两场演唱会不被取消 (你原来的鼓手每场收入 10000 元，但他很出名，并且在这些年也证明了自己的身价)。你希望你能够与唐飞达成协议，从而使演唱会不至于泡汤。

唐飞律师的资料：你是一名律师，也是唐飞的朋友。唐飞是一个专为摇滚乐队与爵士乐乐队做演播工作的鼓手。他很有天赋，每天的工作收入

可以达到 1000 元。唯一的问题是他没有一份稳定的工作。

你刚刚接到了唐飞打过来的一个十分兴奋的电话。红牛乐队（一支很受欢迎的摇滚乐队）的业务管理人给唐飞打了电话，邀请他顶替乐队中受伤的鼓手参加在体育场举行的两场演唱会。演唱会安排在明天白天和明天晚上举行，并且两场演出的门票都已售出。唐飞几年前曾给红牛乐队作过演播工作，但他没有接触红牛最新的唱片，因为这段时间他接触得更多的是爵士乐的工作。他确信他能够在明天之前熟悉乐队以前的作品，同时他也希望能够学一下乐队的大部分新作品。

唐飞希望得到你的帮助，想让你同乐队的业务管理人就报酬问题谈一谈。唐飞认为与红牛乐队同台演出将是一次很不错的机会，但他也想从自己的工作中得到合理的报酬。他认为至少也得是他在演播室工作的酬劳的两倍，或者说是每场演出可以得到两千块的收入。你告诫他说或许可以拿到更多的钱，并且要他尽量争取一份公正的报酬，即能够反映出他对这些演出所做的贡献。唐飞表示同意，并且告诉你说，红牛乐队的鼓手每场演出估计可以拿到 8000 元的报酬。但唐飞同时又说，对于他而言，最重要的是能够得到这份工作。了解真相很重要，但谁知道呢，或许红牛乐队的鼓手的伤比他们想像的还要糟糕。

同唐飞讨论了这些情况之后，你准备同红牛乐队的业务管理人进行会面，讨论唐飞与红牛乐队进行合作的条件。

问题：

1. 运用所学的谈判技巧，假设你是红牛乐队的业务管理人，拟定你的谈判方案。

2. 假设你是唐飞的律师，代表唐飞与红牛乐队管理人谈判，请拟定你的谈判方案。

3. 是否谈判成功，分析原因？

4. 双方在谈判过程中运用了哪些策略？

（四）请阅读谈判双方的资料，假设你是李博士，请你拟定你的谈判计划表和谈判方案，运用谈判策略，想办法将房租谈到你预期的价格。

李博士资料：李博士将在武汉 XX 大学法学院做为期三个月的访问学者，时间是 XX 年 9 月 15 日-12 月 31 日。由于来武汉之前他没有找到合适的住处，来武汉之后，他住在武汉市一家便宜的旅馆里，日租金 30 元，虽然相比其他旅馆这里并不算贵，但是条件简陋，无法做饭，地方狭窄，生活不是很方便。每月 1500 元的房租他肯定是租不起的，他的预算是每月房租加上网费（80 元）、电及煤气和水费（150 元），总计应控制在 800 元以内。目前由于旅馆无法做饭，他每天得在外面吃饭，增加了一些花费。好在小旅馆离学校比较近，不用在路上花费时间（他的访问时间不长，不想浪费时间），而且不用买公交卡。

现在他手上有一些租房信息：

1. 在 XX 区有一处一室一厅公寓，月租金 800 元，包括家具使用费。不包括电视、电话、网络、电及煤气费。每天需坐公交车，单程约需 40 分钟。

2. 在这大学附近有一处两室一厅的公寓，月租金 1200 元，没有家具，不包括电视、电话、网络、电及煤气费。不用坐公交，走路到学校 10 分钟。由于房价太高，李博士必须和别人合租（他其实更希望有一个属于自己的独立房间，生活或者安心研究都比较方便）。

3. 有一位这个大学的学生胡某，想转租他的房子，房子比较小，一房，一卫，一厨，无厅，有简单的家具，是独立的空间。要价是 900 元一个月。不包括电视、电话、网络、电及煤气费。房子离学校比较近，徒步 15 分钟，不用坐公交。

李博士对第三个广告比较感兴趣，只是觉得费用比预算高了些，他原打算月消费能比预算低一些，可以用省出的钱来购买书籍资料。但不管怎样，值得一试。他打电话找到胡某，约定好面谈时间。

大学生胡某的资料：胡某住的是 XX 大学出租的房子，每月 900 元租金。他已联系好 XX 年 9 月底 10 月初至 12 月 31 日到外地某律师事务所实习，他很犹豫是否要转租他的房子。原因是：他不想挪动他的家具书籍、个人用品，那需要耗费许多时间、精力。如果放在现在的房间里，一怕租户不愿意，二怕东西丢失。如果退房他回来后又得重新找房子，一是麻烦，二是重新找房子又要重新交网费。他要去实习的地方房租比大学便宜，他花 600 元就能找到不错的住处。9 月底这个时间出租房子不是一件容易的事，因为这个学期已开始一个多月，大多数学生早已找好了房子。但最终他还是决定试一下，在街道上张贴了一些广告。如果可能，他希望租户能够承担这几个月的家具使用费和网费，他特别在意租户的身份、信誉，他租的房子在大学里，必须要遵守规章制度，要爱护，否则他会被房东批评甚至扫地出门。

胡同学刚刚接到李博士的电话。听说是来校的访问学者，他有些动心，打算试一下。

第七节　谈判的扩展阅读资料索引

1. 杨立娟主编：《大律师之金口才》，法律出版社 2007 年版。

2. ［英］戴安娜·特赖布著，高如华译：《法律谈判之道》，法律出版社 2006 年版。

3. 盛安之编著：《谈判的 60 个博弈策略》，企业管理出版社 2008 年版。

4. 赵燕、李文伟主编：《谈判与辩论技巧》，中国法制出版社 2007 年版。

5. 马子麟：《谈判心理与谈判技巧（连载一）》，载《管理科学文摘》2000 年第 11 期。

6. 马子麟：《谈判心理与谈判技巧（连载二）》，载《管理科学文摘》2000 年第 12 期。

7. 王丙毅、严甄：《谈判技巧——开局》，载《党员干部之友》2001 年第 6 期。

8. 王永生、侯成忠：《谈判技巧——交锋》，载《党员干部之友》2001 年第 8 期。

第六章　调解技巧

第一节　调解的含义

一、调解

调解，是指双方当事人以外的第三者，以国家法律、法规和政策以及社会公德为依据，对纠纷双方进行疏导、劝说，促使他们相互谅解，进行协商，自愿达成协议，解决纠纷的活动。"调解是暴力、自力救助或者诉讼的替代措施……它可以被定义为一种过程，通过这一过程，参与者在中立者的帮助下，有系统地将争执的问题孤立出来，以便显现选择，考量替代，并达成满足各方需要的一致和解。调解强调参与人对作出影响自己生活的决定所负的责任。因此，它是一种自我授权的过程。"①

严格地说，调解并不属于典型的律师业务技能。律师以维护某一方当事人利益为目的，而调解员则是中立的。诊所法律教育中，调解技巧可用于培训调解诊所中调解员的技能，如产品质量纠纷调解诊所，专门调解消费者、生产者、运输者和销售者之间发生的有关产品质量的纠纷；劳动纠纷诊所，专门调解劳动者与雇主之间的纠纷；社区服务法律诊所，调解邻里纠纷、家庭纠纷等，因此将本章作为诊所学生必须掌握的技巧之一。②

二、调解的目标

调解的最基本目标是纠纷的解决。在各种纠纷的解决方式中，调解也是人们常常选择的方式，因为调解具有程序自由简单、利于缓解和维护关系、具有

---

① 转引自：[美] 博西格诺等著：《法律之门》，邓子滨译，华夏出版社 2002 年版，第 669 页。

② 李傲著：《互动教学法——诊所式法律教育》，法律出版社 2004 年版，第 237 页。

个性特点等优势，这使得当事人可以从纠纷的对立矛盾中走出来，协商解决方案。调解一直在我国民商事纠纷处理中占据重要的地位。

与此同时，调解更深层次的目标是保障当事人的意思自治，更有效解决社会的矛盾。一方面，调解非常注重平息争端而不仅仅是单方胜利。调解在解决矛盾的同时能实现当事人对于公平、正义、亲情、友谊等价值利益的追求。像夫妻矛盾、婆媳不和这样的侧重于家庭问题的案件，有时很难区分对错，用法条来解决问题不如调解双方关系，在互谅互让、相互宽容理解的前提下解决问题更有效。因此，调解能更好地让当事人在不受拘束的情况下消除矛盾，充分发挥当事人的意思自治，协助当事人寻找最符合他们利益的解决方式。另一方面，相对于诉讼而言，调解的效率和执行力更高。在当今社会，诉讼成本非常昂贵，加之严格的诉讼程序和冗长的诉讼时间，必然对效率产生影响，因此相比之下，调解便成为解决纠纷的首选。

任何选择都有利有弊。调解的上述特点，决定了调解比诉讼判决具有较弱的强制性，在很大程度上依赖于当事人的自觉自愿。

三、调解的性质

（一）调解是由当事人自愿提出的

调解存在的前提是当事人自愿的原则，如果当事人是在受到胁迫或者是其他条件的影响下而作出调解的决定，这样就违背了调解的初衷，同样也无法达到调解的预期效果。所以调解的前提必须要当事人自愿。

（二）调解方案的可执行力

调解在一定程度上表示了当事人的意愿，并且对自己和对方当事人的行为都产生约束力。我国的民事调解主要分为民间调解和司法调解两种，民间调解时，在自愿的情况下达成的调解协议就如同达成合意的合同一样具有法律效力，任何一方当事人都不能随意更改调解内容。司法中的调解协议是双方当事人在人民法院主持下自愿达成的，具有和终审判决同等的法律效力。具有给付内容的调解协议生效后，负有义务的一方当事人逾期不履行，对方当事人可以向人民法院申请强制执行。

（三）调解员的特定性

调解员是由双方当事人共同选定的，并且调解员需要一定的任职资格。在民间，居间调解的人都必须具有一定的社会地位，必须是双方当事人都非常信赖和认可的人才能担此重任。现代社会中，调解员也应该具备一定的资格，通过一定的培训和考核。我国现在尚未建立起全国统一的调解员资格认证制度，有些法院，如广东东莞的一些基层法院，自行组织了系统的培训，确定了人民调解员的认证标准，只有经过考核并完成了实践任务才能持证上岗。我国香港特区延续英美法系国家的一些做法，对仲裁员、调解员均有比较正规的考试形式和认证资格。

（四）非正式程序

调解不同于诉讼，没有像诉讼程序那样严格的调解程序。随意性强，具有个性化的特点，由调解员掌握调解的进程和气氛，选择最有利于调解成功的途径，在法律允许的范围内进行调解。

（五）调解依据的非法定性

调解要定纷止争，但并非完全依照法律进行。调解中证据的掌握和使用会影响到调解的效果，但不一定起决定性作用。人情、习俗、关系、声誉等，都可以是协商的内容。

（六）调解方案的双向性

双方在调解过程中尽力寻求都能接受的调解方案。调解员不能有个人倾向，要保持中立。调解员制定的调解方案要力求是双方真实意思的反应，使得双方都能满意。

（七）调解的非公开性

调解是一种双方当事人面对面地自己解决问题的方式，为保障隐私，让当事人畅所欲言，通常是不公开进行的。

第二节　调解员必须具备的能力

调解是解决"僵局"（impasse）的普遍方式。在美国，调解可通过"联邦调解与调停署"（Federal Medication and Conciliation Service，简称FMCS）及各州类似机构进行。调解人在美国所扮演的角色主要是协助争议双方设定谈判议程、重新进行讨论以及提出可能解决争议的建议。调解人需要得到双方当事人的信任，这与自身的知识、专业、公正、诚意有关。[①] 调解员应当具备下列能力：

一、了解争议存在的背景

当事人双方总是各执一词，彼此对立。作为调解员，不仅需要知道双方的

---

① Goldberg, Green & Sander, supra note 3, at96.

矛盾所在，还要知道矛盾产生的背景。这样才有可能从根本上找到矛盾的症结。

二、理解力

站在当事人的立场上将心比心来思考问题，才能走进当事人的内心世界。调解员要理解当事人的心理，当事人之间也要相互理解，矛盾总是在充分沟通以后才有可能解决。

三、聆听的能力

聆听是调解员必备的能力。调解员对案件的了解主要源于当事人的诉说。但是当事人在陈述时仅仅是站在自己的立场上的，他们可能会夸大对自己有利的事实，贬损对方。有时，由于当事人的知识水平和表达能力的限制，加上情绪激动，可能语无伦次或者喋喋不休。在这种情况下，调解员更要耐心、细心，收集足够的信息，获得当事人的信赖。

四、表达能力

一名优秀的调解员不仅仅需要聆听的能力，而且需要具有较好的沟通、表达能力。调解中，劝说、讲道理和解释法律是不可或缺的内容。调解员的语言表达能力直接影响着调解的效果。

五、不武断

调解员切忌先入为主的判断。主观观察或者道德认同等原因使得调解员对案件当事人有所倾向，这样会直接妨碍调解的进行。所以不武断、不偏向也是对调解员的一个基本要求。

六、有说服力

这种说服力可以是调解员本身的气质修养和学识所体现出来的，也可以是调解员表达能力的表现。做好说服劝说工作是解决矛盾的基本。

七、有创意

调解不同于诉讼的最主要的特点是解决方式上的灵活性，这就需要调解员发挥自己的创造力。调解员积极主动地发挥自己的主观能动性，尽可能多地发掘矛盾双方的信息，寻找可供讨论的事项，通过将"馅饼做大"的创造性方式寻求解决矛盾的最佳途径。

八、具有专业知识

当事人之间矛盾涉及各种各样的利益。当事人需要调解员协助分析情况，了解自己的处境。调解员丰富的专业知识可以帮助当事人比较诉讼与调解的不同后果，寻求恰当的法律救济途径，并在法律的规定下用合适的手段和方法解决矛盾和纠纷，降低成本，提高效率。

九、有修养

调解过程不可能一帆风顺，总会遇到各种问题。有时一方当事人的话语或者肢体语言对对方当事人或者调解员有侮辱或者其他侵害的行为时，需要调解员有极好的修养和应变能力。调解员要与不同性格的当事人打交道，必须具有一定的包容心，并表现出良好的性格和气质。

十、客观中立

即使在对错非常明显的情况下，调解员也并不能有所偏私。如果调解员表现出倾向性，会给调解带来困难，当事人会觉得在有倾向性的调解员主持下进行的调解是不可能公平的。如果存在这样的情况，会妨碍调解的最终成功。所以在调解过程中调解员必须保持客观中立。

第三节　调解的步骤

一、调解的开始

所有参与调解的人都到齐以后，调解员介绍相关情况，顺序如下：

1. 自我介绍、在场人员介绍——核对姓名、本案中的地位等。
2. 说明调解员的职责，能够帮助当事人作出正确的决定等事宜。
3. 说明调解的特性，说明选择调解的优劣。
4. 跟当事人说明调解应该遵循的基本原则。
5. 共同努力寻找最好的调解方法。
6. 说明调解的程序，以便调解员按照程序推进调解的进程。
7. 说明调解协议的形式和效力。
8. 任何人都要遵守秩序，不能侮辱或者暴力侵犯他人的权利。

调解开场时，调解员与当事人初步接触，应有礼有节，首先声明应该注意的问题，这样可以避免调解过程中出现不好的状况。很好地建立起调解员和当事人之间的关系，也是调解成功的有利保障。

二、调解的三个阶段

（一）开始阶段：收集信息

开始阶段调解员需要做到以下事情：

专注地倾听和积极主动地收集信息。倾听时不仅仅要注意当事人陈述的内容，而且要思考信息背后他们所要表达的思想，设身处地地去理解他们当时的心情和处境。需要注意的是，理解不是附和，不是全盘接受，特别是针对当事人的怨恨情绪和过激语言。一方当事人对另一方当事人的指责应当自己判断，不能先入为主，否则可能使对方当事人认为调解员有失中立。调解员在调解的过程中要让当事人的情绪平复下来，在理智的状态下调解的效果会好一些。细节决定成败，仔细观察细节，从细节上判断事情的关键其实是最好的办法，当事人的矛盾和心理状态在很大程度上表达在细节上，所以调解员可以从中了解当事人的心态，找到调解的突破口。

调解员在听完双方当事人陈述以后一定要仔细分析，这是感性上升到理性的过程。去伪存真，由表及里，抓住重点，还原事实的真相，为调解的达成创造良好的条件。同时调解员的总结可以为调解工作的下一步进行提供建议和思路。

其中，最重要的是和当事人建立信任关系。通过初级阶段的调解，调解员逐步建立起与当事人之间的信任关系。调解员对问题的理解、分析，对矛盾的清晰认识，对纠纷的中立态度，对双方情绪的化解，对调解节奏的有效控制，都有助于建立起与当事人之间的信任关系。调解的开始阶段，应达到下列目标：

1. 理解当事人的想法，让当事人主观上接受调解员，建立互信关系；
2. 去伪存真，查明事实真相；
3. 找到调解的突破口；
4. 明确双方主要争取的利益，明确调解目标；
5. 转化语言，用中立性语言作出总结。

（二）中期阶段：解决问题

这个阶段是调解成功的关键阶段。在了解矛盾冲突经过之后，应制止当事人之间的相互指责，控制怨恨的情绪、语言和行为，将注意力集中在正在发生的问题和矛盾上，不必分析事实，评判对错。中立的态度是调解达成的基础。在调解过程中要注意下列问题：

1. 利益共同点是调解的突破口。调解多用于解决婚姻家庭等关系亲密的人之间的矛盾。由于他们先天利益的共通性，所以调解成功的几率很大。调解员要抓住这个重点，找到他们的利益共同点作为调解的突破口。完成这一步调解就成功了一大半。

2. 集中力量解决主要矛盾。在解决矛盾的顺序上，应首先解决主要矛盾。新近发生的事情往往是矛盾激化的导火索，虽然可能是短期或眼前利益，但显得迫在眉睫，难以逾越。如果这个导火索是双方情绪不稳定时作出的过激行为或决定，在当事人略微平静后，比较容易自我纠正。先解决简单容易的矛盾，虽然未触正题，但有助于缓解双方的对抗情绪，使双方感受到调解已有进展。

3. 回忆过去。如果双方当事人过去曾有过良好的关系，可以通过询问过去的情况唤起当事人的回忆。共同回忆过去的做法让当事人暂且搁置眼前的冲突，由主观上的抵触情绪转向寻找引起矛盾的客观因素。回忆过去的方式实际上利用了原有的关系资源，特别有助于特定关系仍将存续的当事人之间矛盾的解决，回忆能唤起他们对原有良好关系的渴望，有助于抑制冲突情绪。回忆过去还有一个好处就是当事人可以设身处地地思考自己的执着是否有意义，或许有其他更美好的东西值得自己去争取，在这样的情况下，当事人会作出一定的让步。对自己利益的让步是调解达成的基本前提。

4. 换位思考。调解员要学会换位思考就是要站在当事人的角度思考问题。当事人遇到的问题往往也是我们在现实生活中经常遇到的问题，调解员自己也会处理。如果调解员设身处地为当事人着想，站在他们的角度为当事人出谋划策，更能得到当事人的信任和理解。在这样的情况下再进一步劝说会达到很好的效果。

5. 解决矛盾。当事人之间的矛盾很多时候是因为误解产生的。有时冲突双方当事人之间存在误解，调解员发现后应当协助消除误解。由于缺乏沟通凭空猜测而产生误解时，调解员要力争让双方加强沟通，增进了解，消除误会，解决矛盾，最终达成调解。

6. 打破僵局，让当事人的请求更富有弹性。矛盾中有的当事人"认死理儿"，如一方非让对方赔钱不可，另一方"要钱没有，要命一条"，使得调解陷入僵局。调解员此时不该硬碰硬地去和他们"较真"，而应考虑可否另辟蹊径。比如，赔了钱，是不是表示问题就永远解决了？不赔钱，是否有其他办法？调解中允许尝试所有可行的办法。租户弄坏了房东的门，赔钱是一种办法，修理是一种办法，折抵住房日期是一种办法，给房主介绍其他租户也是一种办法。调解员在调解过程中，要善于发掘当事人的各种愿望，不断建议、尝试各种方案，使当事人的请求富有弹性，并通过对满足当事人不同愿望的各种方案的比较和讨论选出最佳方案。

7. 诉讼预测。调解失败意味着当事人要么放弃争议，要么诉诸法律。调解员有必要利用专业知识，在适当的时候给当事人提供法律意见和建议，特别是对调解不成提起诉讼活动的预测，包括时间、精力的投入，经济支出，可能的法律后果。以便让当事人更充分地进行衡量和选择，更积极地面对调解程序。与此同时法官进行调解时，要坚决杜绝"以判压调"。有的法官用判决的后果来威胁当事人接受他所提出的调解意见。也许他的初衷是好的，目的是为了解决矛盾早日结案，但是这违背了调解员的职业道德以及调解自愿的原则。在现实生活中应当注意避免这种情况的发生。

（三）最后阶段：达成协议

调解到达最后阶段，如果调解成功，双方当事人达成调解的一致意见，应制定调解协议。如果调解失败没有达成调解协议的，调解员可以帮助当事人寻找其他的途径解决纠纷。

在最后阶段调解员的工作是：

1. 帮助当事人互相理解。调解的最后阶段，调解员主要工作是劝说当事人之间相互理解。使得当事人在自己的利益范围提出合理的请求，在原来的预期实现目标上作出一定的让步，调整自己的利益要求，必须建立在合理合法的基础上，并且综合考虑对方的利益，以及现实承受能力，使得各方当事人的利益得到最大的保障。调解员解释各方要求的合理性，有利于减少或消除隔阂，使双方意见达成一致。

2. 解决遗留问题。调解后期可能会出现僵持的状况。当事人双方或者一方必须就自己的合法利益作出让步才能使得调解最终达成。在这种情况下，调解员可以用下列方法解决：

（1）给当事人分析利弊，金钱不是人生的全部价值选择，有很多东西是金钱买不到的。

（2）用替代的方式补偿合法利益受损害的一方。

（3）根据现实的条件，也许一方当事人确实需要给对方当事人补偿，但是由于其本身没有这么大的经济能力，即使调解协议中这样要求，以他的能力也无法办到的情况下，尽量让优势的一方让步。空头支票的利益不如现实利益来得实在。

（4）对矛盾解决成本的预测。接受调解是最廉价的解决矛盾的方式。启动国家司法资源，对于双方当事人来说成本都是非常昂贵的。

3. 找到合适的标准。找到双方当事人都认为公平合理的标准。用调解的方法解决矛盾对于当事人来说是双方利益的让步。当这种退让达到一定程度的时候纠纷和矛盾就不存在了。所以调解员只要找到当事人的利益契合点就找到最终解决矛盾的突破口了。

4. 制定调解协议。调解员主持双方当事人签订调解协议，用文字的方式将调解成果固定下来。防止当事人事后反悔。

5. 调解的完成。调解协议的达成是调解工作的最终完成，但是调解的失败也是调解工作的最终完成。所以调解员在调解完成以后要思考的问题是：调解成功的经验是什么？调解失败的原因是什么？这样的思考能促进调解员职业技能的提高。

第四节　调解中的职业道德

根据我们国家多年的实践经验表明，调解员应当具备以下职业道德：

一、遵循调解的基本原则

调解员有义务在调解的过程中保证当事人的自愿调解、自主决定的权利，同时要保证调解协议是公平的，并且是符合法律规定的。调解员应当遵守中立、保密原则，保证调解的公正性、有效性。

（一）自愿原则

自愿原则是调解程序中的最根本的原则，也是达成调解协议的前提。调解是当事人自愿选择的解决问题的途径，当事人有权选择参加或不参加调解，有权决定调解程序的开始、暂停或终止。

自愿原则主要分为两个方面的自愿，一方面是程序上的自愿，也就是说调解的提起必须是当事人本人，而不是法官或者其他调解人员。另一方面，是实体上的自愿，也就是说协议的结果是双方当事人经调解达成一致意见的协议。调解员的意见只能是建议，任何人都不能将自己的意见强加于双方当事人。

（二）合法原则

合法原则是民事诉讼对诉讼调解的要求。合法是调解的一种基本的原则。调解员的工作也离不开法律规范。当事人达成的调解一致也必须是以法律规范为协商前提。正如西方学者说的"在法律的阴影下谈判"。在调解的过程中当事人双方互谅互让，对自己的民事权利作出处分，但是当事人的处分不得违背政策、法律规定或损害国家、集体和其他公民的利益。同时还需要在不违反法律禁止性规定下保证当事人的自治。

（三）公平原则

在调解过程中，双方当事人的地位是平等的。调解员应当公平地对待双方当事人。不得对任何一方有歧视，不得随意损害一方当事人的利益。调解员要始终保持中立的态度，做好居间协调工作。公平地对待当事人是对调解员的基本要求。

（四）自决原则

自决原则是指当事人有权就自己的案件作出自主的决定，任何人都不能强迫当事人作出决定。无论是否达成一致意见，当事人均有权自主决定自身利益。

自决原则并不排除调解员或调解参加人相互之间提出建设性意见。事实上调解过程正是不同的意见协调、磨合、修改和补充的过程。调解员在保证不将个人意见强加于当事人的前提下，有义务说明调解程序，提出建议，帮助当事人沟通和分析，寻求多种解决方案。当事人可以考虑这些解决方案，有权接受或拒绝。

（五）中立原则

中立原则是调解程序的保障原则。调解员以中立的第三人的身份参与调解程序，中立原则是取得当事人信任的前提，是调解程序得以顺利进行的保障。中立原则要求调解员在调解过程中，对当事人不偏不倚，一视同仁；对争议事项公正客观，实事求是；在态度、语言、行为上不表现出倾向和偏好；对任何意见和建议不强迫、不施压、不妄加评判。

（六）保密原则

调解员必须履行为当事人保密的义务，除得到当事人的同意或基于特殊法律规定或公共政策的要求的情况外，调解员不得披露当事人要求保密的内容。当事人在同意接受调解时，会明确其保密内容，就保密性问题制定自己的规则，提出具体要求，当事人还可以主动解除调解员对己方相关事项的保密义务。调解员在与任何一方当事人单独会面过程中，涉及保密性问题的，由当事人掌握需保密的范围。

同样，除法律特别规定的情况外，调解员不得在法庭上披露任何要求保密的信息，不得为此类信息作证。保密原则使当事人最大限度地披露个人信息、主张、请求，有助于调解员全面掌握案情，帮助当事人寻求能满足各方需要的最佳解决方案。

二、勤奋工作

调解员应当认真勤奋地工作，包括：

（一）调解员应当具备一定的职业技能

调解员必须具备一定的任职资格，才能主持调解工作。必要资格，是指能够证明调解员受过调解专业技术培训，有一定的理论功底与实践经验的资格证明。无论调解是作为法院审理案件的法定先行程序，还是作为当事人自由选择的救济途径；无论调解员是由当事人选出，还是由法院或其他组织任命或委托，调解员的执业资格都是至关重要的。调解员具备专业水准是履行勤勉工作义务的基础。

（二）诚实地说明情况

进行调解程序的宣传活动，或向公众介绍所提供的服务，调解员所受的教育、培训、具备的专业知识、经验时，必须实事求是，诚实坦白，不得做无依据的承诺，不得对调解结果做任何保证。诚实地宣传与说明，是为了让公众对调解程序有客观的、真实的认识和评价，以便决定是否选择调解这一解决问题的方式。

（三）履行调解员义务

调解员最根本的义务是保证双方当事人的合法权益。调解员有义务用自己的知识进行调解工作，有义务使自愿调解的人能够得到专业的调解服务，有义务纠正对调解的滥用，有义务不断提高专业知识，保证服务的质量。

三、调解员的回避[①]

调解员不得与任何一方当事人或双方当事人有特殊交往或利害关系。如果当事人对此提出质疑，调解员必须说明可能影响其中立性的一切事实上的和潜在的利害关系。如果所有当事人在知晓该利害关系后仍同意进行调解，该调解员可以继续工作。如果利害关系重大，以至于使常人对调解程序的公正性产生根本性的怀疑时，调解员应当谢绝参与调解或发现情况后及时终止调解。调解开始以后，调解员必须避免看起来会产生利益关系的行为。如果没有得到所有当事人的同意，调解员在日后不得在相关案件中担任任何一方的代理人。

本条职业道德的适用还延伸至调解员推荐的其他专业人员身上，调解员在

---

① 李傲：《互动教学法——诊所式法律教育》，法律出版社 2004 年版，第 251 页。

推荐其他专业人员参与调解服务时，应当避免利害关系，调解员不得向当事人推荐与调解员有经济利益关系的人员，不得因推荐专业人员、介绍业务而获得任何经济利益。

第五节　调解的实验项目

一、调解前的准备

实验项目一：调解前的准备

1. 实验目的：了解调查前的准备工作。

提示：调解从古至今都是一种最有利的，并且是比诉讼效果更好的一种解决纠纷的方式。但是由于调解本身的特殊性，它对于中立于两方当事人之间的调解员有更高的要求。诊所的学生需要了解到调解前的准备工作的重要性。这样有助于下一步调解工作的展开。根据调解的案件类型不同，会要求调解员使用不同的调解方法。因此在调解前调解员必须对案件事实，法律争议，当事人的性格、收入和心理特征等问题有深入的了解。只有设身处地地为当事人着想，才能在调解的时候达到最好的效果。

2. 实验素材：案例、情况分析表。

【案例】

女甲与男乙于1996年4月登记结婚，育有一女丙。婚后，两人携女与男方的母亲同住于市区旧房，一家人感情融洽。由于男乙长年在外务工，照顾老人子女以及种种家务琐事均由女甲辛苦操持。2003年至2005年，男乙在国外务工，其间，女甲认购了市区新房并着手装修。

2006年5月开始，男乙每逢周五就夜不归宿，女甲一再询问，男乙拒不回答。2006年6月，男乙向女甲承认自己有外遇，并向女甲提出离婚，女甲表示不同意。2006年7月至8月，由于男乙不断逼迫、辱骂，女甲不堪忍受，于2006年8月5日自杀，后被送进医院抢救。急救之后，女甲于2006年8月5日傍晚出院回到家中。然而男乙置女甲极度衰弱的身心状况于不顾，继续逼迫女甲离婚。此外，由于男乙更换了旧房的门锁又收取了新房的钥匙，导致女甲有家不能回、无处可去。境况所迫，女甲只能同意离婚。

2006年9月12日，双方当事人在民政局签署了离婚协议书，协议离婚。

但是，协议离婚之后，男乙没有按照离婚之协议约定将数码相机即时交付女甲。经女甲多次催促，男乙依然拒绝交付，并且态度十分恶劣。2006年9月至2008年2月期间，男乙将双方共同享有居住权的房产私自出租给丁某一家，共收取房租人民币4400元（2006年9月至2007年12月共收取房租240元/月×16个月＝3840元，2008年1月至2月共收取房租280/月×2个月＝560元，共计人民币4400元），并且拒绝给付女甲其应得的租房所得。此外，男乙及其母亲无视法律规定，恶意阻拦女甲探视其女儿丙。男乙及其母亲以各种借口阻止女甲带女儿丙一同用餐、游玩，甚至对于女甲请求与女儿丙通话的基本要求也不予配合。女甲只能在女儿丙的学校外等待其放学以求短暂会面，然而每次必遭男乙母亲的阻拦甚至是侮辱谩骂。女甲买给女儿丙的衣物也遭到毁匿。2008年3月6日，我们受女甲委托找到男乙了解情况。当天晚上，男乙及其家人通过电话方式不断辱骂女甲，对女甲造成极大的精神伤害。2008年3月7日，女甲试图通过电话方式与男乙进行商谈，又遭到男乙及其家人的侮辱谩骂（此通话存有录音）。

案件情况分析表：
针对案情需要进一步核实的事实：
案件所属类型：
案件涉及的相关法律：
案件当事人的性格特征：
案件的矛盾点：
阅读案件后的调解意见。

实验准备：将学生按照人数分组，每组6人。设组长兼汇报员一名，汇报案件阅读后的准备结果；设观察员一名，各组完成后点评各组完成情况并打分。

3. 实验步骤。
步骤一：回忆调解的相关知识。
步骤二：由学生针对上述案件进行分析。各组讨论，并填写上表。
步骤三：组长汇报本组的讨论结果。组员可以补充发言。
步骤四：观察员点评各组的发言，各组互相点评指出优点和缺点。

步骤五：总结与讨论。

4. 讨论与思考。

(1) 填写上表应该注意的问题：

A. 针对案情需要进一步核实的事实：由于一方当事人陈述的事实和情况可能具有片面性，如果调解人员仅仅从一方当事人处了解情况，立场和观点可能都不具有中立性，先入为主的观点将导致最终调解无法进行。所以调解前的充分准备，全方位了解案情对最终调解工作的顺利进行提供了保障。

B. 案件所属类型：离婚纠纷、继承纠纷、合同纠纷、赡养、抚养、扶养纠纷、劳动合同纠纷以及刑事自诉案件的纠纷是最常见的可以调解结案的案件。由于纠纷的性质不同，因此使用的调解方法和侧重点也不同。因此在调解的时候要先确认调解的类型。

C. 案件涉及的相关法律：法律的规定是用调解解决矛盾的前提。在法律的范围内使得当事人达成调解协议是非常重要的。所以调解员必须在熟悉相关法律的前提下进行调解。

D. 案件当事人的性格特征：不同性格类型的人接受别人意见的程度不同。有的人总认为自己正确。如果调解人员劝说其接受调解时，由于固执己见一般都不愿意接受调解，往往会表示坚决同对方打官司到底。如果调解人员再继续劝说，他还会怀疑调解人员是在包庇对方或者认为是阴谋。所以调解人员一定要把握好调解的深度和强度。否则会造成不利的后果。因此确认当事人的性格类型对调解工作地顺利进行是非常有利的。

E. 案件的矛盾点：任何案件的当事人都是有矛盾或者争议才会诉诸于法律或者别的途径来解决，因此抓住重点问题才能使调解有效推进。

F. 阅读案件后的调解意见：这部分是依据案情实际情况分析判断，属于调解人员最初的策略确定。

(2) 思考：除了上述实验提到的问题以外，你觉得还有哪些事情是需要在调解前准备的？

实验项目二：制作调解计划

1. 实验目的：调解目的的确定和计划的起草。

提示：制作调解计划可以使调解得以有序地进行，而且可以让调解工作更有针对性。学生可以按照调解计划的要求逐步开展工作，使得调解前需要准备的相关材料都可以齐全地准备。制定调解计划的时候可以按照一般标准准备，同时也可以根据不同案情的需要调整计划，不同情况不同对待。

2. 实验素材：案例、调解服务计划、调解计划表。

【案例】

2007年8月24日，被告所属的货车送货到实业公司，原告按操作程序站在车厢内下货，刚下完货，被告的货车突然启动，造成原告头部受伤。事发后，原告被送到中心医院救治。经鉴定，原告大脑后枕部破裂伴出血，右侧肢体偏瘫，伤残程度评定为三级。原告入院治疗时，被告支付了2万多元，其余损失却经协商未果。原告特具状起诉，请求判令被告赔偿原告因伤造成护理费、住院伙食补助费、伤残赔偿金及后期治疗费共计135556.60元，庭审中变更为182611元。被告对原告提交的伤残鉴定不服，申请了重新鉴定。

　　调解服务计划：

了解事实建立关系	真诚、接纳、支持、协调、关怀、同情
研究法律确认问题	心理、社会、文化背景
	对事件情况做一个了解
	了解相关法律
设定目标调整行为	个人情绪
	法律途径
	人际互动
选择策略程序准备	就行为结果讨论
进行评估理清思路	策略评估
	理清思路
保持联系达成协议	当事人获得改变得到突破困境的能力

调解计划表：

了解事实，确认冲突类型

　　信息冲突

　　利益冲突

　　结构冲突

　　价值冲突

　　人际冲突

分清冲突类型是为了更准确地了解个案事实，寻找有效的调解方式和调解技巧

　　研究法律

　　调解程序准备

  确定调解员

  确定参加人

  确定时间、地点

  确定调解员分工

 调解计划的开放性

3. 实验步骤。

步骤一：调解之前，应当了解案情。首先确认案件是否适合调解。其次当事人的态度，他们是否愿意调解，他们之间的最大矛盾是什么。最后要确定双方是否有共同利益，是否还有背后的隐情。

步骤二：确认本案的相关法律。在调解的过程中，法律的相关规定、当事人的法定权利和义务，影响着双方的意见，影响着调解的进程。对许多当事人来说，法庭离调解并不遥远，调解不成的结果即是诉讼。充当调解员的诊所学生，具备法律专业知识，在调解过程中适时地为当事人提供法律信息，有利于当事人作出客观的、理智的决定，同时保证调解结果更公平、更具备专业水准。

步骤三：设定目标，调整行为。调整过程中我们必须设定既定的目标，并且在这样的目标的指引下调整自己的行为。

步骤四：选择策略程序准备。根据冲突的不同种类确定调解策略的选择。同时做好相关准备。

步骤五：进行评估理清思路，把已经进行过了的调解进行评估，重新理清思路。

步骤六：保持联系达成协议，趁热打铁制作调解协议。

4. 讨论与思考。

（1）制作调解计划需要注意的问题。

（2）不同情况不同对待，所以制定调解计划需要具体问题具体分析。

（3）为什么冲突会分为不同类型，这些类型各有什么特点？

（4）根据上面提供的素材完成调解计划表。

二、调解过程中的技能训练

实验项目一：调解技能的运用

1. 实验目的：调解技能的认识和选择。

提示：调解能否成功，调解技能是决定因素。好的调解方法能让调解人获得当事人的充分信任，并且可以有效地把握调解的进程，最终让当事人成功达成调解协议。调解员在调解的过程中根据案件的不同情况采取合适的调解方法才能达到预期效果。

本实验主要是针对调解中常见的两种调解方法："背靠背"调解法和"面对面"调解法进行实验。让学生自己甄别两种调解方法的优劣，并分析不同方法的不同适用场合，如何将两者有机结合。从根本上理解调解方法，以便在以后的实践中灵活运用。

2. 实验素材：案例、背对背的模式和面对面的模式。

【案例】

某总公司（2004 年法院宣告破产还债）向某村委会借款，2003 年 6 月 17 日，某化工公司自愿承担偿还此款 296850 元义务，并于当日分别出具两张借据交某村委会收执。按借据约定，某化工公司分期分批向村委会偿还借款。但在约定的还款期限到期后，某化工公司却分文未付，某村委会多次派员催收未果。2005 年 6 月 28 日，化工公司及公司主管 T 与上级主管单位签订了一份承债式连带转让协议书，约定，主管单位将其所属企业化工公司及总公司破产财产承债式一并整体转让给原公司主管 T 所有，主管单位与化工公司彻底脱钩，化工公司的财产和债务全部由 T 独立享有和承担。根据上述规定，村委会要求 T 和原公司承担债务的连带责任，立即偿还借款 296850 元，承担逾期付款部分银行利息损失 400 元，追索借款人员的工资及差旅费 600 元。

背对背的模式和面对面的模式：

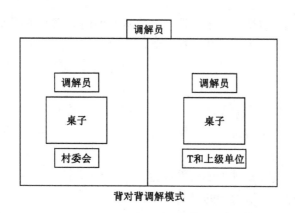

背对背调解模式

3. 实验步骤。

（1）面对面调解：

面对面调解方式是最常见的调解方式。当事人主导论题，矛盾突出，谈判针对性强。完全符合调解的当事人自愿的原则。同时，正是由于这种矛盾冲突的严重导致当事人横眉冷对，话语难免尖酸刻薄。因此，面对面调解要求调解员有主导话题，安抚情绪的能力。否则可能会造成场面失控的局面。

步骤一：将双方当事人邀请到调解地点。

步骤二：让双方当事人阐述观点。

步骤三：让双方当事人相互讨论，在必要的时候提供专业帮助，并做到安抚劝说工作。对一方无理的要求要制止，态度恶劣要劝说。以身说法，劝说当事人作出一定的让步。动之以情晓之以理。

步骤四：最终达成调解一致意见，制作调解书。

（2）背对背调解：

背对背式的调解主要运用于当事人不方便见面的情况。有时候是因为当事人要面子的性格决定的，有的时候是因为当事人之间的矛盾不便当面言说，有的时候是言语上和肢体上的冲突，所以必须要分开来调解。

背对背调解的优点是将双方当事人置于不同的场所，分别调解。调解员从中沟通劝说，拉近情感距离，从而使得调解能够成功进行。

背对背的调解方式的缺点是：由于双方当事人是背对背的，所以信息交流和调解的程度都需要调解员来把握。这样在一定程度上要求调解员需要有一定的技能和职业道德。否则就有违调解自愿的原则。

步骤一：先将双方当事人安置在不同的房间内。并说明情况，让一方当事人稍作等待。

步骤二：先与村委会代表会谈。充分听取他们的意见和看法，逐一分析他们所提出来的要求是否有法律依据。

步骤三：再与T和上级单位会谈。听取他们的意见和看法，同样分析他们的主张是否合法。

步骤四：分析双方的矛盾点，双方的合法要求是否能够契合于一点。可以契合的话即可达成调解协议。如果双方的要求有差距，寻求合理的契合点，与双方展开第二轮会谈。

步骤五：分别与双方当事人再次会谈。主要的目的是让双方当事人作出一定的让步，以达到调解契合的目的。

步骤六：如有必要，循环步骤四。

4. 讨论与思考。

（1）背对背和面对面的调解方式分别应用于何种案件效果最好？

（2）比较两种调解方式的优劣。

（3）两种调解方式如何衔接？

实验项目二：调解中的技巧

1. 实验目的：针对当事人性格选择调解技巧。

提示：在调解实践中，常因调解方法运用的不当致使调解的效率不高，社会效果不好。不同的问题要用不同的技巧来解决。所以本实验就是要区分当事人的不同性格特征，采取不同的应对方式，从而达到最好的调解效果。

2. 实验素材。

【案例】

（1）1986 年 10 月，原告与被告经人介绍认识并确立恋爱关系，1988 年农历 11 月举行婚礼，1989 年 10 月 29 日生一子，1994 年 5 月 12 日生次子。原、被告婚前感情一般，被告自 1994 年生次子后，不顾家务。原告多次劝阻，被告仍不改正，为此，原告于 2000 年、2006 年，两次向法院提起诉讼，法院判决不准离婚后，被告抛家不顾，夫妻长期分居至今已逾两年。2008 年 8 月 13 日原告再次具状向法院起诉，请求解除与被告的婚姻关系，儿子均随原告生活。

（2）原告与被告于 1990 年元月结婚，1990 年 8 月 8 日生一女。2002 年 1 月 31 日经人民法院调解离婚，婚生女由被告扶养成年。现因原告目前生活、工作在厦门市，有良好的经济基础，对抚养子女比由被告抚养更加有利。现具状起诉，请求将女儿变更由原告抚养。

（3）被告在原告处进餐，自 2000 年 3 月 18 日结算完进餐费后，被告欠原告 11613 元。经原告多次催讨，被告于 2005 年 8 月 15 日偿付 3000 元，2007 年 8 月 19 日偿付 500 元，2007 年 9 月偿付 1200 元，12 月份偿付 1700 元，仍欠 5214 元至今未还。为此，原告诉至法院，请求判令被告偿还欠款 5214 元及利息，并由被告承担诉讼费。

（4）2008 年 7 月 12 日，原告在被告承接的市污水处理厂工地做木工，因工地安全措施不到位，原告从脚手架上摔落下来，造成伤害，经过 40 余天的住院治疗才出院，医疗费 34531.61 元已由被告支付。但对其他损失被告却拒绝赔偿。原告遂具状起诉，请求被告赔偿误工费、护理费、住院伙食补助费、后期治疗费等损失共计 46000 元，并承担本案诉讼费用。

（5）1992 年原、被告经人介绍相识并建立恋爱关系，1994 年 1 月结婚，1994 年 9 月 16 日生女儿，2002 年 4 月 20 日生儿子。婚后被告喜好赌博，对家庭极不负责任，脾气暴躁，经常恶语伤害原告，现已不能共同生活，双方感情确已破裂。故原告诉至法院请求依法解除原、被告婚姻关系；两婚生子由原、被告各抚养一个；并由被告承担本案的诉讼费用。

3. 实验步骤。

用下面提供的方法解决上面提到的案例。

步骤一：将学生分成 5 组分别阅读上述案例。

步骤二：阅读完毕分别熟悉下面提供的方法来解决上述案例中的问题。

步骤三：相互讨论调解心得，交流经验教训。

（1）冷却法。

当矛盾纠纷激化，调解人员一定要临阵不乱，冷静思考，首先采取有效的办法和策略，防止事态扩大和蔓延。然后依照法律法规，对双方当事人分别耐心细致地做思想工作，待双方心平气和，抓住有利时机，及时进行调解。

这类纠纷的特点是：双方当事人一般文化程度低，脾气暴躁，容易冲动失去理智。气头之上谁规劝也不行。如果调解人员不明事理，盲目前往立即调解，不仅在节骨眼上无法有效控制事态的扩大蔓延，反而由于处置不当会激发矛盾，引火烧身，危及自身安全，甚至陷入一场混战之中，无法脱身。

（2）换位思考。

我们启发双方当事人转换角色，换位思考。在考虑个人得失的同时，也要替对方利益着想，做到知己知彼自我约束。然后，循循善诱，因势利导地进行调解。

此类纠纷特点：双方当事人刚愎自用，固执己见，爱争强好胜。

（3）法律解决。

法律解决是指运用法律的规定、道德的约束等，去除纠纷当事人的无理要求，找准纠纷争议的焦点所在，不要被表面现象所迷惑，对症下药，进行调解。

此类纠纷的特点：双方当事人胡搅蛮缠，提出无理要求，混淆是非，掩盖事实真相。

（4）逆向思维法。

逆向思维法是指运用逆向思维的方式，让双方当事人首先明白争执结果如何？然后冷静思考，端正态度，加上调解员法制宣传及耐心细致的思想工作，从而达到调解之目的。

此类纠纷的特点：正向思维根本解决不了，双方当事人充满幻想，不达目的誓不罢休。

（5）案例引导。

案例引导是指运用调解成功的相似案例，以案说法进行剖析，让双方当事人结合案例，对纠纷重新思考，最终达成调解协议。

（6）亲友法。

亲友法是指用亲情友情加法律手段对纠纷当事人进行攻心疏导，在亲情友情的感化下达成成功调解。

此类纠纷的特点：纠纷当事人重关系、讲义气、顾面子，性格直爽，为人正直，通过特定关系人做思想工作很奏效。

（7）亲情法。

亲情法是指在纠纷的调处中，运用亲情感化，使双方当事人消除积怨，化解矛盾纠纷。

此方法多用于家庭、婚姻、赡养。①

4. 讨论与思考。

（1）上述方法最能解决何种类型的案例？

（2）在什么样的情况下可以混合适用？

（3）上述方法有哪些弊端？

实验项目三：调解中会谈的技巧

1. 实验目的：训练调解谈判技巧

提示：调解中会谈的技巧是最根本的技巧。对最终达成协议起着至关重要的作用。由于每个当事人的背景不同，所以会谈要因人而异。因此本实验的目的是为了训练调解会谈的技巧。

2. 实验素材。

调解会谈目标书

会谈的目的

1. 调整情绪

---

① http：//www.hysf.gov.cn/Article/ArticleShow.asp？ArticleID＝1851.

2. 获取信息

（1）平衡机会

（2）了解隐情

（3）摸清底线

3. 推进调解

（1）调动当事人主观能动性

（2）讨论解决方案

（3）试探反应，防止唐突提议

（4）打破底线

4. 其他目的

（1）调解员需要独立工作时

（2）调解员意见不一致时

（3）需要防范不测时

3. 实验步骤。

步骤一：将学生分组，每组三人。分别确定三个人的身份，其中一人为调解员，另外两人是矛盾双方。

步骤二：每组将自己准备调解的矛盾上交老师。矛盾可以是宿舍矛盾或者同学之间的小误会。用身边最常用的矛盾来练习。

步骤三：按照上面表格的步骤练习调解。每一个参与实验的人都需要完全融入自己的角色，这样才能体会会谈的作用。

4. 讨论与思考。

针对上面表格中的事项，详细记载，并分析其中的意义。

（1）调解员需要独立工作时的情况如何应对？

有时调解员在调解过程中，希望有单独的时间清理思路、设定计划、调整状态或者临时需要查找信息资料等。可利用单独会见之间的间歇，将当事人双方置于互相隔离的地方，而使自己有短暂的独处时间。这样的时间不宜过长，让双方当事人同时等待不是一个好办法，因而提倡调解员在调解之前尽量准备充分。

（2）调解员意见不一致时应当如何解决？

两位调解员合作案件的情况非常普遍。在调解中，两个人分工合作、相互补充、密切配合，比一个人更有效率。但也会发生两位调解员沟通产生困难，没有相互理解，或者意见不一致的时候。调解员不适宜在双方当事人面前沟通、解释、讨论，更要避免争执（特意设计的技巧除外）。可以要求当事人到隔离间，调解员快速地沟通，协调一致，从而使调解进程不受影响。

（3）临时发生的危险和意外的处理。

调解过程可能是和风细雨，也可能电闪雷鸣。严重的时候，调解员甚至要防范暴力行为发生。当预感到有发生暴力的可能时，无论这种可能性是发生于当事人之间，还是对调解员的人身安全产生威胁，调解员都应适时作出单独会谈的决定，将当事人一方隔离，甚至暂停调解程序，将双方当事人与调解员隔离。

三、调解完成后的工作

实验项目一：调解协议

1. 实验目的：调解协议的书写。

提示：调解协议是在调解完成以后的一个非常重要的阶段。调解协议关系到纠纷的处理以及事后双方的协议的实行。所以调解协议需要处分事项完全无遗漏并且是双方自愿协商的结果。

2. 实验素材：案例（使用实验项目一：调解准备中的案例）。

3. 实验步骤：针对会见记录撰写调解协议。

4. 讨论与思考。

（1）调解协议的撰写需要注意哪些问题？

（2）是否为当事人的真实意思表示？

（3）根据这个调解是否能达到调解的目的？

思考：

根据实验项目一中给出的案例写一个调解协议。

以下是负责此案的诊所学生撰写的调解协议，请学生进行评价、思考。

调解协议

女甲与男乙是案件双方当事人。他们达成协议如下：

1. 甲乙双方达成协议，甲方每周在固定时间内探视丙。具体安排为：甲方于每个星期五下午到丙就读学校门口接其放学，同住一晚，于次日（每个星期六）中午吃过午饭后将女儿送回到其居住小区门口；

2. 乙方不得以任何方式阻碍或纵容其亲属阻碍甲方探视女儿；

3. 甲方与丙共处期间（每个星期五下午至星期六中午），女儿的食宿费用全部由甲方负责，洗漱用具、换洗衣服等生活用品也由甲方负责；

4. 若由于甲方、乙方或女儿的时间安排冲突等意外事件导致甲方无法探视女儿，则探视时间自动向后顺延；

5. 若发生需要延期探视的事件，提出延期的一方必须提前一天向对方作出通知，并给出合理解释、延期理由；

6. 女儿的寒、暑假期间，由甲方接女儿同住一个星期，具体时间由甲方配合女儿的时间安排决定；

7. 甲乙双方保证不向女儿灌输任何不利于对方的思想、言论，不指责、批评对方，确保女儿在健康环境下成长；

8. 本协议自双方签署即时生效，甲方从本周开始按时探视女儿。

我方底线：

1. 和孩子在一起的时候对方不能陪同；

2. 留孩子过夜；

3. 假期带孩子同住一个星期。

其他可以商量。

（1）你写的协议与上文的协议有什么不同有什么相同的地方？

（2）上述协议中的优缺点？

（3）你可以作何改进？

实验项目二：调解评估

1. 实验目的：通过练习，学习调解评估方法。

提示：调解的评估，包括对调解员调解计划的评估、开场白的评估、处理人际关系能力的评估、倾听能力的评估、表述争议焦点和利益的评估、处理冲突的评估、解决争议的战略评估、公正性评估、单独会谈评估、对其他参与人控制与协调能力的评估、起草协议工作评估、结束调解工作评估等。为了对社区调解员调解技能进行评估，美国某调解中心设计了下面的调解观察表，由观察员现场观察调解过程中调解员的表现，填写评估表。

调解评估是对调解过程中调解员各个方面的能力的全面评估，并让旁观学员对调解的全过程进行点评。让参与实验的人都能在调解观察表中看到自己的得失，对自己以后寻找弱点提高自己的调解能力有很大的帮助。

2. 实验素材：调解观察表。

调解观察表①

调解员姓名：
观察员姓名：　　　　　　　　　　　　日期：

开场白　　　　　　　　　　　　　　观察员评论

自我介绍
确认姓名和地址
宣布不持偏见
说明调解程序
说明宣布调解员的作用
解释基本规则：
讨论的顺序
"不打断别人"规则
保密性
不录音录像，不做记录（如果记录，调解结
束时应毁掉)
对权利义务表格中的问题是否有异议
说明书面协议的效力
讨论持续时间
说明单独会谈方式
询问是否有疑问

处理人际关系的能力　　　　　　　观察员评论

中立且不做判断
创造良好的气氛
耐心、坚韧、宽容
使当事人感到放松
得体的语言
善解人意

---

① See Sally Ganong Pope, Lela Porter Love. Brooklyn Mediation Center. 1992, Revised by Carol Liebman, 1997.

有人情味

表达清楚

适时的幽默感

倾听的能力	观察员评论

不打断他人

听到完整的案件情节

注意力集中

积极倾听

准确理解争议焦点

掌握各方的利益所在和各方情绪

运用开放式的问题

复述关键问题

充分收集信息

为当事人解释对方陈述（解述）

总结争议焦点和利益	观察员评论

讨论之前清楚地表达、转述争议焦点和利益

承认当事人的感受

选择要讨论的问题

缜密计划讨论次序

处理冲突

对于要解决的重点问题保持清醒、冷静的头脑

控制局面

按次序讨论问题

避免自己或当事人使用过激语言

讨论重点解决方案而不是明辨是非

声音、眼神和肢体语言的运用

沉默的技巧

在恰当的时候复述事实

在恰当的时候表达个人意见

用良好的谈判风格影响当事人

在恰当的时候讲解谈判技巧

解决争议的战略	观察员评论

着眼于未来

粘合作用

教育

说服

提出假设，"如果……"

考察现状

巩固达成一致的内容

寻求双方一致的原则、标准

寻求双方共同的利益

辨别各方的需求和各自利益

解决问题方式具有创造性

协助当事人制定解决方案

"大脑风暴"、集思广益等方法

公正、无偏私

客观性

避免只采纳一方的意见

避免只使用一方的语言

使用公正的语言

不做判断

保证双方当事人平等地得知证据

注意到文化、种族等个体差异

单独会谈	观察员评论

向双方解释单独会谈的运用

掌握时间

说明目的

会谈前重申保密原则

结束时确认保密事项

律师、证人和翻译	观察员评论

解释他们的作用

对他们的参与进行适当的控制

起草协议	观察员评论

考察协议履行的可能性

保持协议内容平衡，避免只体现一方观点

清楚、具体

采用双方当事人提供的信息

尽量在双方当事人都在场的情况下制作

使用当事人的语言

确认当事人已经理解

起草后，交当事人阅读，或由调解员宣读

确认无异议后，所有相关人员签字

如果涉及付款：

  写明付款人、收款人

  金额

  付款方式

  付款时间或付款计划

结束调解	观察员评论

将签字后的协议交当事人（当事人各一份，
调解中心存档一份）

提醒各方按协议执行

表示感谢：

  当事人的出席、倾听

  当事人谈判时的良好表现

  当事人提出的良好建议

  为协议达成做出的努力

  欢迎他们来调解中心

其他评论

【案例】见前面 5 个实验中的案例

 3. 实验步骤。

步骤一：回顾上述 5 个实验中的案例，参与模拟案件的人员填写上述评估表。

步骤二：在调解员进行调解的过程中，观察员对上表中提到的问题进行详细地观察并仔细记载，同时写出自己的看法。

步骤三：调解过程结束以后由观察员和调解员共同讨论，找出优点和不足，写出改进意见。

4. 讨论与思考。

（1）调解中经常出现的失误有哪些？如何避免？

（2）是否达成协议？成功的原因是什么？为什么成功？还有什么不足？失败的原因又是什么，可以作何改进？

（3）调解评估表的作用是什么？

第六节　调解的课后练习

一、理解当事人心理的练习：

【案例】

甲男与乙女系隔壁邻居。因甲时常聚集三朋四友在家打麻将，有时通宵达旦，喧闹声严重影响了乙家正常的休息。乙多次到甲家说明自己身体不好，神经衰弱，且孩子要学习，希望甲夜晚不要扰民。一次甲家正在玩麻将，乙又敲门表示不满。甲认为乙在朋友面前扫了自己面子，遂出言不逊，辱骂乙神经病。乙亦怒斥甲不务正业，像个赌徒。双方由此发生争吵，引来邻里十数人，纷纷劝说双方忍让。甲恼羞成怒，上前拉住乙的衣服说："我是赌徒，你就是妓女。"乙羞愤不已，转身欲走，但被甲拉住。挣扎间致乙衬衣被撕破，上身部分裸露。乙遭此羞辱之后，神经受到严重刺激，神经衰弱加重，不能正常生活、工作，所在外企因此将其辞退。治病、休养、生活无来源，使乙身心、财产俱遭伤损。后有朋友告诉乙，此事不能作罢，一定要讨个说法。（2004 年国家司法考试卷四第七题案例材料）

讨论：

1. 什么是冲突？本案中当事人的冲突是什么？

2. 如何理解陷入冲突的当事人？我们如何理解本案的双方当事人？

3. 如何与陷入冲突的人打交道？

4. 如何为陷入冲突的人寻求解决办法？邻里冲突如何解决？

5. 讨论在本案中解决矛盾冲突的各种方式的利弊：

● 回避矛盾，忍让；

● 讨论，协商，特别是面对面的讨论、沟通；

● 找一个合适的中间人，或德高望重的人，或冲突各方共同的领导评理、说和；

● 找律师，谈判；

● 调解、仲裁；

● 起诉；

● 报复。

二、理解调解特征的角色模拟：

【案例】广告法案例①

56岁的A因某广告公司刊登虚假广告致其损失千余元而将该公司告上了法庭。近日，法院判决该广告公司赔偿A各种费用485.60元。被告是一杂志2005年1月号的广告总代理。此期杂志刊登了一则广告，载明某电子公司举办电子产品销售的推广让利活动，并在广告中刊登了图文对产品进行介绍；该广告同时还载明汇款地址、收款人姓名及邮政账号等信息。看到上述广告后，A决定购买广告中所登载的推广价360元、带三十万像素相机、彩屏、四十和弦铃声的产品。2005年3月21日，A按上述广告提供的信息情况，向收款人汇款360元，并支付汇费3.60元。之后A收到的却是一部收音机，没有所谓的三十万像素相机、彩屏及四十和弦铃声。为此，A多次给收款人寄信进行交涉，均因收件人地址不详被退回。

A曾就此事向工商行政管理局去函反映过情况，该局专业市场管理分局两次复函告知A，经电脑检索，截至2006年5月26日在企业登记数据库中未查到涉案的电子公司的记录；经过实地查访，也没有找到该电子公司；该电子公司违法经营行为已涉嫌诈骗并移交公安部门查处，其可与公

---

① http://www.freecase.cn/law/minfa/guanggao/2009-01-04/1111.html.

安部门进行联系。

A 还曾就此事起诉到当地法院要求收款人退回其购手机款 360 元，赔偿其长途电话费及其他费用损失 600 元，并承担案件诉讼费。当地法院经审查认为 A 起诉的被告不符合法律关于明确被告的规定，其起诉不符合法定的起诉条件，驳回了 A 的起诉。

A 多次向被告公司索要电子公司的真实名称、身份、地址，但都未果。A 认为被告公司作为某杂志广告的独家代理商，为经营者宣传虚假信息，应承担相应责任。于是，他将作为广告经营者的被告公司告上了法庭。要求被告公司赔偿其邮购费、诉讼费、长话费、信件费、误工费、精神补偿等损失，共计 1650 元。

法庭上，被告公司辩称，其在 2005 年 1 月只是负责在杂志上刊登某电子公司的广告，而且与该电子公司的合作是有合同约定的，对于由于该电子公司自身原因与客户之间发生任何的纠纷都与其无关，其不承担任何责任。另外，在 2005 年 1 月其刊登该电子公司的广告时，该公司的经营状况是符合法律规定的。因此，被告公司认为其与 A 没有发生过任何法律关系，A 在未了解清楚的情况下，草率汇款购买产品，所造成的一切后果，应当由自己承担损失和责任。

练习一：

1. 将学生分成四部分，分别是法官、A、公司代表和观察员。

2. 四个人为一组，按照案件材料模拟审判。（15 分钟）

3. 法官作出判决。

练习二：

1. 扮演法官的学生，这次扮演 A 的朋友，得知这样的事情后，他觉得很遗憾。他决定将两个人请到一起喝杯咖啡，帮助调解。

2. 三个人为一组，按照案件材料模拟调解。（15 分钟）

3. 调解人汇报结果。

讨论：

1. 法官与朋友的扮演者有何不同的做法，不同的感受？

2. 冲突双方有何不同感受？（气氛、语言、态度、信息量等方面）

3. 为什么能够改变解决问题的方式？

4. 是否可能改变解决方式？

三、制定调解计划的练习

【案例】继承案件

B 与 C 婚后生有甲。甲于 1995 年毕业于某大学。因他执意要留在上大学的城市而不愿回老家工作，与父母产生矛盾。B、C 几次劝说甲回乡工作无效便在当地报刊声明与甲脱离父（母）子关系。2001 年，甲与乙在上海结婚。2002 年 4 月份，甲出差时不幸被他人杀害。B、C 获悉甲死亡后，要求分割甲婚前购买的房屋（价值 24.6 万元）和存款 3 万元。乙以 B、C 与甲脱离了父（母）子关系而无继承权为由拒绝 B、C 分割遗产。于是 B、C 将乙诉至法院，要求分割其子甲的遗产 27.6 万元。

为上述案件的调解做一个计划，注意考虑：

1. 双方是否存在共同的利益；
2. 双方的观点、看法是否一致；
3. 过去成功相处的经验和益处；
4. 面临的主要矛盾；
5. 问题按难易程度排序；
6. 针对具体情况有哪些切实可行的解决方式；
7. 能够促进双方理解的话题有哪些；
8. 如何使得双方的亲情得以恢复和延续。

四、调解步骤的练习

【案例】婚姻案件

背景介绍：原、被告于 1975 年 5 月经人介绍相识恋爱，1976 年 3 月原告参军后，被告户籍即迁入原告家在此居住，双方经常保持书信来往。1979 年 10 月，原、被告登记结婚。1981 年 12 月 3 日，双方生育一子，现在中学读书。1985 年原告退伍后，被组织安排了工作。原、被告从婚后至 1996 年 10 月前，关系一直较好。1996 年原告在经营舞厅过程中，与一服务小姐关系暧昧，引起被告怀疑，双方为此经常吵闹，夫妻感情开始受到影响。但被告仍十分关心原告，1996 年 11 月 11 日、18 日，原告先后给被告写信承认错误，做了对不起被告的事，希望被告谅解。1996

年 12 月 15 日，原告向人民法院起诉要求与被告离婚。原告起诉后仍与被告一同生活。

原告诉称：其结婚后夫妻感情一般。自 1996 年 3 月始，被告开始无端怀疑其有第三者，且有不正当性关系，双方为此经常争吵，夫妻关系因此破裂，要求与被告离婚，分割财产，并抚养孩子。

被告辩称：原、被告恋爱四年之久自愿结婚，婚姻基础较好。结婚 17 年来，夫妻感情一直很好。只是原告从 1996 年 10 月与一异性有不正当关系后，双方才产生矛盾。其间，原告向其认错，其也愿意谅解原告，考虑到夫妻感情和孩子的成长，被告坚决反对离婚。

角色辅导：想想自己、邻居或亲戚的家庭，尽可能理解、体会当事人真实的心理和处境，将自己置于当事人的位置。开始时，你可能无法忍受对方的辩解，不停打断对方的谈话，可能抢话、沉默、拒绝合作、愤怒等。

角色分配：将学生分组，每组五名学生，其中两位当事人，两位调解员，一位观察员。当事人得到的材料是 A、B、C 或 D（本人的心理活动），调解员得到的材料是 A、B，观察员得到的材料是 A、B、C、D。

规则：

1. 每位学生只能看自己那部分材料；

2. 每个组分别在不同地方模拟，以免互相干扰。限定时间后全部回到班级，由观察员汇报各组情况。也可以选出五位学生当众模拟（教师可参与），其他人做观察员。

3. 按照调解规则，调解员可以根据当事人的要求或根据实际情况，分别与当事人各方谈话，另一方应当暂时离开。另一方有同样的权利。

讨论：

1. 是否应当限定调解的时间？

2. 调解员的立场？

3. 调解员的义务有哪些？如何体现和保证？

4. 是否要签订调解协议？

5. 社会问题与法律问题的处理有何不同？

五、调解技巧训练——为缓解冲突而转化语言

案例一：

男——她总在我工作的时候给我打电话，影响我的工作。我们吵翻了，她非常生气，但我不会因为她影响我的工作。上周因为她我不得不提前下班，单位因此扣了我半天的工资。她应当从我的生活中消失并且赔偿我的损失。

女——谁都不理他的时候他利用我。我给了他住处、鼓励他参加职务培训，现在我发现他变了，忘恩负义！我把他撵了出去，他应当得到教训，他不能那样对待人。

案例二：

工人——你是一个不守信用的老板，你雇我铲雪说每次给我 50 块，而你只给了我 25 块。雪下面的冰我当然没办法。你欠我 25 块。

老板——你才不守信用。你这也算干完了？你没有看到两侧的冰。我真该庆幸我的顾客没有摔倒。你还当众跟我争吵，还从未有人这样跟我吵过，特别是在顾客面前。

案例三：

妈妈——我是你的妈妈，我说你应该在出去之前把自己的事情做完，并且应当在九点钟之前回来。你才 15 岁，你不了解社会，不了解其他人，什么都不明白。还有，你怎能对我那么没有礼貌呢？

女儿——我可以照顾我自己，用不着你整天唠叨。你老把我当成一个孩子或者是你的附属品。你为什么不能像其他的家长那样给我一点自由呢？①

讨论：

1. 将当事人的语言进行转化。
2. 转化语言的作用？如何运用？
3. 识别当事人的立场、利益、感受。
4. 有人说："调解是一门艺术，而不是一门科学。"你怎么看？
5. 有人认为，女性更适于充当调解员，女性也更容易接受调解，你同意吗？性别因素是否影响调解进程甚至成败？如果是，这种影响是可利用的吗？

六、调解方法训练

某村一位妇女 Q 的丈夫 M 长年在城里打工，在同村的另一位男子 W

---

① 李傲著：《互动教学法——诊所式法律教育》，法律出版社 2004 年版，第 258 页。

的引诱下，妇女 Q 同 W 发生了历时一年多的两性关系（Q 称是先强奸后通奸）。其丈夫回来后得知此事非常愤怒，声称自己"没脸在这个村子里活下去了"，多次打骂 W，并威胁 W 及其家人特别是其儿子的生命安全。村委会首先出面调解，W 表示愿意向 M 支付 7000 元人民币作为"精神和名誉损害赔偿"，但要求 M 保证，私了之后不再威胁自己和两个儿子的安全。M 拒绝了这一出价，继续纠缠威胁 W。W 感到自己和孩子的人身安全都受到了威胁，为寻求保护，将此事反映给本村书记，书记建议他向当地人民法院提起诉讼，要求被告 M 停止 W 的人身威胁和财产侵害。面对 W 的起诉，M 异常愤怒，在没有任何可以站得住脚的法律的情况下，M 提出反诉，认为原告的行为对自己造成了"精神和名誉损失"，要求法院据此判决原告赔偿自己人民币 10000 元。面对这种非常微妙的案件，法院既没有轻易接受 W 的诉讼请求，也没有轻易拒绝 M 的诉讼请求，而是模棱两可地对此案进行了调解。在调解过程中，法院一方面通过劝说，使得 W 接受了对他实行拘留的决定；而另一方面，法院又用这种拘留作为一种交换条件之一，要求 M 作出让步。经法院同双方做工作，和解协议终于达成了。

协议规定：W "赔偿" M 精神和名誉损害费 8000 元；M 停止威胁、骚扰 W 及其家人，此后，双方均不得挑起事端（对于 W 来说，这意味着不得再去"找"这位妇女）；本案诉讼费 600 元，W 承担 400 元，M 承担 200 元。协议达成的当天，在"班房"里安全且莫名其妙地待了 13 天的 W 被释放了。W 对自己的遭遇没有半点抱怨，相反一个劲地感谢主持调解此案的法官，而 M 则很快携带自己的妻子离村到城里打工去了。①

思考：

1. 本案中法官的调解是否成功？

2. 根据调解的职业道德的要求，本案中存在哪些问题？

3. 法官的行为是否违法？

4. 面对这样的案件正确的调解方法是什么？

5. 为本案制作调解计划，并实际组织演练，让同学进行角色扮演，体会调解过程，并记录调解结果，写一篇关于调解本案的心得。

---

① 转引自陈明侠等主编：《性别与法律研究论坛》（2003—2004 年系列讲座），中国社会科学院法学研究所性别与法律研究中心，第 66~67 页。

七、宋代的法律中规定"地方官应当以职务教化为先，刑罚为后，每遇听讼，于父子之间，则劝息教慈，于兄弟之间，则劝以爱友"。

讨论：

1. 中国古代调解制度运用在哪些类型的纠纷中？

2. 为什么会采取这种纠纷解决方式，它与我国的古代的政治经济文化有何种联系？

3. 古代的调解制度有哪些是值得我们学习的地方，哪些是我们现在应该避免和摒弃的？

第七节　扩展阅读资料索引

1. 李傲：《美国律师调解职业技能研究》，载《求索》2004 年第 4 期。

2. 宋才发、刘玉民：《调解要点与技巧总论》，人民法院出版社 2007 年版。

3. 夏俭军：《诉讼调解实例与研究》，中国法制出版社 2007 年版。

4. 邱星美、王美兰：《调解法学》，厦门大学出版社 2008 年版。

5. 宋朝武等：《调解立法研究》，中国政法大学出版社 2008 年版。

6. 张延灿：《调解衔接机制理论与实践》，厦门大学出版社 2008 年版。

7. 张晓秦、刘玉民：《调解要点与技巧》，中国民主法制出版社 2009 年版。

8. 尹力：《中国调解机制研究》，知识产权出版社 2009 年版。

第七章　诉　　讼

"操两可之说，设无穷之辞"是对律师执业特征的总结。诉讼代理或辩护一向被视为是最具律师职业特征的、将诸多律师职业技巧融于一体的律师技能。从广义的角度讲，诉讼技巧包括会见、事实调查、法律研究、咨询、谈判、庭审技巧等诸多内容，狭义的诉讼技巧则主要指律师参与庭审的技巧，对于律师而言，不仅要熟谙程序法和实体法规范，而且要知道如何策略性地应用法律。从一定意义上来讲，律师的作用也影响了当事人对有关案件事实的纷争和对抗的能力。"诉讼如同登山，能够攻顶，才有权饱览全景。面对每一个诉讼案件，都要有全力攻顶的准备与信心……"① 律师只有将自己的生活和事业奉献于委托人，将自己的目标确定为说服法官，并通过准确的证据、可靠的证人、清晰的理由，才能达到胜诉目标，才符合对抗制的初衷，最终实现公平和正义。

本章着重围绕民事与行政诉讼程序，讨论律师在诉讼前的准备，诉讼中的应对以及诉讼后的总结评估等内容。

第一节　诉讼的计划

一、诉讼目标

诉讼的目标是立足现有事实和证据，依照法律，实现当事人利益的最大化。如原告代理人的诉讼目标是使法院支持原告的诉讼请求，被告的代理人的目标则是驳斥和反对原告的诉讼请求。一般情况下，诉讼目标包括如下几步：

（一）寻找当事人的目标与现实法律的契合点，作好起诉和答辩准备

准确了解当事人的目标是诉讼的重要任务。当事人的目的将指引代理人的

---

① 参见［美］史蒂芬·卢贝特著：《现代诉讼辩护——分析与实务》，吴懿婷译，台湾商周出版社 2002 年版，第 16 页。

工作方向，因此，首先要为当事人的诉求寻找法律上的依据，做好起诉或答辩的准备工作。

（二）庭审前的准备工作

庭审前的准备工作对庭审效果和法院判决起着举足轻重的作用。一位美国电影协会顾问、著名的律师在《我的法庭生涯》一书中写道："一个拥有优势的官司可能会输，而一个处于劣势的官司可能会赢，不是因为审判混乱，或者审判程序的不公，它仅仅因为陪审团或法官只对他们感受到的刺激发生反应，而这些刺激是来源于证据的。如果律师没有把所有的证据提交法庭，那么有错的一方可能会因为证据方面占优势赢得这场官司，因为这些证据没有得到回答与反驳。事实不会从法庭的窗口飞进来，而是用脚把它拖进来的，而把证据拖进法庭的正是律师。这就是为什么一个很有把握赢的官司失败的原因。同样，一场本要输的官司反而取胜，因为对方没有充分的准备，故而不能将全部事实提交法庭。充分准备何等重要！缺少它可能导致不公。"① 律师对案件事实的调查和对案件法律问题的研究可以获得有用的信息，据以确定庭审代理策略：将所有可能的策略设计并记录下来，然后通过进一步的调查与研究来细化，找出细化后每一种策略的异同点，通过对这些异同点的对比分析，选择出最终的策略——由一系列的事实论点和法律论点组成。律师将在诉讼中说服法官接受这些事实论点和法律论点。

（三）出庭代理

律师进行诉讼准备的目标是出庭代理。庭审当中不同阶段的代理各具特点。出庭代理包括了参与审理程序的各个阶段。

1. 法庭调查。法庭调查的目的，是澄清案件的事实或使论辩双方对事实和证据方面的分歧明朗化，为下一步的法庭辩论预设争点。律师在法庭调查阶段的实质工作，是出示自己一方的证据，并质疑对方的证据。

2. 法庭辩论。法庭辩论的功能，是对法庭调查进行全面总结，对双方所出示的证据进行总体评价。"律师在法庭上的工作有着两个不同的部分。首先是以直接、间接和交叉的方式出示证据，这项工作本身便是一门伟大的艺术。但是，若没有律师法庭工作的另一部分——法庭辩论的艺术，证据本身时常不能将自己的全部意义表现出来，只有法庭辩论的艺术才使得律师能够充分地利

---

① 转引自林正编著：《哈佛辩护——哈佛法学院 MJS 案例教程》，改革出版社 1999年版，第 145～146 页。

用证据。"① 律师通过对证据的评价，揭示证据相互之间的关系，揭示证据与待证事实的关系。律师通过有效地组织材料的方式，说明自己对事实主张的合理性。在法庭辩论中，还需要对适用于案件的法律问题提出自己一方的意见，说明详细的理由。对对方的意见同时应当进行反驳，揭示其矛盾和疏漏。

（四）庭后补充书面资料

许多案件并不当庭判决，实践中律师庭后补充资料已经成为不亚于参与庭审的关键环节。庭后提供的主要资料包括：

1. 代理词以及补充意见。

律师在出庭之前已经准备了代理词，但庭审之后，代理词通常需要重新整理和补充。是否需要律师补充意见，应视情况而定。补充意见是对某一关键事件或某一关键证据的补充说明，由于它需要单独地、详尽地说明某一特定事项，不适合于放入代理词；或在代理词已经上交法院，又发现有新的事项需要说明时运用。

2. 证据清单以及新的证据

提交代理词时，需要重新编写证据清单。证据清单不是对证据资料的简单罗列，而是要经过归类、分析后科学地编排。

（五）上诉案件代理

上诉是推翻不公正的一审判决的主要方式，尽管不是唯一方式②。而且，上诉代理是实现当事人上诉权的方式和途径，因而有效的上诉代理，同样是律师业务的重要组成部分。一定程度上说，上诉代理中对律师的要求比一审更高。律师要想通过上诉推翻一审判决，不但要有对案件事实和法律的准确把握，还需要百折不挠的精神和毅力，并掌握上诉案件代理中的特殊技巧和方法。

上诉审理不是对案件的重新审理，能否帮助当事人作出是否上诉的正确抉择，是律师面对一审判决最大的挑战。在处理这一问题时，律师应当站在上诉审法官的立场上，提出并回答下述问题，即：如果我自己是处理这件上诉案件

---

① ［美］亚瑟·T. 汪德尔贝特著：《法庭辩论之道》，转引自林正编著：《哈佛辩护——哈佛法学院 MJS 案例教程》，改革出版社 1999 年版，第 762 页。

② 在我国目前的司法体制条件下，人民检察院是国家的法律监督机关，对生效的各类判决，发现确有错误的情况下提出抗诉，有权要求人民法院重新审理，纠正错误。在民事和行政案件中，确实有些当事人没有对一审判决提出上诉，而是在一审判决生效后，直接要求人民检察院抗诉。在人民检察院抗诉后改判的案件，并非特例。参见最高人民检察院编：《人民检察院民事行政抗诉案例选》（1-4）辑，法律出版社 2003 年版。

的法官，具备了什么样的理由才足以推翻原判？现有的上诉理由能够达到改判的程度吗？只有律师在仔细、全面地分析并回答了这一问题后作出的向当事人的咨询意见，才具有实质性的意义。

一旦当事人决定上诉，律师的职责决定他必须一往无前。在上诉代理中，首先需要考虑和面对的就是提出一份有效的诉状。上诉法庭有时不进行口头辩论，一份结构严谨、文笔流畅、表达清晰、富有说服力的诉状，就可以为上诉的胜利创造条件。阅读和审理上诉案件的法官，较之于一审法官，一般更加具有知识和经验方面的优势。因此，上诉状中需要详细的事实和法律论证，所使用的术语和观点应当区别于在一审时已经使用过的术语和观点。上诉状要以最符合逻辑和最具有说服力的顺序，以明确的、肯定的形式撰写，精选出少数最有代表性的问题，务必把精力集中在一两个重要问题上，并根据"首要和新近原则"，将最具有说服力的那部分内容，放在论证序列的首位。

二、诉讼的步骤

在明确了诉讼的目标之后，接下来的工作是应计划诉讼的步骤：

1. 起诉与答辩，启动诉讼程序或是对于对方的诉求予以抗辩。

2. 庭审前的准备，包括资料的汇总、证据的清理等。

3. 参与庭审，在审理阶段，围绕争议的焦点，参与法庭调查，进行举证质证，参与法庭辩论。

4. 庭审后的相关资料的补足。

5. 代理上诉。

三、计划的开放性

计划常常需要依事件的变化而调整，甚至完全改变。完全改变原有计划与根本不作计划，意义全然不同。制定计划、调整计划与改变计划，是环环相扣的学习的过程。

四、讨论诉讼计划

学生填写行动计划表与教师监督指导诉讼计划两个环节。学生诉讼计划的内容包括诉讼目标、内容、步骤、变更、计划的可行性与开放性等。

学生填写计划表后，与指导教师联系，针对计划事项进行讨论，检查会见计划是否恰当、完备、充分，是否有问题清单、是否研究过相关法律、如何与合作伙伴合作、是否知道如何开头和如何结尾，除此之外，对于证据资料的认识运用，对于法律依据的归纳等，都是诉讼之前要考虑的内容。

第二节 诉讼的步骤

诉讼解决纠纷的步骤包括起诉与答辩、诉讼准备、法庭调查、法庭辩论、判决及其上诉等不同阶段。在这些阶段中，核心的部分是法庭审理，其他部分要么是法庭审理的准备，要么是法庭审理的结果。

一、起诉与答辩

（一）起诉

起诉是权利被侵害的一方当事人请求通过司法途径保护自己权利的活动。提起诉讼的当事人为原告，被提起诉讼的当事人为被告。起诉通常以书面的方式提起，提起诉讼的法律文书为起诉书。起诉应当有明确的原告、被告，有明确的诉讼请求，有事实和法律依据，有符合起诉条件的相应的证据材料。① 而且，起诉应当向有管辖权的人民法院提出。

起诉的实质是通过司法审判活动确认权利的存在或救济的具体措施。由于诉讼程序的特别要求，诉权也成为一项需要认真对待的权利。以民事诉讼为例：原告对自己的主张承担举证责任，起诉前有必要对相关的证据进行分析和评估；诉讼活动有明确的程序性、阶段性，除符合司法救济条件的案件可以申请减、免、缓交诉讼费外，原告必须预交诉讼费用，有必要做好思想上、经济上的准备；审级制度本身提供上诉救济，原告应当对纠纷的最终解决时间有明确的预计；判决仅仅是对具体权利的确认，结合我国目前的司法实务中存在大量的案件尚需要申请强制执行。

针对诉讼解决纠纷的局限，我国民事诉讼法规定了几种特别程序和特别措施，律师在帮助当事人决策时应当灵活运用：

1. 申请支付令。

申请支付令是我国民事诉讼法所规定的一种特别程序，即督促程序。其特别之处就在于克服了诉讼程序所固有的周期较长、程序复杂等局限，可以降低诉讼成本，减小诉讼周期，达到经济诉讼的目的。在债权人请求债务人给付金

---

① 最高人民法院 2001 年 12 月 21 日发布的《关于民事诉讼证据的若干规定》第 1 条规定：“原告向人民法院起诉或者被告提出反诉，应当附有符合起诉条件的相应的证据材料。”

钱或汇票、本票、支票以及股票、债券、国库券、可转让的存款单等有价证券的案件中，只要请求给付的金钱或者有价证券到期且数额确定，双方当事人没有其他债务纠纷，支付令能够送达债务人时，债权人就可以申请人民法院通过支付令的方式，达到保护自己权利的目的。但是由于支付令一经被申请人书面申请异议，无论异议是否成立，即告程序终结，由申请人另行提起普通诉讼。这无疑给当事人增加了诉累，而且在一定程度上浪费了司法资源，因此实践中并不常见。

2. 申请诉前财产保全。

诉前财产保全是当事人因情况紧急，不立即申请财产保全将会使其合法权益受到难以弥补的损害，为了防止对方当事人将争议的标的物出卖、转移、隐匿、毁损、挥霍或者抽逃资金，保证案件在判决后能够执行，在起诉之前向人民法院申请采取财产保全措施。对诉前财产保全，申请人应当提供担保，且在采取保全措施后 15 日内向人民法院起诉。

3. 申请证据保全和申请法院收集证据。

在起诉前或者人民法院调查证据前，当事人对可能灭失或以后难以取得的证据，可以申请公证机关或人民法院对其进行固定或保存。

《民事诉讼法》第 64 条第 3 款规定 "人民法院应当按照法定程序，全面地、客观地审查核实证据"，人民法院一般并不主动收集证据。根据我国法律所确定的举证责任分配原则，除了法律规定的几种特别情形①实行举证责任倒置外，由提出权利或防御主张的当事人承担举证责任，谁主张谁举证，收集证据是当事人的义务。在当事人及其代理人因客观原因不能自行收集证据的情况

---

① 最高人民法院 2001 年 12 月 21 日发布的《关于民事诉讼证据的若干规定》第 4 条规定：（一）因新产品制造方法发明专利引起的专利侵权诉讼，由制造同样产品的单位或者个人对其产品制造方法不同于专利方法承担举证责任；（二）高度危险作业致人损害的侵权诉讼，由加害人就受害人故意造成损害的事实承担举证责任；（三）因环境污染引起的损害赔偿诉讼，由加害人就法律规定的免责事由及其行为与损害结果之间不存在因果关系承担举证责任；（四）建筑物或者其他设施以及建筑物上的搁置物、悬挂物发生倒塌、脱落、坠落致人损害的侵权诉讼，由所有人或者管理人对其无过错承担举证责任；（五）饲养动物致人损害的侵权诉讼，由动物饲养人或者管理人就受害人有过错或者第三人有过错承担举证责任；（六）因缺陷产品致人损害的侵权诉讼，由产品的生产者就法律规定的免责事由承担举证责任；（七）因共同危险行为致人损害的侵权诉讼，由实施危险行为的人就其行为与损害结果之间不存在因果关系承担举证责任；（八）因医疗行为引起的侵权诉讼，由医疗机构就医疗行为与损害结果之间不存在因果关系及不存在医疗过错承担举证责任。有关法律对侵权诉讼的举证责任有特殊规定的，从其规定。

下，可以申请人民法院调查收集。① 申请法院收集证据以书面方式提出，申请书应当载明被调查人的姓名或者单位名称、住所地等基本情况、所要调查收集的证据内容、需要由人民法院调查收集证据的原因及其要证明的事实。

4. 申请先予执行。

涉及因追索赡养费、扶养费、抚育费、抚恤金、医疗费用、劳动报酬等费用引起的纠纷的案件时，根据《民事诉讼法》的规定，此类案件当事人之间权利义务关系明确，不先予执行将严重影响申请人的生活，只要被申请人有履行能力，当事人就可以申请人民法院裁定先予执行。② 根据最高人民法院的司法解释，先予执行的裁定，应该在人民法院受理案件后终审判决作出前采取。在先予执行的担保问题上，我国《民事诉讼法》的规定值得商榷。《民事诉讼法》第 98 条第 3 款规定："人民法院可以责令申请人提供担保，申请人不提供担保的，驳回申请。"在上述案件中，既然提出先予执行申请的先决条件，是"当事人之间权利义务关系明确，不先予执行将严重影响申请人的生活"，又要求申请人提供担保，有悖常理。虽然法律条文表述的是"可以责令"，表示并未排除可以"不责令"，但这一规定有悖先予执行制度所追求的立法宗旨：对特定的弱势群体，给予特别法律保护。

（二）答辩与反诉

答辩是被告对原告起诉的辩解，答辩应当根据起诉理由和请求作出，并以答辩状的方式提交法院。答辩针对起诉状提出的请求、事实和理由，提出反驳意见。在答辩过程中，如果存在被告对原告权利的请求，还需要及时提出反诉。答辩的方式通常包括原告所陈述的案件事实是否存在，原告所主张的权利是否有事实和法律依据以及受理法院是否为有管辖权的法院等。答辩应当提出明确的请求，通常情况下，被告在答辩中会提出自己对案件事实的说明或对法律的解释，并藉此请求法院驳回原告的起诉。

---

① 最高人民法院 2001 年 12 月 21 日发布的《关于民事诉讼证据的若干规定》第 17 条规定，下述 3 种情况下当事人及其诉讼代理人可以申请人民法院调查收集证据：申请调查收集的证据属于国家有关部门保存并须人民法院依职权调取的档案材料；涉及国家秘密、商业秘密、个人隐私的材料；当事人及其诉讼代理人确因客观原因不能自行收集的其他材料。

② 根据最高人民法院《关于适用中华人民共和国民事诉讼法若干问题的意见》第 107 条规定，在下列紧急情况下，当事人也可以申请先予执行："需要立即停止侵害、排除妨碍的；需要立即制止某项行为的；需要立即返还用于购置生产原料、生产工具贷款的；追索恢复生产、经营急需的保险理赔费的。"

在行政诉讼案件法律诊所，学生通常代理行政诉讼案件的原告。到法院查阅案件卷宗，特别是查阅被告的答辩状和与答辩状同时提供的被告作出行政行为的证据资料，是非常重要的工作。需要明确的是，法律没有规定行政诉讼案件的被告必须提交答辩状，在被告拒绝提供书面答辩的情况下，学生需要根据预测做庭前准备。

二、庭前准备

（一）选择和确定庭审代理策略

庭审准备从选择和确定代理策略开始。策略的选择和确定是一个过程，而且这一过程从律师介入案件时就已经开始。律师根据其工作的先后时间顺序，需要完成一系列的选择。选择的过程就是代理策略的提炼和形成，包括对整体办案策略的选择，对证人的选择，对不同证人分配不同功能的选择，对某个证人证言具体内容的选择，对所有证人证言组织结构的选择。① 选择和贯穿代理策略，实际上是制定并实施一项完整的代理计划的过程。庭前准备是讨论和确定策略，而庭审则是执行和实施这一策略。

庭审代理策略之重要性在于有效解决和防止疏漏的发生。通过庭审代理策略，律师明确了诉讼活动的重点，并根据法庭审理中发生的各种变化自如地调整自己的方案。一个成功的刑事辩护方案包括了面对变化了的案情，所应当和能够采取的对策。以帕特·皮斯特利辩护过的20世纪80年代轰动美国的"安乐死"谋杀案为例，帕特的辩护方案就是开放性的："我决定建立一个像同心圆或环的辩护体系。安妮是这个环的中心，环的最外圈是这个论点：利纳斯死于癌症，而不是吗啡。皮纳会让陪审团确信，是吗啡置受害人于死地的。要是他突破了这个圈，我就要尽全力证明，利纳斯不是死于安妮为她注射的吗啡，是南希·罗宾斯在利纳临死的那天早晨，最后一个给她注射了45毫克吗啡。要是他再一次击穿了这个圈，我的下一个辩护圈就是：安妮仅仅是遵照欣利尔大夫的医嘱行事的。我打算把焦点对准欣利尔以及医院的行政部门。我要让陪审团把安妮看做是一系列错误、含糊的医嘱以及管理混乱的替罪羊。要是这样不奏效，我的最后一圈，安妮的最后一点希望，就是让陪审团信服，不管是在

---

① 参见2003年12月（香港）中律原公司与中国律协在北京民族饭店举办的刑辩律师培训班教学资料。

哪一个过程，安妮的所作所为完全是出于对病人的关心。"①

（二）详细设计出庭代理方案

1. 初步确定可能的争议。

提交到法院的案件，要么是在事实上，要么是在法律上存在争议。律师需要在开庭之前预测可能的案件争点，并针对这些争点，提出自己方的意见，预测对方可能提出的观点，并在此基础上，确定将重点放在事实问题上还是法律问题上。例如，在债务纠纷案件中，原告方律师首先需要对案件作出预测，在预测的基础上初步确定争执焦点，作为庭审工作的重点。作为被告方律师，则需要明确是对对方的事实论点（如债务关系确实存在），还是对其法律论点（被告有义务归还欠款）进行攻击，还是既攻击事实论点，又攻击其法律论点？不同争点决定原告律师证明和论述的侧重点，也决定被告律师将采取的抗辩理论与方法。

2. 识别、确认需要证明的事实和证明方法。

一个案件可能涉及诸多事实，但只有关键事实才决定案件的结果。律师需要对案件的所有事实进行衡量，并从中确认出关键事实，全力以赴，将之作为重点证明的对象和目标。事实认定中，证明方法至关重要。其中，使用确证是一个非常重要的方面。确证即确凿证据，它是无须借助证人证言加以证实而直接付诸法庭或陪审团感观的证据，是直观证据。确证就是一个实在的物体或物件，它本身就是对相关事物的无声显示或说明。例如，照片、X光片、影视画面、图表、素描、模型、笔迹鉴定、指纹、掌纹、脚纹、活体或尸体显示，以及在法庭内进行或者在法庭外进行而将其结果提交法庭的实验、示范或检验等。把确证作为证据的一部分，原因有三："第一，确证可以用来刻画或者说明用语言难以表达或者根本不可能如实表达的意思。一张照片，抵一千句语言。第二，法官对看见的东西比听到的东西记忆时间较长——当然，直观证据和言词证据在同一事实要点上可以相得益彰，使证据达到最佳记忆效果。第三，确证可以使法官在审理过程中不会感觉到不耐烦。"②

直观证据或确证的可采性标准是看其是否有助于理解证人证言并对之有补

---

① 转引自林正编著：《哈佛辩护——哈佛法学院 MJS 案例教程》，改革出版社 1999 年版，第 152 页。

② 林正编著：《哈佛辩护——哈佛法学院 MJS 案例教程》，改革出版社 1999 年版，第 460 页。

充作用。而且，在审判的哪一阶段出示确证，并无固定的模式。律师应当选择最佳时间。开场陈述中使用确证，有助于取得先声夺人的效果，但同时会导致证据失去戏剧性的效果，而且必然为对方反驳这一证据提供机会。律师需要根据具体案情的需要，机智灵活地作出选择。

3. 证据资料的准备。

（1）处理好证人证言的繁简程度。

证人证言并非越详细越有说服力。在听取证人对特定细节和事件整体的概述之后，律师应当决定证人的证言具体到什么程度或抽象到什么程度，使之最具有说服力，且可能被对手所攻击的薄弱环节最少。

对证言必须要有所取舍。细节的陈述具有抽象的陈述所不具有的鲜明性、戏剧性和感染性。但是过多的细节会淡化重点，特别是对于那些相对来说不太重要的证人，穷尽一切细节的陈述可以给人带来良好的印象，容易帮助法庭了解事情的完整经过，但是这种事无巨细的叙述同时也必然会为对方律师的反诘问留下余地。

（2）处理好对己不利的因素或材料。

对不利因素或材料的判断和剔除，是律师的又一项准备工作。在询问证人时，没有任何一个单独的因素可以绝对肯定或否定律师是否应主动提出某一不利因素或材料。但是，下述问题应当使你倾向主动提出不利因素：（a）你知道对方律师已经了解了这个不利因素，并且很可能会在庭审中提出来；（b）这个不利因素具有十分关键和重要的地位，你在庭审时无法回避；（c）你对此不利因素可能提出的解释或反驳在逻辑上不是很完满或很有说服力；以及（d）对方律师很可能知道你的解释或反驳十分有限而且不完满。

律师在认为必须的情况下，主动提出不利因素或材料，实际上意味着争取到了解释和说明问题的主动权，能够有效缓解对方提出这些因素或材料造成的负面影响。当然，对这些因素或材料的提出还需要讲求方式，选择最有利于自己一方的时机。在处理这一问题时，首要与新近原则具有重要价值。

首要与新近原则是指，无论开庭陈述、证人诘问、总结陈词，还是提出与回应反对，原则上，人们容易记得他们最先及最后听到的事。因此，首要与新近原则要求律师将最重要的要点放在最先或最后提出。"首要与新近原则一个最重要的结果，被称之为'埋葬'。如果人们最容易记得第一个和最后一个被提出的要点，那么中间提出的要点就容易被忘记。在每个诉讼中，总会有些资讯是你相信必须提及，但是却令人难堪或者是可能产生不良影响的。因此，埋葬的原则告诉你最安全的方法就是将这些资讯巧妙地埋葬在诘问和辩论中。"①

（3）正确选择证人证言的顺序和结构。

按照使法官易于理解、接受和记忆的顺序来设计证人证言的顺序结构十分重要。律师应当尝试着用不同的方式来讲述案件故事，以便从中选择出最好的方式。不管是对证人而言，还是对法官而言，按照时间顺序来讲述案情通常是最易于理解的。因为时间顺序就是日常生活中人们经历某个事件的顺序。但其他的讲述顺序也应当考虑。例如，倒叙式讲述法（先讲述重要的事件，然后讲述能够解释这个事件为什么发生的背景情况），悬念式讲述法（先提出故事的悬念或谜团，然后解开这个悬念和谜团），总分式讲述法（从分述到总述，或者从总述到分述）以及主题式讲述法（先列举与某个主题相关的所有事实，然后讲述这些事实之间的相互关系）。当证人证言所讲述的情节是法官在其日常生活中不曾经历或不熟悉的事实时，直接的时间顺序法之外的讲述顺序更为可行。

（4）列出询问证人的问题清单。

把拟询问证人的问题和顺序整理成一个清单是必不可少的工作。律师应当将所有的问题尽可能全面地列出来，反复推敲修改，并试着按照清单来询问证人，根据询问的效果再次修改编辑问题清单，然后把最终结果整理成书面材料，在开庭前从头到尾，认真仔细地反复阅读。法庭上，不管律师是真的把这个问题清单拿在手上照本宣科，还是仅仅依靠记忆来使用问题清单，律师在起草和修改这个问题清单过程汲取的经验教训，以及从中获得的自信，都将成为保证询问有效进行的宝贵财富。

在草拟问题清单时，通常应当尽量使写下来的问题准确简洁而又不产生歧义，并使证人对问题的回答正好达到预期效果。反复地修改完善问题清单，有利于预测对方可能提出的反对和抗议问题清单，保证律师在法庭上始终处于主动地位。

（5）组织好证据并使证据形式易于展示。

将准备带入法庭的所有材料和文件按次序整理好，标注页码，必要时列出资料和文件目录和页码。当法庭需要或自己需要展示文件资料时，能够及时迅速地寻找到而不至于手忙脚乱。即便寻找资料需要一点时间，众目睽睽之下亦应当尽可能保持动作恰当稳重，神态镇定自若。

---

① ［美］史蒂芬·卢贝特著：《现代诉讼辩护——分析与实务》，吴懿婷译，台湾商周出版社2002年版，第43页。

（三）申请进行证据交换

最高人民法院有关证据的司法解释，确立了举证时限和相关的庭前证据交换制度。当事人应当在举证期限内向人民法院提交证据材料，当事人在举证期限内提交证据材料确有困难的，可以在举证期限内向人民法院申请适当延长举证期限。对于当事人逾期提交的证据，对方当事人有权拒绝质证。

一般的民事案件，经当事人申请，由人民法院组织进行庭前证据交换。对于证据较多或疑难复杂的案件，人民法院应当组织当事人在答辩期限届满后、开庭审理前交换证据。人民法院组织当事人交换证据的，交换之日举证期限届满。当事人收到对方交换的证据后提出反驳并提出新证据的，人民法院应当通知当事人在指定的时间进行交换。

当事人申请庭前证据交换的目的，是为了知己知彼，防止对方当事人的证据"突袭"，保证充分的诉前准备和诉讼的效果。通过证据交换，律师就可以确定双方当事人争议的主要问题。人民法院通过庭前证据交换制度所建立的"失权效力"规则，有助于提高庭审的效率和保证庭审的公正性。

人民法院收集的证据，是否进行庭前证据交换？表面上看，法院收集的证据似乎并无必要在双方当事人之间交换，但从证据准确性的要求看，人民法院收集到的证据也应当在证据交换时提供给当事人，保证当事人对这类证据进行有效的质证。对人民法院依照一方当事人的申请调查收集的证据，"作为提出申请的一方当事人提供的证据"，应由对方当事人质证；对法院依照职权调查收集的证据，则"应当在庭审时出示，听取当事人意见"。[①]

（四）实现其他诉讼权利

以民事案件为例，我国法律规定了当事人广泛的诉讼权利，既包括提起诉讼的诉权（或称起诉、应诉权），又包括诉讼中所享有的各种程序权利。这些程序权利包括：当事人有权委托诉讼代理人，有权申请审判人员、书记员、翻译人员、鉴定人和勘验人回避，有权收集、提供证据，有权对案件事实和适用法律进行辩论，有权请求人民法院对案件进行调解，有权提起上诉，有权申请执行，有权使用本民族语言、文字进行陈述，有权请求对诉讼证据实行保全，有权申请鉴定和重新鉴定。当事人可以查阅案件相关材料，并可以复制案件相关材料和法律文书。当事人双方可以自行和解。当事人有权处分民事实体权利和诉讼权利，原告可以放弃或者变更诉讼请求，被告可以承认或者反驳诉讼请求，有权提起反诉。

---

① 相关规定见最高人民法院《关于民事诉讼证据的若干规定》第 51 条。

在上述各种诉讼权利中，申请回避权是最主要的诉讼权利。因为，审判应当在公正、不受怀疑的情况下进行。应当回避的人员一旦参与了案件的审理，必然造成对司法公正的破坏和否定。我国《民事诉讼法》规定申请回避的理由包括三个方面：其一，审判人员、书记员、翻译人员、鉴定人、勘验人是本案当事人或者当事人、诉讼代理人的近亲属；其二，上述人员与本案有利害关系；第三，上述人员与本案当事人有其他关系，可能影响案件的公正审理。①申请回避权设定的目的，是为了保证审判活动的公正与公平。

最高人民法院于 2000 年 1 月 31 日发布了《关于审判人员严格执行回避制度的若干规定》，大幅度扩大了回避事由的范围，而且将回避的事由分为 3 大类，分别由不同的主体重点把握。具体而言，第一类：下列 5 种情形，审判人员自行回避，当事人有权要求他们回避：是本案的当事人或者与当事人有直系血亲、三代以内旁系血亲及姻亲关系的；本人或者近亲属与本案有利害关系的；担任过本案的证人、鉴定人、勘验人、辩护人、诉讼代理人的；与本案的诉讼代理人、辩护人有夫妻、父母、子女或者同胞兄弟姐妹关系的；本人与本案当事人存在其他利害关系，可能影响案件公正审理的。第二类：下列 5 种情形，当事人有权申请回避，但应当提供相关证据材料：未经批准，私下会见本案一方当事人及其代理人、辩护人的；为本案当事人推荐、介绍代理人、辩护人或者为律师、其他人员介绍办理该案件的；接受本案当事人及其委托的人的财物、其他利益或者要求当事人及其委托的人报销费用的；接受本案当事人及其委托人的宴请或者参加由其支付费用的各项活动的；向本案当事人及其委托的人借款、借用交通工具、通讯工具或者其他物品，或者接受当事人及其委托的人在购买商品、装修住房以及其他方面给予的好处的。第三类：下列 4 种情形，人民法院依职权决定回避：凡在一个审判程序中参与过本案审判工作的审判人员，不得再参与该案其他程序的审判；审判人员及其他工作人员离任 2 年内，担任诉讼代理人或者辩护人的，人民法院不予准许；人民法院根据当事人申请，不予准许本院离任 2 年后的人员在本院审理的案件中担任代理人或者辩护人；审判人员及法院其他工作人员的配偶、子女或者父母，担任其所在法院审理案件的诉讼代理人或者辩护人的，人民法院不予准许。

三、出庭代理

律师进行诉讼准备的目标即是出庭代理，庭审当中不同阶段的代理各具特点。

---

① 参见《中华人民共和国民事诉讼法》第 45 条规定。

（一）法庭调查

法庭调查的目的，是澄清案件的事实或使论辩双方对事实和证据方面的分歧明朗化，为下一步的法庭辩论预设争点。律师在法庭调查阶段的实质工作，是出示自己一方的证据，并质疑对方的证据。

1. 示证。示证即证据的出示和质证，一般称之为示证与质证。在实践中，证据的出示和质证关系非常密切。例如，律师出示证据时，通常采取分组出示的方式进行，即律师按照证明对象的不同，将证据进行分组，一组一组地出示。同样，质证也采取一证一质的方式进行，即每出示一个或一组证据，对方对之进行质证，然后再出示和质证下一个或一组证据。

在证据出示顺序和同一组证据中不同证据的出示顺序方面，律师应当通过反复斟酌，而后选择出最佳的方案。实践中，律师可以设计出完全不同的方案，对每一个方案的效果进行评价。证据的说服力和证明力是进行证据设计的出发点，律师应当通过合理的设计方案，保证发挥出证据的最佳说服力和最大证明效果。当然，律师还应当预测对方律师对这些证据可能提出的质证意见，将这些可能提出的意见进行书面的梳理，有针对性地准备对策。

2. 质证。为了打断对方的证据链条，瓦解对方证据的证明力，律师需分析和评价对方的证据。质证，能够使非法证据得以排除；能够揭示出证据与待证事实、与案件事实之间缺乏关联性从而削弱对方证据的证明力；通过对对方证据的真实性质疑，发现并扩大证据相互之间的矛盾，动摇其证明基础。根据证据的不同种类，律师有必要采取有针对性的质证方式。例如，书证、物证、视听资料等，应当出示原件、原物，原件、原物已不存在，且无证据证明与原件、原物一致的复印件、复制品，当事人有权不予认可；除非具备法定情形，① 以书面形式出示的证人证言，当事人有权不予认可；律师可以通过对对方证人的询问，通过对证人智力状况、品德、知识、法律意识和专业技能等的了解，以及证人与对方当事人有无亲属或其他密切关系，表明其证言的效力；在遇到专门性问题需要解决时，当事人可以向人民法院申请1至2名具有专门知识的人员出庭就案件的专门性问题进行说明；经人民法院准许，可以由当事人申请的具有专门知识的人员就有关案件中的问题进行对质。

---

① 最高人民法院在《关于民事诉讼证据的若干规定》第56条规定了"证人确有困难不能出庭"的5种法定情形：年迈体弱或者行动不便无法出庭的；特殊岗位确实无法离开的；路途特别遥远，交通不便难以出庭的；因自然灾害等不可抗力的原因无法出庭的；其他无法出庭的特殊情况。《关于行政诉讼证据的若干规定》中也有类似解释。

律师通常围绕以下几个方面进行证据的收集、抗辩：

（1）客观性：这是对证据最基本的要求。证据是先于争讼的客观存在。证据的内容是客观事物的反映，证据的存在形式也具有客观性，是人们可以某种方式感知的东西。无论是物证、书证还是证人证言、鉴定结论，都必须有其客观的存在形式①。《最高人民法院关于行政诉讼证据若干问题的规定》第56条规定法庭应当根据案件的具体情况，从以下方面审查证据的真实性：证据形成的原因；发现证据时的客观环境；证据是否为原件、原物，复制件、复制品与原件、原物是否相符；提供证据的人或者证人与当事人是否具有利害关系；影响证据真实性的其他因素。该规定反映了对于证据客观性的要求。律师在办理案件的过程中，可以围绕上述条件，去组织证据，也可以对他人提出的证据提出反驳理由。

（2）关联性：在三大诉讼中，证据的关联属性有着十分重要的作用。它决定着证据是否会被采纳。证据只有与案件事实相关联才能用以证明诉辩双方所争议的案件事实。证据关联性还决定着证据的范围，且对于避免当事人在不相关的问题上过分拖延、浪费时间，要求律师及相关执法人员在调查取证时，应当限于与本案有关联的证据材料；同时对于法官来讲，在审查判断证据时，应当注意及时排除与本案无关联的证据材料②。在具体的诉讼活动中，律师可以通过对下列问题，达到质疑证据关联性的目的。如这个证据能够证明什么事实，这个事实对解决案件中的争议问题有没有实质性意义，法律对这种关联性有没有具体的要求。我国对于证据的关联性没有系统规定，但是从一些立法例中可以看出相应的规定。如《最高人民法院关于民事诉讼证据若干问题的规定》第50条规定为质证时当事人应当围绕证据的真实性、关联性、合法性，针对证据证明力有无以及证明力大小进行质疑、说明与辩驳。《最高人民法院关于行政诉讼证据若干问题的规定》第49条规定：法庭在质证过程中，对与案件没有关联的证据材料，应予排除并说明理由。

（3）合法性：即运用证据的主体要合法，证据来源程序合法、证据的形式要合法、证据必须要经法定程序查证属实。在刑事案件中，证据只能由审判人员、检察人员、侦查人员依照法律规定的诉讼程序，进行收集、固定、保全和审查认定。《最高人民法院关于执行〈中华人民共和国刑事诉讼法〉若干问

---

① 何家弘：《从应然到实然——证据法学探究》，中国法制出版社2008年版，第141页。

② 蔡小雪：《行政诉讼证据规则及运用》，人民法院出版社2005年版，第209页。

题的解释》第 61 条规定，严禁以非法的方法收集证据。凡经查证确实属于采用刑讯逼供或者威胁、引诱、欺骗等非法的方法取得的证人证言、被害人陈述、被告人供述，不能作为定案的根据。我国《最高人民法院关于民事诉讼证据若干问题的规定》第 68 条规定，以侵害他人合法权益或者违反法律禁止性规定的方法取得的证据，不能作为认定案件事实的依据。《最高人民法院关于行政诉讼证据若干问题的规定》第 55 条规定，法庭应当根据案件的具体情况，从以下方面审查证据的合法性：证据是否符合法定形式；证据的取得是否符合法律、法规、司法解释和规章的要求；是否有影响证据效力的其他违法情形。第 58 条规定，以违反法律禁止性规定或者侵犯他人合法权益的方法取得的证据，不能作为认定案件事实的依据。证据的合法性是证据客观性和关联性的法律保障。

证据的这三个属性是相互联系，缺一不可的，客观性和关联性是证据的内容，合法性是证据的形式。证据的内容需要通过诉讼程序加以审查、检验和鉴定来确定。客观性、关联性、合法性正确组成了证据的基本要素，表明了证据内容和形式的统一①。律师在办理案件的过程中要明确什么样的事实可以作为证据，哪些人有权收集、审查和运用证据，应当怎样去收集和审查证据。正确认识和理解证据的概念为我们正确地运用证据立证所主张的事实指明了方向和途径，为我们判断证据提供了基本标准。一场诉讼的胜利不仅是技巧的胜利，也是证据的胜利，"打官司就是打证据"。

（二）法庭辩论

法庭辩论的功能，是对法庭调查进行全面总结，对双方所出示的证据进行总体评价。"律师在法庭上的工作有着两个不同的部分。首先是以直接、间接和交叉的方式出示证据，这项工作本身便是一门伟大的艺术。但是，若没有律师法庭工作的另一部分——法庭辩论的艺术，证据本身时常不能将自己的全部意义表现出来，只有法庭辩论的艺术才使得律师能够充分地利用证据。"② 律师通过对证据的评价，揭示证据相互之间的关系，揭示证据与待证事实的关系。律师通过有效地组织材料的方式，说明自己对事实主张的合理性。在法庭辩论中，还需要对适用于案件的法律问题提出本方的意见，说明详细的理由。对对方的意见进行反驳，揭示其矛盾和疏漏。

---

① 樊崇义：《证据法学》，法律出版社 2004 年版，第 136 页。

② ［美］亚瑟·T. 汪德尔贝特著：《法庭辩论之道》，转引自林正编著：《哈佛辩护——哈佛法学院 MJS 案例教程》，改革出版社 1999 年版，第 762 页。

律师不但要评论本方的证据，而且要评论对方出示的证据。律师对本方证据的肯定和解释，和对对方证据之间、证据与事实的矛盾的揭露，二者缺一不可。律师通过对本方所出示的证据的综合与分析，建立本方对案件事实的假设，使之令人信服。通过对对方证据之间矛盾的揭示，瓦解和动摇对方律师所试图构建的事实。律师不仅应当重视自己一方出示的证据，更应该从对方出示的证据中，发现和挖掘出对本方当事人有利的部分，通过引证对方证据的方式，获取决定性的胜利。

法庭辩论中推论的作用，也应受到充分的重视。推论是指从现有证据中合乎逻辑地推导出相关的事实，从已知事实引申出、推断出相应的结论。推论既可运用于建立自己的案件事实上，也可运用于推翻对方试图构建的事实中。"在许多情况下，从证据中推导出来的结论要比证据自身重要得多。"[1]

四、庭后补充书面资料

许多案件并不当庭判决，实践中，经过法官的允许，律师庭后补充资料是常见的做法。庭后提供的主要资料包括：

（一）代理词以及补充意见

律师在出庭之前已经准备了代理词，但经过庭审之后，代理词通常需要重新整理和补充。其必要性在于：庭审后的代理意见加入了庭审辩论的内容，代理意见更加具有针对性，更加完整；庭审后律师有机会重新思考争议事实及证据，以便用严谨的措词、精辟的分析、逻辑性的阐述完善代理意见，弥补庭审中口头表达的不足之处；为合议庭评议案件提供准确详实的意见，避免因庭上记录不全而遗漏本方的重要意见；经过庭审之后完成的代理词，是律师意见的全面反映，是体现律师工作成果的重要组成部分。

是否需要律师补充意见，应视情况而定。补充意见是对某一关键事件或某一关键证据的补充说明，由于它需要单独地、详尽地说明某一特定事项，不适合于放入代理词；或在代理词已经上交法院，又发现有新的事项需要说明时运用。

（二）证据清单以及新的证据

提交代理词时，需要重新编写证据清单。证据清单不是对证据资料的简单罗列，而是要经过归类、分析后科学地编排。编排证据的次序可以以证据类型、证据的证明内容、证据的证明力强弱等为标准。将证据按照与代理观点相

---

① ［美］亚瑟·T. 汪德尔贝特著：《法庭辩论之道》，转引自林正编著：《哈佛辩护——哈佛法学院 MJS 案例教程》，改革出版社 1999 年版，第 798 页。

对应的思路进行分类，并注明每一类证据种类的名称，说明每一类证据要证明的问题，也是常见的方法。

法庭上，法官可能要求律师庭后在限定的时间内提供某些证据，或者律师向法官承诺在限定的时间内提交补充证据。此外，律师还可能根据庭审的情况决定是否补充提供新证据。如果需要，庭审后律师应当迅速投入上述补充证据的工作。最高人民法院关于证据规定的司法解释，严格规范了提供证据的法定期限，对律师提供证据的工作提出了新的要求。

律师应当为当事人保留所有提交法院的资料的复印件。诉讼资料有助于反映和体现律师工作的过程和结果，也有助于当事人了解律师工作的状况和成果，更是律师与当事人沟通、讨论时必不可少的参考依据。当然，诉讼资料也是当事人在一审程序结束后决定是否上诉的基础。

五、上诉案件代理

案件双方当事人不服一审判决，均有权提起上诉。提起上诉是不服一审判决的司法救济途径,① 上诉代理是实现当事人上诉权的方式和途径，因而上诉代理，同样是律师业务的重要组成部分。一定程度上说，上诉代理中对律师的要求比一审更高。律师要想通过上诉推翻一审判决，不但要有对案件事实和法律的准确把握，还需要百折不挠的精神和毅力，并掌握上诉案件代理中的特殊技巧和方法。此外，律师处理和对待一审判决的态度也十分重要，"在上诉中双方律师的论证应该给法官提供初审记录中已经证据支持了的事实概要，与法院判决有关的普通法规则和判例的援引和简短摘要，以及说明他们各自当事人胜诉的判决如何促进该法律的相关目的的论证"②。

上诉审理不是对案件的重新审理，是否支持当事人作出上诉决定，是律师面对的一个重大任务。在处理这一问题时，律师可以站在上诉审法官的立场上，提出并回答下述问题，即：如果我本人是处理这件上诉案件的法官，具备了什么样的理由才足以推翻原判？现有的上诉理由能够达到改判的程度吗？只

---

① 在我国目前的司法体制条件下，人民检察院是国家的法律监督机关，其对生效的各类判决，发现确有错误的情况下提出抗诉，有权要求人民法院重新审理，纠正错误。在民事和行政案件中，确实有些当事人没有对一审判决提出上诉，而是在一审判决生效后，直接要求人民检察院抗诉。在人民检察院抗诉后改判的案件，并非特例。参见最高人民检察院编：《人民检察院民事行政抗诉案例选》(1-4) 辑，法律出版社 2003 年版。

② ［美］史蒂文·J. 伯顿著：《法律和法律推理导论》，张志铭、解兴权译，中国政法大学出版社 1999 年版，第 174 页。

有律师在仔细、全面地分析并回答了这一问题后给出的咨询意见，才具有实质性意义。

　　一旦当事人决定上诉，律师的职责决定他必须一往无前。在上诉代理中，首先需要考虑和面对的就是提出一份有效的诉状。上诉法庭有时是书面审，一份结构严谨、文笔流畅、表达清晰、富有说服力的诉状，可以加重原告胜利的砝码。

第三节　诉讼的技巧

　　诉讼中的每个阶段都有特定的技巧。开场陈述为案件定下基调，直接询问为案件奠定基础性证据，交叉询问意在损害对方证人的可信度，结案陈词则是为了言简意赅地强调核心观点。在这些不同的阶段中，诉讼技巧的运用极其重要。

一、询问证人

　　询问证人常常按照直接询问（主询问）、反诘问、再直接询问（再主询问）、再反诘问的顺序进行。法庭审理中的首要目标，是通过律师的行为说服法官支持自己一方的主张，即询问证人的目的是说服法官。"我很重要，我是主角，因为我是律师，我在表演。""证人也很重要，因为他是给出证言的人。"有类似想法的律师们忘记了他们在法庭上的目的是为了说服裁判者。出席庭审的律师必须对法官在庭审中的地位和他们的需求有充分的认识和了解，是法官而非其他人要对案件作出判决。所以，律师在询问证人时，不仅应当认真地对待证人，倾听证人的回答，根据证人所回答的内容提出下一个问题，而且要随时观察法官的反应，根据法官的表情，判断询问的节奏是否适中，关注询问是否在向有利于自己的方向发展。

　　（一）直接询问（主询问）

　　1. 说清来龙去脉。

　　直接询问是指律师向本方提供的证人询问，目的在于展示有利于本方的事实。法官在开庭前通常对案情了解是有限的，需要律师认真仔细地设定出具体场景，讲述案情的来龙去脉，帮助法官了解案件相关的情节、理解事件的由来和发展、认识到特定证据的证明目的，从而相信律师展示给他们的案情事实。

　　2. 过渡。

　　我们不能一开始就询问证人过于宽泛的问题，这种问题会使证人事无巨细地叙述他所知道的所有案件事实，也不能诱导证人。通常的方法是运用"引导性"句子或"过渡性"句子。例如，你可以说："我想请大家把注意力转向12月15日晚上发生的事情。""现在我想谈论一下在东风农场发生的事情。""现在我想跟你谈谈你搭建脚手架的方式。"在直接询问中使用这样的引导性句子或过渡性句子可以起到两个非常重要的作用。第一，可以将证人的注意力转向你希望询问的方面。第二，告诉法官接下来将要谈论的主题。

3. 掌控证人。

"诱导性问题"，是指那种在问句中暗示着答案的问题。直接询问中法律不允许律师使用诱导性问题。在直接询问中，掌控证人——对证人的引导非常重要。开放性问题能够实现对证人的掌控，这类问题要么提供了证人选择的主题，要么由证人决定哪些信息是至关重要的。例如："你能告诉我来这里的原因吗？"上述问题就是开放性的问题，这种问题允许证人选择谈论的主题。针对这一问题，证人可以谈论：（1）客观的原因，自己目击了一次殴打事件，正是这一事件，将他卷入了需要作证的问题中来。其实，那是一次如此严重的殴打和伤害事件，他甚至不想再次回忆那次粗暴的事件。（2）主观的原因，自己收到了法庭的通知，要求向法庭作证，陈述自己曾经历过的某某伤害事件。如此，等等。

但是，像"请描述一下……"这种类型的问题很可能远远不能达到预期的效果，因为这种问题对证人的引导是不足的，可以使证人开始漫无边际地描述他所知道的案情事实。"引导"不是诱导，但也不能过于宽泛：总之应当使证人明白你到底希望知道什么。律师通过开放性问题来引领和编辑案情陈述过程。正是通过这种引导性提问，律师可以在法庭上展示活生生的细节，而不是干巴巴的结论。细节，而不是结论，是说服事实裁判者们的有力工具。"细节的使用，可以让单调的主张，成为符合推论、逻辑、理由充足的论点。"[1]

4. 问题的形式。

在设计问题时，选择和使用适当的词语是律师的重要技能。通常：问题太长要把它们变短；问题太复杂要把它们变简单；问句本身含糊不清要使问题变得清楚而准确。

5. 问题的分析。

对于每一个证人，律师都应思考以下的问题：为什么传唤这个证人？他或

---

① ［美］史蒂芬·卢贝特著：《现代诉讼辩护——分析与实务》，吴懿婷译，台湾商周出版社2002年版，第47页。

她应当在我代理的案件中扮演什么样的角色，承担什么样的任务？我必须通过他或她的证言证明什么事实？与背景证据相区别的主要证据或核心证据是什么？

6. 聆听证人的叙述。

有些律师只管问问题，根本不听证人到底说什么，他们只顾看自己的问题清单和准备下一个问题，所以他们不知道证人说清楚了没有，法官到底听到了什么，从而无法提出必要的补充性或后续性的问题，无法有效地澄清和正确地限定证人的回答。

7. 身体语言和口头表达。

有些律师有这样一些习惯：在问完某个问题之后说诸如"好"、"哦"，或者总是把证人的回答重复一遍；手忙脚乱地在自己的笔记里翻来翻去；从不直视证人或法官的眼睛；语言突兀、不留余地；声音太过傲慢或太过怯弱……这些习惯可能破坏律师给法官的印象，应当有意识地避免。

8. 询问证人的节奏或速度。

律师常常会问得"太快"，原因有几种：他们感到紧张，他们已经知道案情的全部事实。在进行到重要的部分时，给律师的一个建议是应当把节奏放慢。放慢节奏，延长虽然过程短暂但地位重要的事件，例如车祸的发生或某人横穿街道的过程，缓慢的节奏本身能够达到强调的效果。

（二）反诘问

反诘问是向对方的证人进行质疑性、反驳性的询问。反诘问的目的是找出证词中的破绽，或者揭露证词中的不真实之处，以贬损或降低其证词的可信性。运用反诘问的一个基本要点就是：没有必要反诘问对方的每一位证人。反诘问应当尽可能地控制在最小和最少的范围内。选择一些你认为可能对你的意见有所帮助的点，在这些点中确定反诘问的问题。事先的思考和计划十分重要，但是在直接询问对方的证人时仔细聆听也同样重要，还有，应当在聆听对方直接询问时做好记录。

在计划反诘问时，需要思考：（1）对方的这位证人可以怎样为我所用？我怎样可以从他嘴里引导出对我方有利的证言？（2）他的哪些证言对我不利，如何对我不利，我可以扼杀、减弱或破坏他的不利证言吗？

反诘问可能达到的目标有：

（1）取得补充性的，有用的证据。取得补充性证据不需要任何的攻击和挑战，为了取得补充性证据，律师可以简单地问："除了你已经告诉我们的情况，你还可以告诉我们什么其他情况吗？""除了你已经告诉我们的事实以外，……是不是也是事实?"

（2）限制、削弱已经给出的证言。限制和削弱证据则要有所攻击，即使只是一个温和的攻击。限制证据只是试图减弱证人已经作出的证言，但并不质疑该证言的内在真实性。这种方法只是试图将证人引入灰色区域。

（3）弹劾已经给出的证言。弹劾证据则是希望通过反诘问来证明证据而非证人是错误的，将事先准备的事实陈述说给证人听，并请他接受，使他认为你的陈述比起他在先前庭审中作出的陈述更接近事实真相，这就是弹劾证据的一种典型做法。

（4）弹劾证人。弹劾证人就走得更远。弹劾证人不只是暗示证据不可靠。它是一种断言，断言证人本身是不可靠的，人们不应该相信他。不过，"只有在确凿无疑是进行伪证的案子里，不仅仅摧毁证据而且摧毁证人的行为才不会招致危险"①。

反诘问的基本技巧就是：律师向证人提出一个陈述事实的建议，问他同意或不同意。这类问题被称为"暗示性问题"或"诱导性问题"，它包含了所有律师认为至关重要的数据，是暗示着答案的提问。如果在遣词用句和口述时非常成功，那么证人会更倾向于同意律师的说法。例如：

"你听到警官大喊'站住'，难道你没有听到吗?"

"你和被告之间有亲戚关系，难道不是吗?"

此类问题实际上是一种陈述，律师已经决定了问题的答案，只是要求证人通过回答予以确认而已。此外，"是"与"不是"的问题，也属于诱导性的问题，因为这类问题也严格限定了问题的范围。

反诘问不是"反问"。许多最好的反诘问专家非常温和且循循善诱，但是他们使用高度的技巧控制诱导性问题。律师应当避免做"不着边际"的反诘问——即目标不明确不具体的反诘问。

（三）再直接询问（再主询问）

有一种形象的比喻，直接询问如同律师与他提出的证人通过提问与回答，精心制作了一个稻草人展示于法庭之上；反诘问如同对方律师手持利刃向稻草人身上乱捅乱扎一番，使原本完整圆满的形象变得伤痕累累，漏洞百出甚至面目全非；再直接询问则如同提出证人的律师通过有针对性的澄清、补充和巩固，为稻草人包扎伤口，恢复其本来面目。因此，再直接询问的最大特点是针对性强，目

---

① 林正编著：《哈佛辩护——哈佛法学院 MJS 案例教程》，改革出版社 1999 年版，第 800 页。

标明确，影视剧中的律师有时会故意在直接询问中留下"缺陷"，等对方律师大举进攻后，再抛出王牌，瓮中捉鳖，使得再直接询问充满戏剧色彩。

二、适时、适当的反对

反对，是保护本方证人，提出证据争议的工具。反对可以针对对方律师的问题、证人的证词、物证的引进和使用、律师的行为举止，甚至法官的行为等领域。反对的方式以要求法官对某项证词或证据的资格问题作出裁决的形式进行。反对的最终目的在于防止不具有证据资格的资讯被引进或被考虑。反对的范围包括问题、答案、物证、实际在诉讼时发生的任何事项①。

律师在法庭上是否提出反对，需要进行认真的权衡，没有哪一位律师可以确定法官将接受或驳回一个具体的反对。影响法官作出判断的因素很多，例如，法官可能因为误解、因为对证据法则的认识不足、或者仅仅想要审判继续进行不被打断而驳回律师的反对。又如，法官也可能认为反对没有法律根据、过于荒谬而将之驳回。不论理由如何，反对被驳回，可能会影响法庭参与人员对提出反对的律师的信赖。因此，在判断是否提出反对时，必须首先评估失败的风险。

反对应当在适当的时间提出。大多数针对问题提出的反对，必须等到诘问的问题提出后再提出。打断提问的做法并不可取。同样，如果该诘问还不确定是否会引起不具有证据能力的回答时，提出反对也是过早的。适当的反对，是指时常被提出的、根据惯例或法律的明文规定，在法庭上常见的反对。这样的反对分为两种，一种是对问题或答案形式提出的反对，另一种是实质的反对。②

（一）对形式的反对

对问题（或答案）形式提出的反对，通常有如下 8 种：

1. 诱导性的问题。

诱导性问题本身包含了答案，是最通常的适当反对。但是，在英美法系国家，只可以反对直接询问时提出的诱导性问题，不得反对反诘问时提出的诱导性问题。诱导性的问题是预备性的、基本的、指导证人注意力的或者恢复证人记忆的。在证人非常年老、非常年轻、不可靠、充满敌意时才使用。诱导性的

---

① 李傲：《互动教学法——诊所式法律教育》，法律出版社 2004 年版，第 423 页。
② 参见［美］史蒂芬·卢贝特著：《现代诉讼辩护——分析与实务》，吴懿婷译，台湾商周出版社 2002 年版，第 306~315 页。

问题可以通过改变措辞而成为非诱导的形式。

2. 复合性的问题。

复合性问题中包含了两个独立的疑问，而且可能用两个答案回答。例如："难道消防车不是在左车道行驶，且闪着警示灯吗？"复合性的问题可以被反对，因为证人对问题的肯定回答并不能达到精确要求。复合性问题被反对时，询问律师只需改变措辞即可。但是，在揭示两个事件或行为的关系时，复合性问题是允许的，例如："他难道没有一边跑，一边把手伸到口袋里吗？"

3. 模糊性的问题。

如果问题无法被人所理解、不完整或必然会导致歧义的答案，就是模糊性问题。例如："你早晨几点钟离开家？"就是一个模糊性的问题，因为每天离开家的时间可能是不同的，而问题中并未确定具体的日期。一个问题是否为模糊性问题，要看法官和证人是否都了解该问题。模糊性问题一般可以通过修改措辞加以克服。

4. 争辩性的问题。

争辩性的问题指要求证人接受诘问者的概述、推论或结论，而不是同意一个事实的存在或不存在。问题的争辩性有高、低之分，其差异取决于询问者的声调。争辩性的问题同样可以通过修改措辞加以克服。

5. 叙事性的问题。

证人必须以回答的形式作证，这一原则有助于对方律师在答案被说出前提出反对。叙事性的问题由于缺乏针对性的提问，必然导致缺乏针对性的答案。叙事的答案由于缺乏问题，使对方律师在证人陈述前无法进行有效的反对。例如"告诉我所有你在 7 月 14 日所做的事情"就是一个叙事性的问题，询问者并没有确定证人回答的范围，一个人要将一天内所做的事情叙述清楚，本身是一件难以做到的事情。但应当注意，专家证人通常被允许以叙事的形式作证。针对叙事插入长篇大论是通常处理叙事的有效办法。

6. 重复性的问题。

问题一旦"被询问而且被回答"后，律师无权重复问题和答案，是通常的适当反对。不过，在下列情况下，重复性的问题是被许可的：主题变动的情况下，重复性的问题是被许可的；反诘问时重复询问已经在主询问时提出和回答过的问题，也是被许可的；对不同的证人提出相同的问题，也是被许可的。

7. 假设性的问题。

如果问题包含了一个未被证实的事实陈述作为前提，则属于假设性问题，可以被反对。例如："你离家的时间太晚了，所以你只有 15 分钟的时间前往办公室，是这样吗?"在这里，离家时间太晚就是一个假设性判断。假设性问题对证人并不公平，因为不勉强承认假设的前提，问题便无法回答。

8. 没有回答问题的答案（答非所问）。

传统观点认为，只有提出问题的律师，才能对没有回答问题的答案提出反对。现代的观点则认为，如果答案的部分或全部没有回答问题，对方律师有权提出反对。因为律师有权坚持以问答的形式进行诘问，所以证人自动提供答案和证人没有回答问题，都是正当的反对。

（二）对实质的反对

实质的反对一般包括下列 13 种情形：

1. 传闻。

传闻证据不是直接产生于案件事实，不是从第一来源直接获取，而是从第二手以上的来源获取的证据。传闻证据也称为传来证据，传闻证据的排除规则要求，必须通过反对，排除基于传闻的资讯。我国传来证据的概念，与英美国家证据法中的传闻，尚有区别。英美法中传闻证据的排除规则也有例外，法庭外的陈述如果不是传闻，也具有证据能力。

2. 无关。

无关的证据是指证据与案件事实之间没有关联性。如果证据不能证明什么，或者只能证明一些不重要的事实，也是无关的。证据相关性原则要求，证据与案件事实之间必须有相关性。无关的、关系不大的证据是正当的反对理由。

3. 偏见。

如果证据所产生的偏见或危险远远大于证据价值，相关证据就可能被通过反对予以排除。例如，用受害者血淋淋的照片、受害者当时所穿的血衣证明一些不大相关的问题，可能产生的负面影响是由于容易引发情绪激动，导致对冷静裁判的冲击。只要有证明相同事实的其他方法，可能导致偏见的证据就应当被排除。

4. 不当的品格证据。

个人过去的不法行为，不得作为证明其当前行为的证明方法。只有当与个人诚实与否的性格有关时，声誉证据才具有证据资格。此外，诚实性格的证据只有当证人的诚实受到攻击时，才具有证据能力。

5. 缺乏亲身认知。

证人必须依据亲身的认知作证，亲身的认知通常被定义为感知的事实。如果证人对案件事实缺乏感知，可以成为正当的反对理由。但是，专家证人除外。而且，虽然非专家证人一般不得提供意见、结论或推论，但非专家证人基于理性的感知，可以提出意见或推论。一般非专家意见包括：速度、距离、价值、高度、时间、持续时间、温度等，非专家证人也被允许为其他人的心情、精神、行为和音调作证。

6. 臆断或猜测。

证人不得被要求臆断或猜测，这种问题通常被设定为假设的形式，例如"如果……会发生什么事?"就是可能导致臆断或猜测结果的询问，通常构成适当的反对。

7. 真实性。

真实性是物证的前提，所有的文件和实物只有被证明为真实的前提下，才能成为诉讼中的证据。因为物证是透过建立根据而被证明为真实的，反对可能基于真实性与根据而产生。

8. 缺乏根据。

几乎所有证据，除了证人对事件直接的观察外，都需要某种前提根据才能得以成为合法证据。例如，业务记录可以作为证据，但必须是在一般业务程序中作成时才能被允许。鉴定结论只有在被鉴定的对象具备"资料保管接受链条"时，才具有根据。其他需要特殊根据才具有证据能力的证据包括：指认声音、电话交谈、笔迹、免受揭露的权利、临终前的宣告、照片、科学检验、专家及非专家意见，等等。

9. 最佳的证据。

最佳证据规则要求物证必须是原物，书证必须是原件。除非符合法律的例外规定，并非原物、原件的证据都构成正当的反对。

10. 免受揭露的权利。

律师可以执行许多免受揭露的权利，排除具有证据能力的证据。但是，免受揭露权利的范围，随着各个国家法律的规定和各地的习惯法差异很大。西方国家通常的范围包括：律师与其委托人、医生与其病人、丈夫与妻子、牧师与忏悔者等特定关系之间，排除相互作证的义务。我国法律也规定了相关的保密义务内容。

11. 责任保险。

针对过失的争议，拥有责任保险的证据不具有证据能力。不当提及责任保险，可能被认为会导致极大的偏见。

12. 后续补救措施。

后续补偿或者其他补救的措施，不得用来证明过失或其他有责任的行为。因为，不应当阻止当事人补救危险的条件，而且当事人不应该必须在进行补救与制造他们自己责任的证明中选择。

13. 提出和解。

提出和解无法证明或反驳责任。在和解协商时作出的陈述，同样也不具有证据能力。而且，讨论和解时的陈述，可以用来证明证人的偏见或歧视，否定不当延误的论点。

三、举手投足

(一) 仪表

律师在法庭上应当有整洁、大方的仪表，这一点首先需要透过其着装体现出来。所以，法庭上律师应着正装，不能衣着随便。着休闲装、运动衣会给人产生律师随便、对案件并不重视的感觉。同样，如果律师的着装无论款式、颜色都与众不同，过分夸张，会将法庭的注意力引向其服饰，影响发言的效果。

(二) 态度

律师在自己的代理活动中，不可避免都会涉及各种冲突。这些冲突有时来源于对方律师、证人、法官。处理这些冲突时律师必须遵循各项规则，这些规则中最重要的就是律师必须要具有绅士风度，其一言一行，都要符合自己的身份，诸如谦和、大度、尊重他人、充满自信，都是律师态度的应有之义。

律师在法庭上应当正直。他所讲的事实，没有丝毫夸大和缩小的成分，他所作的申明，完全基于事实和法律。一个正直的律师不会夸大案情，不会主张无法证明的事实，不会狡猾地将非法证据引入诉讼，不会滥用反对权。如果出于对委托人的责任使得他需要反对法官的意见，或反抗某个裁决，他应当关注于解释理由。正直的律师明白：只有你的代理建立在正直的基础之上，你才能要求法官"信任你、相信你、信赖你的证人、接受你的主张，并在最后达成你要求的裁决结果"。①

自信是说服法庭的有效组成部分。一个律师的自信并非从天而降，除了在具体案件中扎实、全面、有效的准备外，艰苦的努力，长期的实践，反复的训练，都必不可少。所以，律师应该明白在什么地方停顿，了解在讲话时使用什么样的音量，自如地掌握语速、语调。一旦他能够将自己的精力全部集中于说服，一旦他对自己的成功具有了最大限度的把握，律师的行为和言谈中，必然会充满自信。一个律师在案件的代理中，一旦贯穿了充分的准备，清楚的表

---

① ［美］史蒂芬·卢贝特著：《现代诉讼辩护——分析与实务》，吴懿婷译，台湾商周出版社 2002 年版，第 52 页。

达，简洁的风格，以及坚韧不拔的追求，他的代理必然会显得自信。一个自信的律师会用自己全部的智力与意志力去战斗，将必胜的信念贯穿于代理活动的始终。

（三）言谈

俗话说："言为心声。"律师认真、庄重地对待案件的态度，就体现在其与法庭的交流过程中。在严肃的法庭上，法官当然希望律师的陈述避免前后的矛盾。多数法官厌恶律师在事实陈述中的矛盾，以及律师在叙述内容中的内在不统一。对一个法官而言，"如果一位律师刚刚说过，某事发生在 5 月份，几分钟后他又提到这件事时，又似乎发生在 3 月份，那么我将感到我的感情受到了某种伤害"。① 同样，如果一个律师在案件的实体部分所作的阐述被法庭证明是不真实的，那么，律师赢得胜诉的期望就会大打折扣。

为了有效地进行诉讼代理活动，律师对证据和法律问题的陈述必须简明而又清晰。律师不仅仅要善于驾驭语言，而且要避免多言。他需要审时度势，瞄准适当的时机，选择恰当的词汇，抛出他所要表达的观点，实现他所要达到的目的。"在运用语言进行表述时，应尽可能地让法官和陪审团少动脑筋，就能领会律师摆在他们面前的答案。"②

不仅如此，律师的辩论实际是在用语言表达思想。在律师运用语言的过程中，律师必须主宰语言，否则语言就会反过来主宰他。律师"在他完成了对案子的事实、法律、个人和背景的研究之后，在已经尽力而进行了推理之后，对于他，依然存在这样一个问题：如何使他的观点在表达方面变得那样的清晰和有说服力以至能够打动他的听众。他的听众应当能够感到——他应能够使他们感到——他正说着的是事实，而不仅仅是语言"。③

（四）行为

律师在法庭上的行为必须稳重，处变不惊，条理不乱。在关键的地方，律师在援引证人证言时应当使用证人自己的话。在论证时，律师可以说出每一个对事实的陈述在记录中的位置；在需要出示一份资料时，能够迅速地找到它。

如果律师在站起来的时候，他被椅子绊了一下；如果他像小学生似的把他

---

① ［美］亚瑟·T. 汪德尔贝特著：《法庭辩论之道》，转引自林正编著：《哈佛辩护——哈佛法学院 MJS 案例教程》，改革出版社 1999 年版，第 776 页。

② 林正编著：《哈佛辩护——哈佛法学院 MJS 案例教程》，改革出版社 1999 年版，第 67 页。

③ ［美］亚瑟·T. 汪德尔贝特著：《法庭辩论之道》，转引自林正编著：《哈佛辩护——哈佛法学院 MJS 案例教程》，改革出版社 1999 年版，第 768 页。

的书、材料等抱在怀里；如果他步履蹒跚，犹豫不决；如果他先是摘掉眼镜而又把它戴上；如果他在忙乱中无法找到那至关重要的一份材料而不得不在一堆资料中翻来翻去；如果他在发言中不得不借助朗读书面资料表达自己的辩护观点；如果在发言过程中出现了头脑空白，站在那儿一动不动；如果在表述一个观点过程中难以自圆其说，不得不干脆中途放弃；如果在发言过程中强调自己只是在尽律师的职责，说到为止（对自己的观点不仅缺乏自信，而且缺乏判断），如此等等，律师代理的效果同样会被大打折扣。

其实，克服上述缺点的方法十分简单，那就是认真、细致和充分的准备。在准备的基础上形成的辩论概要，将保证律师代理的条理性，保证律师在法庭上可以从容地、仔细地听取和记录对方律师的发言、证人的证词，而无需为自己的发言提纲分心（有些律师在法庭上准备自己的发言提纲时，往往忽略和遗漏了本该予以反驳的内容）。充分准备后形成的辩论概要，是律师应付各种事件的武器。无论律师的发言被打断，还是律师遗忘了自己发言的时机，辩论概要将是解脱困境的唯一有效武器。

秩序是进行有效辩论的前提，律师必须将所有的案件资料，根据明确的标准予以编排装订，保证随时能够在最短的时间内找到任何一份需要的资料。如果有些文字资料需要提交法庭，也应按照顺序予以整理、编排，以便法庭能够方便地使用。有的律师习惯于把自己一方的资料放置于左手位置、将对方的资料放置于右手位置，中间位置放置自己的辩论概要，这样资料就显得井然有序。律师还应当认真倾听对方律师、证人的发言，并尽可能做好准确记录。律师可以引述记录，因为有效的引述能够起到意想不到的效果，例如，用一两句话证明对方进行了错误的或过分的陈述，用一两行文字来准确地证明关键性证人所陈述的内容。

第四节　诉讼中的职业道德

一、引导当事人对诉讼的合理期望

律师不但自己需要遵循诉讼解决纠纷时所面对的各种实体法、程序法和证据规则，遵循法庭秩序，履行法律义务，尊重法庭的决定，还必须向当事人、证人，当然包括所有旁听审判的人员传递法治原则。律师应当帮助自己的当事人确定真正符合自己实质利益的解决方案，并通过积极有效的途径实现这些利益。《律师职业道德和职业纪律规范》规定，律师应当遵循诚实守信的原则，客观地告知委托人所委托事项可能出现的法律风险，不得故意对可能出现的风险做不恰当的表述或做虚假承诺。应当恪守独立履行职责的原则，不因迎合委托人或满足委托人的不当要求，丧失客观、公正的立场，不得协助委托人实施非法的或具有欺诈性的行为。

二、遵守法庭纪律

应当遵守《律师职业道德和职业纪律规范》，遵守法庭和仲裁庭纪律，尊重法官、仲裁员，按时提交法律文件、按时出庭；出庭时按规定着装，举止文明礼貌，不使用侮辱、谩骂或诽谤性语言；不以影响案件的审理和裁决为目的，与本案审判人员、检察人员、仲裁员在非办公场所接触，不向上述人员馈赠钱物，也不以许诺、回报或提供其他便利等方式与承办案件的执法人员进行交易。

三、处理对自己不利的证据与事实

在律师所代理的案件中，不可避免地会发现对自己不利的事实或判例。在处理这个棘手问题时，律师要么予以掩盖，要么正面坦率承认。哪种方式更为可取呢？

通常坦率地承认要比有意地隐瞒更好。"你可以肯定你的对手会不遗余力地揭示这些对你不利的事实或法律，而如果你坦白地暴露这些不利之处反而可能赢得法庭的帮助。"① 实际上，当律师将自己所面临的困境告诉法官的时候，法官往往产生帮助律师解决困境的愿望。相反，如果律师试图掩盖对自己不利的证据或判例时，法官将对律师的信任大打折扣。在一定程度上，律师掩盖事实的做法，还会导致面临被惩戒的后果。如果一个律师为了掩盖事实而制造伪证，用虚假的证据去反驳对方主张的事实，一旦其欺骗法庭的伎俩被揭穿，不但殃及当事人，还可能因涉嫌伪证受到刑法处罚。

没有哪个案件是毫无漏洞的，要么案件在事实或证据方面存在漏洞，要么在法律方面存在模糊，"由于证据法则的限制，以及事实发现者的耐力有限，采用的证据限于证人实际看到的部分片段。即便最简单的案件，情况也永远都

---

① ［美］亚瑟·T. 汪德尔贝特著：《法庭辩论之道》，转引自林正编著：《哈佛辩护——哈佛法学院 MJS 案例教程》，改革出版社 1999 年版，第 778 页。

是这样"。① 只要律师诚恳地提出问题，将最重要的漏洞予以填补，并给出尽可能合理的解释，其他的很多漏洞必然会被通过重建或想象予以填补。

四、处理与对方当事人和律师的关系

处理与对方当事人和律师的关系，构成了律师职业道德的重要内容。处理与对方当事人和律师关系，涉及不同层次的内容。包括：如何处理与对方律师和当事人关系才能不损害自己一方当事人的利益，维护律师职业道德要求；如何处理与对方律师和当事人关系才能不至于在维护自己一方当事人利益时，损害社会或第三人的利益；如何在律师业务中贯穿与对方律师的合作，共同维护法律和公正，等等。所有这些，都使律师在服务于当事人的同时，也服务于法治和社会，推动公平、正义的实现。

律师的角色决定他们以实现其委托人的利益为最终目标，但是，为委托人争取利益的过程中，必须遵守律师职业道德规范的约束，包括公正地对待对方律师和当事人。我国的《律师职业道德和职业纪律规范》中规定了律师对于对方律师以及当事人的义务：律师不得从对方当事人处接受利益或向其要求或约定利益；律师不得与对方当事人或第三人恶意串通，侵害委托人的权益；律师不得非法阻止和干预对方当事人及其代理人进行的活动。美国《美国律师协会职业行为标准准则》中也有类似的规定。②

---

① ［美］史蒂芬·卢贝特著：《现代诉讼辩护——分析与实务》，吴懿婷译，台湾商周出版社 2002 年版，第 60 页。

② 《美国律师协会职业行为标准准则》规则 3.4：律师不能（a）非法阻碍另一当事人取证或非法改动、销毁、隐藏文件或其他有潜在证据价值的材料。律师不能怂恿或协助他人从事以下活动。（b）伪造证据，怂恿或协助证人作伪证，或者进行被法律禁止的诱导证人。（c）知情违背法庭规则规定的责任义务，除非律师公开拒绝有效的责任义务存在。（d）在预审期间，提出敷衍的要求告知请求或没有作出合理勤奋的努力来遵守对方当事人所请求的正当的法律要求告知。（e）在审判中，暗示任何并非律师合理相信的有关或者不会被可接受的证据证明的事件。除非作为证人作证时，在争论中提出有关事实的个人认识，或对案例的公正性、证人的可信度、民事诉讼当事人的罪行、有罪或无罪的指控表明个人的看法。（f）要求非客户人员禁止自愿提供相关信息给另一当事人，除非：（1）此人是客户的亲戚、雇员或客户的其他代理人；以及（2）律师合理相信此人的利益不会因禁止提供信息而有所不利。2002 年 10 月 1 日起施行的《最高人民法院关于行政诉讼证据若干问题的规定》，充分考虑了这种趋向。这主要体现在三个条款的规定上：一是对当事人无争议，但涉及国家利益、社会公共利益或者他人合法权益的事实，人民法院可以责令当事人提供或者补充有关证据；二是证据涉及国家秘密的，由法庭予以确认，并不得在开庭时公开质证；三是涉及国家利益、社会公共利益和他人利益的事实认定的，人民法院有权依职权调取证据。

律师负有对自己一方当事人的义务，他应当通过执业活动忠实地维护当事人的利益，高效率、高质量完成委托任务。律师也负有义务，在自己的执业活动中贯穿公平正义观念，引导良好社会风气的形成。律师相互之间并没有根本利益的冲突，虽然他们在具体案件的代理中服务于对立的双方，但律师服务的基础是一致的，他们维护的都是社会公正和法律秩序，追求的目标都是法治秩序的实现。所以，在诉讼过程中，律师对职业道德的追求，符合律师服务的法治目标。

五、对公共利益的关注

公共利益在现代法治中占有重要的地位。但是，与传统法治强调对国家、政治的关注不同，现代法治注重对公众利益的保护。无论在立法还是诉讼过程中，更多体现对社会下层的特别保护。当然，这并不意味着在诉讼过程中要改变对抗制的本质，而是要通过法律改革，真正实现对抗制。

在法律的一体保护面前，面对高昂的律师费，贫穷的社会弱势群体的权利保护，显得苍白而又无力。这种状况的出现，既有法律自身局限的原因，也有近代社会产生的贫富分化严重，社会矛盾加剧等原因。无论如何，贫困阶层的法律保护，已经成为现代法治面临的最大挑战。法律职业者如何面对这一挑战，能否有效处理好这一挑战，既关系到现代社会对法律职业道德的考验，更为重要的是，它关系到现代法治是否能够满足现代社会的要求，实现现代法治的理想。

"作为一个职业，我们在确认这种职责方面已经落后了。律师必须对社会趋势非常敏感，否则，今天有效的工作很可能不符合于以后司法探究的标准。在制定法和判例之外，我们还要加上一个新的法律标准——居统治地位的公众利益，如此，便为法律增加了一维，使之成为三维空间。一个律师的工作如果仅仅基于前两维（制定法和判例），那么，就可能导致对现实的歪曲，就像是没有深度或透视感的油画，将立体的空间变成了两维的平面。"[①] 在诉讼中，关注公共利益，不仅是作为法律援助工作者的法律诊所师生的义务，同时也是全社会法律人应当承担的义务。对公益事业的支持或投入，对公共利益的关

---

① ［美］亚瑟·T. 汪德尔贝特著：《法庭辩论之道》，转引自林正编著：《哈佛辩护——哈佛法学院 MJS 案例教程》，改革出版社 1999 年版，第 767 页。

注，将渗透在诉讼前的调解、谈判以及诉讼中的咨询、决策、庭审等各个阶段。①

第五节 诉讼的实验项目

一、起诉与答辩

实验项目一：起诉

1. 实验目的。

在与当事人充分沟通后，获悉了当事人的诉讼目标，在掌握当事人陈述的案件事实后，并在查看了一定证据的基础上，得用自己的法学知识，对诉讼性质有了界分，对诉讼种类有了确认之后，启动诉讼的第一步就是如何在起诉状中表达当事人的诉求，简要陈述案情。

2. 实验素材。

【案例】

2007 年 5 月 16 日，原告张某驾驶小车行驶于汉口航空路附近时被该市公安局交通管理局 A 大队（下称 A 大队）工作人员指示靠路边停车。A 大队工作人员以张某没有使用安全带为由，决定对原告给予行政处罚，于是当场制作并向原告送交 00563529 号《公安交通管理简易程序处罚决定书》。该《公安交通管理简易程序处罚决定书》依据《中华人民共和国道路交通安全法》第 51 条、第 90 条的规定，对原告处以 50 元罚款，并通知原告在 15 日内到中国银行缴纳。逾期不缴纳的，每日按罚款数额的 3% 加处罚款。张某虽到银行交纳罚款，但对 A 大队处罚决定不服，提出诉讼。

3. 实验步骤。

---

① 2002 年 10 月 1 日起施行的《最高人民法院关于行政诉讼证据若干问题的规定》，充分考虑了这种趋向。这主要体现在三个条款的规定上：一是对当事人无争议，但涉及国家利益、社会公共利益或者他人合法权益的事实，人民法院可以责令当事人提供或者补充有关证据；二是证据涉及国家秘密的，由法庭予以确认，并不得在开庭时公开质证；三是涉及国家利益、社会公共利益和他人利益的事实认定的，人民法院有权依职权调取证据。

步骤一：由学生针对上述案件制定行动计划。教师或学生助教分散至各组，或巡回观察各组讨论情况。

步骤二：汇报员汇报本组讨论的组织、进程、效率、方式、个体参与程度、合作与沟通、异议的处理等。其余人可作补充发言。

步骤三：将各组制定的行动计划进行比较评论。

讨论计划的内容：

A. 情况介绍——自我介绍、诊所介绍、办案规则与程序介绍、双方的权利义务、案情介绍。

B. 心理准备——如何实现诉讼标？为此应当抱有怎样的心态？对本人现有资源的客观估计？

C. 工具准备——笔记本、笔、现有案件材料、表格、日历、计算器或电脑。

D. 相关法律知识的准备——从现有材料中是否可以判断适用的实体法或程序法？是否需要查阅具体法律规定？对此类型案件（涉税案件），法律有何特殊规定？

E. 合理的预测、估计——法院是否受理案件？就现有事实和证据来讲胜诉的把握？

4. 讨论与思考：

实验过后，请学生思考如下问题：如何使计划恰当、完备、充分？如何与合作伙伴合作？如何草拟起诉状？

下附诊所同学对案件所拟的起诉状，请同学阅读后，分析比对，并思考下列问题：

A. 该起诉状有无不当之处？

B. 你会如何去写？

行 政 起 诉 状

原告：张某，男，30岁，汉族，C省B市人，地址：C省B市章华南路特1号QQ制药股份有限公司

被告：C市公安局交通管理局A大队

法定代表人：王某　大队长

地址：C市A区沿河大道365号

诉讼请求：

1. 请求依法判决撤销 00563529 号《公安交通管理简易程序处罚决定书》。

2. 请求依法判令被告退还原告已缴纳的罚款 50.00 元。

3. 请求依法判令被告赔偿原告经济损失（公交车费）2.00 元。

4. 请求依法判令被告承担本案的全部诉讼费用。

事实与理由：

2007 年 5 月 16 日，原告驾驶鄂 N×××××小车行驶于汉口航空路附近时被被告工作人员（执勤民警王某，下同）指示靠路边停车。被告工作人员以原告没有使用安全带为由，决定对原告给予行政处罚，于是当场制作并向原告送交 00563529 号《公安交通管理简易程序处罚决定书》。该《公安交通管理简易程序处罚决定书》依据《中华人民共和国道路交通安全法》第 51 条、第 90 条的规定，对原告处以 50 元罚款，并通知原告在 15 日内到中国银行缴纳。逾期不缴纳的，每日按罚款数额的 3% 加处罚款。

原告于 2007 年 5 月 20 日乘公交车（支付车费 2.00 元）到中国银行 C 支行去缴纳罚款时，该支行工作人员表示该支行不是此罚款的代收机构，并向原告提供一张中国银行 C 省分行的《指定代收交通违法罚款网点名单》。根据该网点名单，原告于 2007 年 5 月 21 日坐公交车（支付车费 2.00 元）到 D 支行，才缴纳了上述罚款。

原告不服 00563529 号《公安交通管理简易程序处罚决定书》。理由如下：

一、被告作出被诉具体行政行为适用法律错误

原告没有使用安全带，经被告工作人员指出后，立即诚恳地予以接受，后来迅速予以纠正。原告行为情节轻微，完全没有影响道路通行。《中华人民共和国道路交通安全法》第 87 条第 2 款规定："公安机关交通管理部门及其交通警察应当依据事实和本法的有关规定对道路交通安全违法行为予以处罚。对于情节轻微，未影响道路通行的，指出违法行为，给予口头警告后放行。"对原告这一没有影响道路通行的轻微违法行为，应当适用《中华人民共和国道路交通安全法》第 87 条第 2 款进行处理，而被告工作人员却错误适用《中华人民共和国道路交通安全法》第 90 条进行罚款处罚。因此，被告作出的被诉具体行政行为适用法律错误。

二、被告作出被诉具体行政行为违反了 C 市公安局交通管理局的十

项便民利民措施

C市公安局交通管理局制定的十项便民利民措施第一项规定："执勤民警对外埠驾驶员或领证不满一年的本市在籍驾驶员在市区内违章，除公安部明确规定的八项严重违章和违反《治安管理处罚条例》有关规定的以外，其他一般违章行为一般不予罚款处罚和记分，予以现场教育或警告处罚后放行。对首次来汉或道路不熟悉的外埠驾驶员，执勤民警要免费发放《C市行车地图》；对不予处罚的本市在籍新驾驶员违章，要作违章记录。"原告未使用安全带的行为不属于公安部明确规定的八项违章（即无证驾驶、疲劳驾驶、酒后驾驶、超速、超载、违章超车、违章停车、夜间违章使用灯光），也不属于治安违法行为。根据C市公安局交通管理局的十项便民利民措施，作为外埠驾驶员，原告属于"现场教育或警告处罚后放行"的对象，而不应予以罚款处罚和记分处罚。

三、被告作出被诉具体行政行为违反法定程序

被告对原告作出罚款的行政处罚，应当明确地告知原告罚款的代收机构及其地址。而被告在00563529号《公安交通管理简易程序处罚决定书》中仅通知原告到"中国银行"缴纳，属于告知不明确。因为事实上，并非中国银行的所有网点都是原告罚款的代收机构。正是因为被告没有履行明确告知的法定程序，才导致原告多支出2.00元的公共汽车车票费。因被告没有履行明确告知的程序而导致原告遭受的该部分损失，应依法由被告赔偿。

综上，被告对原告所作的00563529号《公安交通管理简易程序处罚决定书》，适用法律错误，违反了C市公安局交通管理局的十项便民利民措施，且违反法定程序，损害了原告的合法权益。为此，特依法向贵院起诉，请贵院作出公正判决。

此致
C市A区人民法院

具状人：＿＿＿＿＿＿
年　　月　　日

附件：1. 本诉状副本　1　份。
2. 证据材料　9　份。

实验项目二：答辩

1. 实验目的。

目的使学生掌握如何根据起诉理由和请求作出答辩，并以答辩状的方式提交法院。答辩针对起诉状提出的请求、事实和理由，提出反驳意见。在答辩过程中，如果存在被告对原告权利的请求，还需要及时提出反诉。答辩的方式通常包括原告所陈述的案件事实是否存在，原告所主张的权利是否有事实和法律依据，以及受理法院是否为有管辖权的法院等。答辩应当提出明确的请求，通常情况下，被告在答辩中会提出自己对案件事实的说明，或对法律的解释，并藉此请求法院驳回原告的起诉。

2. 实验素材。

【案例】

　　江城市 A 区电力局于 1974 年占用被告该市 A 区天湾村民集体所有的约 10 亩土地，当时江城市 A 区电力并未按照国家的法律规定给予被告任何补偿。经过县政府的协商调解工作，江城市 A 区电力局与 A 区天湾村民就无偿占用土地遗留问题于 1995 年 8 月 25 日协商一致，双方达成供用电协议。内容主要为：江城市 A 区电力局在用电价格上给予 A 区天湾村民优惠电价，江城市 A 区电力局无偿使用 A 区天湾村民集体所有的 10 亩土地，且双方约定若遇国家调价则低价波动。2003 年汪天湾经过电网改造后，按照国务院下达的"同网同价"的规定，必须缴纳与城市相同的电价，不能再享受优惠定价。江城市 A 区电力局以情势变更为由，请求解除与 A 区天湾村民的供用电协议。A 区天湾村民认为，江城市 A 区电力局不具有合同法规定的任何法定解除合同的事由，且以情势变更作为解除合同不存在法律依据。双方发生纠纷，起诉至法院。

3. 实验步骤。

步骤一：将学生分成若干组，四人一组，其中一人为观察员。

步骤二：由诊所学生针对控辩双方的立场来讨论。教师或学生助教分散至各组，或巡回观察各组情况。

步骤三：观察员汇报本组讨论情况，其他人员可作补充。

步骤四：教师问负责该案的学生：

A. 原告的诉讼请求、事实和理由有哪些？

B. 原、被告双方各有哪些优劣势？

C. 答辩的重点与理由？

4. 就本案草拟一份答辩状。

二、庭审前的准备

庭审前的准备工作对庭审效果和法院判决起着举足轻重的作用。包括：详细设计出庭代理方案、申请进行证据交换及实现其他诉讼权利。

实验项目一：选择和确定庭审代理策略

1. 实验目的。

策略的选择和确定是一个过程，抉择的过程就是代理策略的提炼和形成，包括：对整体办案策略的抉择，对证人的抉择，对不同证人分配不同功能的抉择，对某个证人证言具体内容的抉择，对所有证人证言组织结构的抉择。① 庭前准备是讨论和确定策略，以便在庭审中更好地执行和实施这一策略。庭审代理策略之重要性在于有效解决和防止疏漏的发生。通过庭审代理策略，律师明确了诉讼活动的重点，并根据法庭审理中发生的各种变化自如地调整自己的方案。

2. 实验素材。

【案例】

贾某系一孕妇，在其所在市 N 区的妇幼医院进行围产期保健检查。其分别在妊娠 12 周，28 周，36 周时做 B 超检查，均被医院告知胎儿健康，发育良好。但于 39 周生产时，发现生一兔唇女婴，伴有先天性心脏病。贾某经多方咨询医生后得知，在妊娠 12 周时进行检查，正常的医疗设备是可以检测出兔唇存在的，如果这样，可以进行终止妊娠手术，避免这种情况的发生，于是想起诉医院，要求进行赔偿。

实验准备：将学生分成若干组，五人一组，阅读案件。

3. 讨论与思考。

A. 诉讼是否是当事人真实且自愿的选择？

B. 案件涉及哪些法律规定？

---

① 参见 2003 年 12 月（香港）中律原公司与中国律协在北京民族饭店举办的刑辩律师培训班教学资料。

C. 现有证据有哪些？还有哪些证据需要收集？如何收集？

D. 是否考虑了胜诉几率、诉讼成本、判决执行等事项并与当事人共同讨论、澄清？

E. 诉讼将如何影响诉讼双方今后的关系？当事人是否明确并准备接受有利或不利影响？

F. 诉讼当中是否准备提出或接受对方提出的调解要求？

G. 制定下一步行动计划表，确定基本办案策略。

实验项目二：证据资料的准备

1. 实验目的：提高证据资料准备的能力。

2. 实验素材。

【案例】

潘某与被告张某于 1994 年 6 月在 B 省 A 市登记结婚，于 1995 年 3 月 23 日婚生一子，后双方于 1998 年 1 月自愿达成离婚协议，并办理了离婚证。双方在离婚协议中约定婚生一子潘某负责抚养教育，由张某每月支付其子在幼儿园期间 250 元整，在读小学期间 300 元整，在读初中期间 350 元整，由张某在 1998 年 2 月起每月的 10 日前寄给监护人潘某，在其子读高中期间的生活费每月 400 元，教育费依学校收据为据，各半承担。在读大学期间，生活费协商解决，教育费仍各半承担。(附二人离婚协议)

因孩子实际成长、教育、就医的需要，被告实际支付的抚养费（每月 300 元）已远远不足，而被告 10 年来实际上并没有承担原告的教育费和医疗费。且孩子在 2004 年患病毒性脑膜炎住院半个月，花去医疗费 2500 多元，对此张某也没有承担任何费用，潘某曾多次联系被告协商解决医疗费问题，但张某一直逃避责任，拒绝承担任何费用。

潘某工资仅为 1100 元，10 年来一直负担其绝大部分的生活费和全部的教育费、医疗费，而潘某今年 7 月查出患有子宫方面的疾病，现在进行中药治疗，其身体健康程度下降，也增加了医疗费的经济负担。两位原告一直寄住于潘某母亲家中（向其母每月交 300 元的伙食费），无自己所有的房屋，也无经济能力租房，这都说明其经济能力有下降并继续恶化的趋势。

而张某的收入水平和经济能力远高于潘某。双方的经济条件和原告实际成长需要都发生了情势变更的情形，确有变更抚养费数额的必要。潘某认为变更抚养费的诉讼请求已符合我国婚姻法及最高人民法院《关于人民法院审理离婚案件处理子女抚养问题的若干具体意见》等有关规定，欲起诉至法院。

作为原告潘某的代理人，经与当事人会见后，获取如下证据：

1. 离婚证复印件；

2. 身份证；

3. 小潘的户口证明；

4. 离婚协议书；

5. 张某的工资收入证明；

6. 张某的其他固定收入证明；

7. 张某所在单位官方网站所载的张某职务及著作状况；

8. 江苏省常州市统计信息网上的近几年的常州地区的居民消费支出数据；

9. 中华人民共和国国家统计资料载明的常州的生活水平；

10. 小潘的患病医疗费用证明（总计3235.1元）；

11. 江苏省捐资助学专用收据所载明的收费（12000元）；

12. 小潘所书写的实际情况说明；

13. 潘某的收入状况证明；

14. 潘某所在学校出具的生活状况证明；

15. 潘某的住房证明；

16. 潘某的患病情况证明；

17. 常州生活网中所载明的保姆的工资状况。

3. 实验步骤。

步骤一：讨论证据资料收集的技巧。

步骤二：每组学生针对证据单和拟收集证据的计划做讨论。

步骤三：观察员对其所观察到的情况做汇报。

步骤四：总结评论。

4. 讨论与思考。

A. 作为潘某的代理人，还有什么需要补充的证据？

B. 是否需要提供证人出庭？

C. 对现有证据和拟收集证据进行分类，并明确证据名称、证据内容、证明目的和序号；

D. 分析现有证据的利弊和用途。

实验项目三：质证

1. 实验目的：提高学生质证的能力。为了打断对方的证据链条，瓦解对方证据的证明力，律师需分析和评价对方的证据。质证，能够使非法证据得以排除；能够揭示出证据与待证事实、与案件事实之间缺乏关联性从而削弱对方证据的证明力；通过对对方证据的真实性质疑，发现并扩大证据相互之间的矛盾，动摇其证明基础。根据证据的不同种类，律师有必要采取有针对性的质证方式。

2. 实验素材。

【证人证言】：

在一起租赁合同纠纷的诉讼中，被告提出反诉，认为其不支付租金的原因是因为原告强行将其租住的房屋的大门打开，搬走了物品。被告书面证言有这样的话：

钱 A 说："我去找他（指被告）时，发现门开着，房东把他门上的锁给撬开了。"

实验准备：将学生分成若干组，三人一组。其中一人为证人，二人为代理人。

3. 讨论与思考。

A. 代理人列出询问证人的问题单。

B. 确定提问顺序，使你的问题与证人的回答相互之间具有逻辑性、连贯性。

C. 通过哪些措施排除该证人证言的可信度？

四、提交代理词

1. 实验目的。

目的是使学生掌握如何在庭审后重新思考争议事实及证据，通过代理词以严谨的措辞、精辟的分析、逻辑性的阐述完善代理意见，弥补庭审中的不足之处；为合议庭评议案件提供准确详实的意见，避免因庭上记录不全而遗漏本方的重要意见。

2. 实验素材。

【代理词】

代理词

尊敬的审判长：

受当事人邹某的委托和天工律师事务所的派遣，我们作为代理人，参与原告邹某与被告傅某交通事故赔偿金一案的诉讼活动。现本代理人依据委托人的陈述和有关证据，发表如下代理意见：

我们认为本案的基本事实是被告傅某于2004年7月24日18时35分驾驶自己的小车在湖北工业大学科技馆将原告邹某撞倒。武汉市公安局交通管理局武昌大队于2004年8月18日作出交通事故认定书，认定被告应该承担全部责任。2005年4月18日，经武汉市公安局交通管理局A大队调解，由被告傅某一次性以现金支付医疗费26175.11元，以及后期诊疗费及护理费等40887元，所有费用于2005年7月18日前以现金支付给原告。当事人双方对于该调解书的内容均没有异议，被告并于日后在原告住院治疗期间部分履行该调解书。为确保其余费用的履行，作出调解书当日被告承诺于2005年7月18日前以现金支付调解结果所规定的费用以及恢复健康之前的疗养费用，双方达成合意，自愿约定于2005年7月18日之前由被告偿还原告共45453.4元（当日被告立下欠条并且签字按手印）。但是被告一直拒绝履行债务，经原告多次催要，均以种种理由搪塞。此外，因该交通事故，原告的牙齿也受到损伤，共花费修补费2000元以及护理费500元，但该项费用并没有写进调解书。

首先，本代理人认为原告应承担拒绝履行约定的违约责任。理由如下：

根据我国《合同法》第8条的规定，依法成立的合同，对当事人有法律约束力，当事人应该按照合同约定履行义务。根据《民法通则》第84条和第106条的规定，债权人有权要求债务人依照合同约定履行义务，若不履行，则应当承担民事责任。另外，《合同法》第107条规定，当事人一方不履行合同义务或者履行义务不符合约定的，应当承担继续履行等违约责任，此外，我们认为该欠条是在武汉市公安局交通管理局A大队交警同志的协助下，双方当事人自愿达成合意的结果，理应对双方构成效力。据此，我们认为被告应当依据欠条约定全面履行义务。

其次，我们认为被告应当承担侵权损害赔偿责任，理由如下：

根据我国《民法通则》第 119 条的规定，侵害公民身体造成伤害的，应当赔偿医疗费以及因误工减少的收入，残废者生活补助等，医疗费的赔偿，一般以所在地治疗医院的诊断证明和医药费，住院费单据为凭。根据某医院的病历，事故同时导致原告牙齿受伤，花费修理费 2000 元以及因为牙齿护理费用 500 元。但该两项费用并没有记入调解书内。我们认为，被告应该支付因为事故给原告造成的牙齿治疗以及护理费用。

庭后代理意见：

尊敬的审判员：

今天开庭后，我们通过进一步的证据调查和认真听取双方当事人的陈述，对本案的部分重要事实进行了重新认定，并发表如下庭后代理意见：

1. 被告在法庭上抗辩，称原告从未交付单据并以此为由不履行正常的债务。我们认为这纯属对方捏造，理由是被告在法庭上当庭承认，自己已经得到保险公司理赔现金 5 万多元，这一点也得到了保险公司的证实。如果我们没有给他们单据，被告是无法得到如此高额的理赔的。我们认为，被告早已经得到保险金却隐瞒事实，一直谎称未得到理赔，无视原告所受的经济上、身体上和精神上的重大伤害，是不愿意履行债务、故意逃避债务、恶意损害原告利益的行为。既然被告已经得到保险理赔，为什么至今仍据为己有还振振有词？难道被告不知道她不可能制造了交通事故而又借此赚钱吗？

2. A 区交警大队的调解书的第一项括号内注明"凭据"以及第二项"凭证"充分说明该调解协议是在交警同志的参与下，原告交给对方单据、凭证的前提下作出的，被告是在拿到凭证和票据之后才于当日原告立下欠条，因此，原告交付的单据和调解协议是被告打下欠条的原因和依据。从保险公司的理赔和被告自愿写下欠条两个事实来看，被告抗辩我们没有交付单据纯属捏造。如果没有清楚的单据的累积计算，被告不会在欠条上签字。欠条是在交警同志的协助下达成的合意，这个欠条是具有法律效力的。对于被告在法庭上的所谓因为怕麻烦而随意写下欠条的抗辩，我们认为不应成立。

3. 被告在法庭上一再对交警大队的事故责任认定书和调解书表示异议，并且多次声称交警的调解和责任认定"没有道理，不清楚"等，我们认为，交警大队作为行政机关，他们作出的文书是已生效的法律文书，具有法律效力。如果被告提出质疑，他们应该另行提起行政诉讼，而不能以此作为不履行协议的理由。

4. 如果被告执意进行鉴定，我们认为被告这种恶意拖延诉讼债务的行为旨在使原告原本困窘的生活雪上加霜。因此，我们请求法院先予执行原本属于原告的保险金，以解原告燃眉之急，原告已经遭受重大损失，很难和经济地位、社会地位都明显占绝对优势却一直侵害原告合法权益的被告再耗下去。

5. 为方便法庭调查，原告将当初交警出面双方协调后的具体赔偿计算方式列表如下，该内容 A 区交警大队存有原件。对于被告对欠条上所写金额的否定，我们要求他们进行举证。

6. 原告的牙齿因为车祸受到损伤，遵照医嘱进行修复，医生认为烤瓷牙才不会留下后遗症，该项费用当时尚未发生，所以没有记入调解书及欠条数额内。

基于上述事实，原告提出如下诉讼请求：

1. 认定责任事故认定书、调解书及欠条合法有效，判决被告履行欠条约定债务 45453.4 元。

2. 判令被告支付牙齿修补费用 2000 元，护理费用 500 元。

3. 所有诉讼费用由被告承担。

尊敬的审判长，我们这次有机会参与诉讼，感到十分的荣幸，但也感到了自身的不足，我们缺乏经验，完全是来学习的，十分感谢您的言传身教。另外，我们也深深地感受到了在社会最底层百姓的痛苦和无奈，对于被告，高等学府的领导，家境富裕、地位显赫，面对法官提问的回答虽漏洞百出，却依然堂而皇之，振振有词，丝毫无愧疚之意，让我们震惊，让我们不敢相信。我们庆幸自己选择了法律，我们自豪我们可以用法律和良知向贫弱人群伸出援助之手，让她们感受到法律的公正，感受到她们虽然贫弱但也有为人的尊严。

再次对您深表感谢。

代理人：吴 某

二零零五年十月十一日

3. 实验步骤。

步骤一：每组学生对两份代理词进行评估讨论，找出异同点。

步骤二：各组汇报讨论结果。

步骤三：还有哪些地方可以完善？

步骤四：总结与点评。

五、模拟法庭

实验项目一：模拟法庭

1. 实验目的：为了使同学们更能熟识办案的全过程，对以后的实务工作有一个初步的认识。通过对在法庭审理全过程中，各个角色的模拟，来提高自己的实务操作能力。

2. 实验素材。

【案例】①

（1）案情简介。

21 名原告是被告中国新新航空有限责任公司的员工，工作岗位是客舱与地面服务部的乘务员（乘务长）岗位。

后被告依据其单方制定并下发的《新航股份合并运行四家"应对市场环境变化，加大管理构架调整"实施指导方案》系列文件，对原告"加强胜任能力考核"，未公布考核标准及考核结果即认定原告为"乘务技能评估不合格人员"。

被告要求原告参加 2008 年 9 月 16 日—10 月 10 日的乘务技能不合格人员培训（部分原告还被要求参加了 10 月 20 日—10 月 31 日英语考核不合格乘务员培训），培训内容与乘务技能无关，自脱产培训次月起，按原薪酬标准的 60% 发放薪酬。

被告对原告进行脱产培训后，未按其通知要求出具培训结论，而是让所有原告周一和周五到被告处签到，并不安排任何工作直至现在。按原薪酬标准的 60% 发放薪酬。实际每月发放薪酬在 800～1000 元左右，有部分月份低于北都市最低工资标准 800 元/月（原告正常上岗工资在 5000～12000 元之间）。

---

① 感谢广东劳维律师事务所黄彪先生提供模拟法庭案件素材。

时间	情　况
2008 年 3 月	所有乘务员均被通知参加一次 5 分钟左右的英语口语测试，后被公司确定为国际、国内技能测评（通知所有人参加，有部分人未参加。后续被要求培训的员工均参加了该测评）。 测评之后未公布测评结果。公司未能提供评分结果、评分标准。
2008 年 8 月 23 日	91 名员工收到《关于开展乘务员综合素质再考核的通知》： "根据公司人力资源手册有关规定，公司空中乘务员均需要达到本岗位技能要求。但在前期公司组织的国内、国际技能考评情况中发现您不符合乘务员技能要求，且距离公司对空中乘务员的岗位要求存在一定差距。为加强空勤人员岗位管理，全面提升公司空中服务品质，公司拟对上次考评结果不合格人员分批组织乘务综合素质再考核。" "考核时间：2008 年 8 月 26 日-28 日"，考核内容为登录公司考核系统答题，110 道选择题。 "对于本次考核结果不合格人员，公司将依据《劳动合同法》及公司有关规章制度，按不能胜任工作予以处置。" 本次考核未公布考核结果。
2008 年 9 月 16 日-10月 10 日	9 月 14 日，77 名员工收到《培训通知》："根据公司要求，从 9 月 16 日开始组织乘务技能评估不合格人员进行培训"，"培训时间：9 月 16 日-10 月 10 日"。 培训期间员工均被停飞。停飞之后因没有"小时费"这一项而导致应发工资总额大幅降低。 员工签名的《关于 9 月 16 日-10 月 10 日培训的情况说明》： 1. 上课内容自学，在培训的一个月内只有一位老师来讲了公司的企业文化（同仁共勉），还有一位老师，在此培训期间，播放了《晋商》的光盘录像。教材为 5 本，为公司企业文化及海航创建历程，海航故事的书籍，其余培训时间则无人教学。 2. 每人每日必须按规定于早 8：30 签到，中午 11：30 反签到。下午 13：00签到，于下午 16：30 下课反签到。签到由公司人事部来负责，整个"培训"就是让我们自学 5 本书——《新航集团员工守则》、《中国传统文化导读》、《新航故事》、《新航崛起告诉人们什么》、《新航案例》。 3. 10 月 8 日通知考试，考试名称为"2008 年乘务技能不合格人员脱岗培训考试"。

续表

时间	情 况
	监考人员在考试前向全体人员声明：认为自己业务技能和综合素质为不合格人员可以参加此次考试。因没有任何证据证明我们为不合格人员，故我们在持有国家有关机构颁发的合格证、上岗证的情况下，认为我们均为合格人员，并能够胜任乘务员岗位工作，因此，全体培训人员没有参加此次考试。而且在此同时没有人能够解释我们所谓不合格的原因。大家一致认为这所谓的"培训"并不是一次真正的培训，而是对我们的有意刁难，故我们全体人员拒绝了此次考试。 试卷内容并非乘务员专业知识，而是晦涩难懂的古代汉语等。
2008 年 10 月 20 日－10 月 31 日	10 月 16 日，32 名员工收到《关于英语考核不合格乘务员培训的通知》："根据乘务员英语（口语和广播词）考核标准，结合前期英语水平考试结果，公司将安排不合格人员进行英语培训，强化提高英语水平。" "培训结束后考核未达到乘务员岗位英语（口语和广播词）考核合格标准者，公司将依据《劳动合同法》进行相应处置。" 10 月 31 日英语考试，员工拒考。
2008 年 10 月 20 日	唐××等 30 人到北都市天义区劳动争议仲裁委员会申请劳动仲裁。要求： （1）继续履行劳动合同，并提供工作岗位（乘务员）； （2）恢复飞行资格； （3）补偿工资差额（从下岗停飞之日起至申请仲裁之日）。 还有部分人有要求精神损害赔偿。
2008 年 12 月 8 日	北都市天义区劳动争议仲裁委员会裁决驳回申请人所有仲裁请求。
2008 年 10 月 31 日－现在	所有原告被要求周一和周五到被告处签到，并不安排任何工作。发放薪酬仅为 800~1000 元左右。
2008 年 12 月 19 日	原告不服仲裁裁决，起诉至北都市天义区人民法院。 2009 年 2 月 17 日开庭审理此案。

另：原告孙××因认为 2008 年 9 月 16 日—10 月 10 日的培训不合理而拒绝参加达五天，被告于 2008 年 11 月 7 日发出《关于与孙××解除劳动合同的通知》，以违反公司规章制度为由解除劳动合同。

原告××等 6 人于 2009 年 2 月份合同到期终止。被告认为原告张××2009 年 2 月 16 日合同到期终止，原告认为合同到期时间为 2009 年 8 月 24 日。

（2）原告方诉讼文书及证据材料。

起 诉 状

原告：×××，女，××岁，××族，××省××市人，现住北都市××区××里××楼×门××号，电话×××××××××××

被告：中国新新航空有限责任公司

地址：北都市天义区天竺镇府前一街16号。

法定代表人：刘××

职务：董事长

原告因与被告劳动争议纠纷一案，不服北都市天义区劳动争议仲裁委员会京顺劳仲字〔2008〕第××××号仲裁裁决，特向贵院提起诉讼。

诉讼请求：

1. 判令被告继续履行劳动合同，提供劳动合同约定的工作岗位（乘务员）。

2. 判令被告恢复原告飞行资格，按照劳动合同约定提供劳动条件，恢复飞行，正常安排飞行航班任务，恢复工资待遇。

3. 判令被告支付原告自2008年9月16日起至被告实际恢复原告原工资待遇之日止的工资差额及其25%经济补偿金，该项工资差额暂计至2008年10月20日为人民币10000元及其25%的经济补偿金2500元，共计人民币12500元。

4. 判令被告承担全部仲裁、诉讼费用。

事实和理由：

一、原告胜任工作，被告认定不合格并强制再培训、再考核缺乏事实和法律依据

原告入职被告处从事乘务员工作。原告在职期间认真工作，绩效考核排名一直靠前，多次获得奖励、表彰。被告在没有事实和法律依据的情形下以"调整不胜任职位要求及富余人员"为名，人为"加强"胜任能力考核，强行单方提高考核标准，没有合法考核依据且违反考核程序不公布评分标准及考核结果，无故认定原告为乘务技能不合格人员，单方以原告不胜任工作为名对原告进行停飞脱产培训、减薪待岗。但培训、考核内容与乘务技能毫无关系。

二、被告将原告脱产培训、减薪待岗停飞损害了原告的合法权益

被告违反劳动合同的约定，不提供劳动合同约定的工作岗位，不提供

劳动合同约定的劳动条件，不安排正常航班任务，强制要求收回原告工作证件，导致原告无法行使劳动权利，工资数额大大降低，严重侵害了原告的权益。经原告多次要求被告说明原因、支付工资差额、赔偿损失，被告一直拒绝答复、协商。

为维护原告合法权益，特诉至贵院，恳请贵院依法支持原告诉讼请求。

此 致

北都市天义区人民法院

具状人：×××

2008 年 11 月 16 日

原告增加的事实与理由：

被告强制要求原告停飞做视力手术、参加安全员培训严重侵害了原告的合法权益。

原告于 2008 年 3 月被被告停岗停飞。在原告胜任合同约定的乘务员工作岗位的前提下，被告要求原告必须参加安全员培训，并因安全员对视力有特殊要求而要求原告自费做视力手术，否则与原告解除、终止劳动关系。

原告方证据：

编号	证 据 名 称	复印件页数	所证明的事实	备注
1	工作证件（×××）		原告与被告存在劳动关系	
2	劳动合同及其说明		原告的工作岗位	
3	存折、银行卡工资清单		原告的工资收入减损状况	
4	工资表		原告的工资收入减损状况	
5	量化积分、排名情况		原告业务状况良好	

编号	证 据 名 称	复印件页数	所证明的事实	备注
6	业绩考核成绩、奖励表彰		原告获多次奖励、表彰	
7	乘务航班计划表		原告停飞前一直正常飞行	
8	培训费的说明		为特定岗位支付了培训及相关费用	
9	综合素质再考核通知	2	被告无故认定原告不合格并人为强制再考核	
10	培训通知、情况说明及考试试卷	14	被告无故认定原告乘务技能不合格并通知培训，但培训内容与技能无关	
11	致公司函	3	原告要求被告停止无理培训，提供劳动条件安排飞行任务，被告拒绝回应	
12	短信通知	1	被告强制收取原告工作证件、强制脱岗、培训	
13	实施指导方案、不胜任职位要求人员及富余人员培训方案	38	原告被认定为不胜任职位要求人员及富余人员而被减薪、脱岗	
14	8月份绩效排名	20	原告业务状况良好	
15	6-9月份英语奖惩人员名单	41	英语未达级别要求的奖惩方式及名单	
16	面谈及转岗通知		被告强制要求原告转岗	
17	光盘（OA系统操作、转岗面谈录音）		原告证据来源；被告通过办公系统记录原告相关信息；被告强制要求原告转岗	
合计				

（3）被告诉讼文书及证据：

被告答辩如下：

一、劳动合同并未解除，原告工作岗位也未变更。

原告与被告签订的劳动合同至今仍然存续，被告没有解除其劳动合同，也没有单方面强制变更原告的工作岗位。因此，原告要求被告继续履行劳动合同并恢复工作岗位的仲裁请求依法不能成立。

二、被告没有取消原告的飞行资格

飞行资格和执行飞行任务是两个不同的概念。被告从来没有取消原告的飞行资格，也就没有恢复一说。用人单位享有工作安排的自主权，具体到本案，有飞行资格的乘务员是否执行飞行任务、怎么执行飞行任务是由航空公司根据其经营情况及航班计划安排的。由于受全球金融风暴及航油高涨等因素的影响，航空业受到巨大冲击，被告航班计划调整幅度较大，加之，9月16日以来，原告参加提升乘务员综合素质和技能的脱产培训，因此未安排飞行任务。但是没有执行飞行任务并不等于取消其飞行资格。因此，原告要求恢复飞行资格的请求依法不能成立。

三、原告并没有被停飞，被告也没有采取降薪措施

前已述及，原告没有被安排执行飞行任务是被告受到宏观因素影响而不得已调整航班计划，以及原告参加综合素质和技能培训等因素造成的，并不是被告安排其停飞。

乘务员薪酬体系实行的是结构性工资，包括基本、岗位、绩效、小时费、住房补贴等，其中小时费是实际执行飞行任务的劳动报酬。自2008年9月16日以来，原告因合理原因未能执行飞行任务也未向被告提供过任何劳动，其小时费当然不应发放，但其工资体系中的其他结构性工资，已按公司规章制度足额发放，因此，被告并没有采取任何降薪措施，原告所谓的工资差额是与其执行航班任务时的工资相比，劳动与未劳动时的工资报酬当然应该有差别，但这种差额并不是被告采取降薪措施导致的。

综上所述，双方劳动合同并未解除，新新航空没有单方面强制变更其工作岗位、取消其飞行资格。相反新新航空还按照公司薪酬管理制度积极履行劳动合同的义务，足额向原告发放了工资报酬。因此，原告的请求没有事实依据和法律依据，依法不能成立，请求依法予以全部驳回。

答辩人：中国新新航空有限责任公司

委托代理人：施××、杨××

组别	序号	证据名称	证明事项
	1	劳动合同书	
	2	员工离职证明；终止合同特快专递单；员工离职手续交接单；企业档案转移记录	（孙××等8人合同被解除或到期终止，陈××等13人则无此项证据）
	3	2008年5~10月工资明细	
	4	关于新航集团所属四家航空公司合并运行的批复	
	5	关于新新航空股份有限公司等四家航空公司航班经营有关问题的通知	
	6	新航集团合并运行验收检查情况通报	
	7	关于下发乘务员、安全员薪酬改革方案的通知	
	8	关于下发新航股份合并运行四家"应对市场环境变化、加大管理构架调整"实施指导方案的通知	
	9	乘务员培训签到表	

（二）实验步骤

将学生分组：

1. 法官组由三名法官和一名书记员组成；

2. 原告组由原告、代理人和两名证人组成；

3. 被告组由法定代表人、代理人、两名执法人员组成；

4. 另外指定两名观察员；

5. 其他学生为旁听人员。

分配资料：提前一周发资料，法官组得到起诉书、答辩状、双方提供的证据及证人名单；原告组得到起诉书、答辩状、原告证人辅导资料；被告组得到起诉书、答辩状、被告辅导资料；观察员得到所有资料。在模拟法庭进行开庭程序的模拟，大约2.5~3小时，庭审后休庭，法官合议，十分钟后当庭宣判。

注意事项：

1. 各方资料应当保密；

2. 各方不应当与法官组同学私下谈论案件；

3. 各方分别做准备时，观察员可以旁听，但不得参与讨论，不得发表意见。

第六节　诉讼课后练习

一、关于庭前准备阶段的练习

（一）诉讼策略

案情简介：

张某，女，1948 年出生，湖北嘉鱼人。张某在 2002 年 1 月 16 日与青龙山林场签订合同，其中约定：由青龙山林场前期出地五十亩、二期出地三百亩，张某出资三百万元，合作开发中华古文化游览园，门票二八分成，张某得八成，合作期五十年。而到了 2005 年 3 月 10 日，青龙山林场将张某诉至江夏区人民法院，理由是张某的资金没有注入；而张某则认为，真实原因是由于青龙山林场和江夏区人民政府密谋，要把林场卖给深圳宝安集团。后来，此案以原告撤诉结案，但张某已被赶出林场公园。（见会见的技能中的案例一）

现有证据：

1.《合作创办秦俑及古文化游览公园合同书》，其中 12 条的约定，乙方如投资不能到位，甲方有权终止合同，这在张某所提供的资料中没有反映。但由于此案进入了诉讼程序，在法庭质证和辩论过程中应该有所涉及，甚至可能已有定论，所以查阅江夏区人民法院当时的庭审笔录和案卷，应该是比较简便而且比较有力的取证手段。但如果不能查阅，则只有在当事人手中取证了。

2. 关于张某提出的威胁：张某多次提出林场和政府对其进行的人身迫害，而由于缺乏证据，而且很可能也没有实际的情节，只是恐吓而已，故此，难以作为法庭上主张的事实。

3. 张某提供的证据：张某提出了一个《长江日报》上的证据，此证据有伪造拼凑之嫌疑。

试回答下列问题：

（1）是否制定了清晰的办案策略？

（2）是否熟识案件所有资料？

（3）是否决定了证人出庭以及证据资料展示的次序？

（4）运用何种形式展示各类证据？

（5）对对方证据展示的预测及应对准备是否充分？

（二）证据准备

【案例】

胡某，湖北随州人，1997年1月28日与周某登记结婚，洪湖区新兴乡发放"新字第026号"结婚证。1997年底，胡某生育一女。1999年2月，胡某又生下一子。同年5月，周某从左某所在单位开出证明与左某又领取了一张结婚证，11月，此事被胡某无意中发现。胡某向民政、妇联等组织反映周某重婚和遗弃的行为，均无结果。同年12月4日，有人将一份《撤销婚姻登记决定书》给她，上面写着："因领取结婚证时弄虚作假"，决定"撤销胡某与周某的结婚证，并宣布周、胡的婚姻关系无效"。胡某很诧异，该决定作出时间为1998年1月10日，迟到了差不多2年。

2000年初，法院受理了胡某状告周某重婚案。庭审中，周某出示了另外两份"撤销"文书：一份是新兴乡政府《撤销婚姻登记通知》，另一份是针对周某所在公司的《撤销婚姻登记决定书》，两份文书均宣告周、胡婚姻无效。2000年7月，周某反诉胡某侵犯名誉权，并申请做儿子的亲子鉴定，结果证明儿子是周某的。11月，法院依照上述三份决定，认定胡、周之间不存在夫妻关系，因此周某不构成重婚罪。胡某不服上诉，二审维持原判。周某移居美国。

2002年8月3日，胡某提出再审申诉，2003年6月，申诉被驳回。

胡某又状告新兴乡政府，认为三份决定超越职权、违反法定程序，摧毁了自己的婚姻，并索赔对子女的抚养费、对胡某的扶养费、精神损害费以及为打官司借贷费用共计550万元。一审法院以"超过起诉期限"为由，予以驳回。胡某上诉，二审法院于2006年3月维持原判。

思考：

1. 分析此案中涉及的行政法与行政诉讼法相关问题？

2. 如果你是胡某律师，列出本案需要收集的证据。

二、关于诉讼的技巧及职业道德的讨论

看电影《无罪的罪人》（奥斯卡金像奖，哈里森福特主演），并讨论：

1. 关于情节：

（1）怎样看待释放男主角的这一结局？

（2）是谁促成了这个公正或不公正的结局？

（3）形成这一结局的原因是什么？

2. 分析法官、律师、检察官（男主人公及搭档）的专业素质与职业道德以及两者对庭审和结局的影响。

3. 讨论律师代理技巧：

（1）律师的庭前预测（如何将最坏的预测告知当事人）。

（2）律师的信息收集（扭转案件的决定因素是什么？怎样获得的？）。

（3）律师与当事人之间的关系（是否存在信任？沟通方式有哪些？单独谈话的作用、与当事人保持距离的利弊、对当事人是否犯罪的态度等）。

（4）律师的庭审技巧：发问时间、发问方式及律师询问双方证人时的站位。

（5）讨论做一名好律师的代价。

提示：律师在询问男主角的搭档时，没有离开自己的位置。显示出对检察官的信任，显示出律师对证人有绝对的把握，不给证人增添任何压力；律师在询问男主角的上司——对方证人时，不停地走动，时而站在证人面前，眼睛直逼证人，时而站在检察官背后，提出关键性的质疑，使检察官如芒刺在背，坐立不安；律师在询问医生时，站在医生与检察官之间，挡住检察官的视线，对医生的询问步步紧逼，使医生无法与检察官的视线交流，陷入慌乱被动的局面中，彻底摧毁了证据的可信度。

三、关于出庭技巧练习

（一）法庭调查阶段

【案例】

在一起租赁纠纷中，原告认为被告拖欠房租，按合同约定，可以解除合同，但被告认为其已经支付租金，并且原告私自扣押被告的物品，已够成侵权，提起反诉。

原告方的证据：1. 租赁合同；2. 被告交房租的凭证；3. 报案材料；

被告方的证据：1. 租赁合同：2. 原告的房租收据；3. 证人证言；4. 物品清单

如果法官认为被告的主张事实成立，你作为原告的代理人该如何操作？由同学分组进行，通过模拟此案例，回答下列问题：

1. 是否能尽快了解和适应法官的审判风格？

2. 示证与质证是否按计划进行？

3. 是否提出过 "反对"？理由是什么？效果如何？

4. 对证据的准备工作是否完善？还有哪些不足？

5. 是否达到预期效果？

（二）法庭辩论阶段的练习

见第四章第四节实验项目三。

要求同学模拟案件的审理过程，并回答下列问题

1. 法庭辩论的重点是否与准备的辩论重点一致？

2. 是否出现意料之外的情况？原因是什么？与准备工作有何关系？

3. 法庭辩论中与搭档是否有效地配合？

4. 对自己临场发挥的水平是否满意？

5. 是否需要完善代理意见以及证据清单？

6. 是否运用了 "首要和新近原则"？

第七节　诉讼的扩展阅读资料索引

1. 李傲、Pamela N. Phan：《实践型法律人才的培养——诊所式法律教育的经验》，法律出版社 2005 年版。

2. 高殿民：《大律师之九项修炼》，法律出版社 2008 年版。

3. 雷彦璋：《民商诉讼博弈与律师技能突破》，知识产权出版社 2008 年版。

4. 童松青等：《律师实战指导》，浙江大学出版社 2008 年版。

5. ［美］格里·思朋斯著：《胜诉：法庭辩论技巧》，牟文富、刘强译，上海人民出版社 2008 年版。

6. 朱德错：《被告谋略：被告的诉讼策略与技巧》，法律出版社 2008 年版。

7. 史玉生：《你是一个合格的诉讼律师吗》，载《中国律师》2003 年第

11 期。

8. 王晓明、胡爱华:《运用诉讼技巧,提高清收效果》,载《现代金融》2005 年第 1 期。

9. 杨明:《诉讼策略——教你如何"布阵设防"》,载《中国律师》2006 年第 12 期。

10. 李菁凤:《律师实务课程中的案例教学法》,载《广州广播电视大学学报》2007 年第 2 期。

11. 明辉:《古代中国的职业法律人》,载《人民法院报》2007 年 10 月 28 日第 9 版。

12. 李显冬:《加强律师诉讼案例研究推进法制建设》,载《中国律师》2008 年第 4 期。

第八章　法律文书写作

第一节　法律文书的概念和种类

一、法律文书的概念

法律文书是指我国司法机关、执法机关、其他组织和相关诉讼当事人等法律关系主体，依照法定的程序，处理各种诉讼案件或者其他非诉讼事件而制作的具有法律效力或者法律意义的文书的总称。法律文书的制作主体包括我国司法机关（例如法院和检察院）、执法机关（例如公安机关），诉讼当事人（例如当事人及其代理人），以及其他组织（例如仲裁机构和公证机关）。

一般而言，法律文书具有规范性、法律性和准确性，并且大多数法律文书还具有强制性和制约性[①]。其中，规范性主要是指法律文书内容要完整，格式要统一；法律性是指法律文书的制作要符合特定的实体规范和程序规范，也有学者将这一点概括为"外在形式的合法性"，"制作程序的合法性"和"法律文书内容的合法性"[②]；准确性是指法律文书用语的准确和引用法律条文的正确性。强制性和制约性则是指法律文书一经公布或者签署，便对法律关系主体具有一定的约束力，能够确定一定的法律关系，并且生效法律文书常常是强制执行的依据。

二、法律文书的种类

法律文书可以按照涉及的法律类型分为民事经济诉讼法律文书，行政诉讼

[①]　参见万鄂湘、莫洪宪主编：《实用法律应用文写作大全》，湖北辞书出版社 2000 年版，第 3~4 页。

[②]　参见邓晓静、陈咏梅主编：《法律文书写作教程》，武汉大学出版社 2009 年版，第 5~6 页。

法律文书和刑事诉讼法律文书，此外还有涉外民事诉讼法律文书和仲裁文书。也可以分为诉讼类的法律文书和非诉讼类法律文书。按照案件所处的审级可以分为一审法律文书、二审法律文书和再审法律文书。按照制作法律文书主体的不同可以分为法院法律文书、检察院法律文书、公证法律文书、律师法律文书和仲裁法律文书等。

诊所学生经常涉及的法律文书主要是民事诉讼法律文书和行政诉讼法律文书，较少涉及刑事诉讼案件，因此本书中所讨论的法律文书，主要是指法律诊所学生以代理人的身份经常面临的民事法律文书和行政法律文书写作。

下面看一个民事法律文书：

【案例】

民事起诉书

原告：吕某，男，汉族，现住×××××××，联系电话×××××××

委托代理人：张某，武汉大学社会弱者权利保护中心工作人员，联系电话××××××

委托代理人：赵某，武汉大学社会弱者权利保护中心工作人员，联系电话××××××

被告：中某集团，地址×××××××，法定代表人：×××××，联系电话：××××××

诉讼请求：

一、判令被告赔偿原告因就医支出的各项费用和受害人因伤缺课的补习费用及精神抚慰金，共计人民币×××元（具体项目见后附表）；

二、判令被告支付受害人司法鉴定的鉴定费用，计人民币×××元；

三、由被告承担本案的诉讼费及原告支出的取证费用等。

事实与理由：

2008年10月6日受害人吕某晚自习放学回家途中，经过武汉市××区工业大道延长线路段的一个十字路口，该路段由中某集团负责建设，当日施工单位对下水道井盖口施工后并未将井盖盖回原位，没有设置明显的危险提示标志且没有采取安全防护措施，致使受害人所骑自行车撞到下水道井口跌倒，造成受害人吕某左肱骨外科颈骨折并肩关节脱位（湖北省××医院诊断），于当晚入住武汉市××医院，并于10月7日因伤情严重转至湖北省××医院，10月10日吕某接受手术，10月14日吕某出院，住院8

天共花去医疗费用 12295.96 元（有正式发票）。吕某住院期间由其母亲陪护。

事故后原告（即受害人父亲）多次与被告公司戴某总经理联系欲协商解决此事，但对方一再推脱，承诺到医院看望吕某，却始终未出现，且表现出相当恶劣的态度，并表示其对吕某受伤一事不承担任何责任。事故发生后某电视台经济频道《××直播》报道了此事。具体节目已于10月14日播出。节目播出时，被告公司仍没有将井盖盖上。

根据《中华人民共和国民法通则》第125条："在公共场所、道旁或者通道上挖坑、修缮安装地下设施等，没有设置明显标志和采取安全措施造成他人损害的，施工人应当承担民事责任。"及《中华人民共和国道路交通安全法》第105条："道路施工作业或者道路出现损毁，未及时设置警示标志、未采取防护措施，或者应当设置交通信号灯、交通标志、交通标线而没有设置或者应当及时变更交通信号灯、交通标志、交通标线而没有及时变更，致使通行的人员、车辆及其他财产遭受损失的，负有相关职责的单位应当依法承担赔偿责任。"的规定。被告作为该路段的施工单位，因施工而移动井盖却没有设置任何明显的警示标志，也没有采取安全防护措施，造成受害人吕某人身损害，应当承担赔偿责任。

原告认为，本案被告的侵权事实存在，承担赔偿责任依法有据，请求人民法院依法予以支持。

此致

武汉市××区人民法院

具状人：吕某

××××年××月××日

第二节　法律文书的写作步骤和技巧

一、法律文书的写作步骤

法律文书的写作步骤一般分为以下几个部分进行：

（一）确定法律文书的写作目标

法律文书作为重要的法律手段，首先在撰写之前，要明确每一份法律文书的写作目的以及当事人要达到的目标。

例如：你的当事人试图达到的目的是什么？为了这个目的他能够承受的损失是多少？或者他想获得什么样的赔偿，是金钱赔偿还是精神上的，或者是要求行政机关履行义务等？当事人最担心引发风险的有哪几点？你写作这一份法律文书的目的是为了提起一个诉讼，还是应诉，还是申请先予执行或者财产保全？不同的目的会使你判断适用不同形式的法律文书。通过寻找上述问题的答案，能够让你明白当事人的决策背景和其他影响因素等，帮助你分类各种杂乱的事实材料和法律依据，从中更快更好地获取你所需要的信息，提高工作效率。确定的目标绝对要比漫无目的的撒网更加有效。

（二）筛选所需材料

确定了法律文书的写作目标以后，就要开始筛选写作法律文书所需要的材料。一个案件拿到手上，当事人可能会提供各方面的材料，哪些是案件所不可缺少的，哪些不需要，哪些是当事人还需要进一步搜寻的，在法律文书正式动笔之前应该已经有个大概轮廓，已经进行过初步筛选。在确定写作一份法律文书之前，诊所学生应当已经对案件的性质、具体情况、证据以及涉及的法律有了一定的了解。经过之前的调查研究和与当事人的谈话，已经明确要写什么样的法律文书，是起诉状还是答辩状，是运用于一审程序还是二审程序，等等。

一般而言，筛选材料从以下几个方面进行：

1. 主体方面。首先需要审查法律主体是否成立，是否具有独立的行为能力或者权利能力，以及相关的证明文件。例如：行政诉讼案件中确定行政机关的负责人；民事诉讼案件中确定某公司的性质及其法定代表人等。

2. 客体方面。主要审查权利义务所指向的对象，例如标的和标的物的权属状况、使用现状等证明文件，如不动产的产权证明、货物的发票、合同等。

3. 内容方面。主要审查证明各方往来和权利义务的书面文件，例如意向书、协议书、合同、传真等逐一对照和澄清，分清侵害行为、侵害事实（或后果）、损害赔偿等不同要素。这方面的资料一般会很多，要做好梳理工作，例如编制目录、统计表等。此外，还有有关的证据材料，例如证人证言以及照片、录音等，并且制作证据目录。

4. 时效和管辖。假设你代理原告，应牢记起诉状的递交时效，包括民事诉讼时效的 2 年，还有劳动仲裁时效的 60 日；行政诉讼时效的 3 个月、1 年、2 年或 20 年或其他时效等。如果你代理被告，应知道 15 日的答辩期以及确定在这个期间是否需要提交《管辖权异议书》、《调取证据申请书》、《证人出庭作证申请书》或《反诉状》等。此外，管辖法院的确定也能够给案件带来一定的帮助，一般情况下要选择有利于你的当事人的法院。①

（三）确定法律文书模板

不同的法律文书都有其特定的结构和格式。结构紧凑，使全文连贯得体，一目了然；格式规范，有利于保证法律文书的严肃性。发达的科技使得我们能够更快地获取所需要的信息。网络上的法律文书俯仰皆是，诊所学生在制作法律文书的时候，相信很多同学都会直接上网去下载一份相关格式的法律文书模板，以方便自己操作。但是，一份好的法律文书，并不是简单地复制和粘贴网络中的格式，不同的审级、不同的当事人等均会使同一份法律文书有所偏重。下面以民事起诉状为例，看两个不同类型的一审民事起诉状模板。

【模板一】

民事起诉状（公民提起民事诉讼用）

原告：＿＿＿＿＿＿

被告：＿＿＿＿＿＿

案由：＿＿＿＿＿＿

诉讼请求：＿＿＿＿＿＿

事实与理由：＿＿＿＿＿＿

证据和证据来源，证人姓名和住址：＿＿＿＿＿＿

此致

＿＿＿＿＿＿人民法院

起诉人：

年　　月　　日

附：本诉状副本＿＿＿＿＿＿份

【模板二】

民事起诉状（法人或其他组织提起民事诉讼用）

原告名称：＿＿＿＿＿＿

住所地：＿＿＿＿＿＿

法定代表人（或主要负责人）姓名：＿＿＿＿＿＿　职务：＿＿＿＿＿＿

---

① 参见高云：《律师专业思维与写作技能》，法律出版社 2007 年版，第 298~299 页。

　　电话：＿＿＿＿＿＿＿＿

　　企业性质：＿＿＿＿＿＿＿＿ 工商登记核准号：＿＿＿＿＿＿

　　经营范围和方式：＿＿＿＿＿＿＿

　　开户银行：＿＿＿＿＿＿＿ 账号：＿＿＿＿＿＿＿＿

　　被告名称：＿＿＿＿＿＿

　　住所地：＿＿＿＿＿＿

　　法 定 代 表 人（或 主 要 负 责 人） 姓 名：＿＿＿＿＿＿ 职 务：
＿＿＿＿＿＿电话：＿＿＿＿＿＿

　　案由：＿＿＿＿＿＿

　　诉讼请求：＿＿＿＿＿＿

　　事实与理由：＿＿＿＿＿＿

　　证据和证据来源，证人姓名和住址：＿＿＿＿＿＿＿

　　此致

　　　　＿＿＿＿＿＿人民法院

　　　　　　　　　　　　　　　　　　起诉人：
　　　　　　　　　　　　　　　　　年　　月　　日

　　附：有关证据及材料。

　　上述两份民事起诉状，因为当事人分别是自然人和法人，因此在内容取舍上即有所偏重，自然人偏重在当事人的姓名、性别、住址，而法人则偏重于法人的住所地和法定代表人的确定。针对不同的法律文书模板，诊所学生在适用时必须考虑到案件的类型和当事人的情况，选择合适的文书模板。

二、法律文书的写作

　　经过前面三部分的准备工作，法律文书就要正式开始动笔了。一般而言，一份合格的法律文书至少要经过初稿、二稿和三稿三次修订后方能完成，因为初稿通常是确定文书诉讼请求和事实与理由部分，也即法律文书的主体部分；在主体部分初步完成后，二稿通常是审查主体部分，以逻辑分析和推理的方法，站在宏观的角度通篇审查全文，查漏补缺；三稿则是快速阅读，润色和排版。

　　（一）初稿：明确写作目标，审定法律关系，梳理法律关系，初步确定排版

　　初稿应该以一个常见的，普通的格式开始，虽然平淡无奇，但往往最安

全、实用和避免犯错。初稿的写作是梳理思绪的最好方式，在写作过程中，需要根据你的写作目标，确定请求和案件涉及的法律关系有哪些，并且根据确定的请求和法律关系来梳理事实和理由部分。在梳理的过程中，注意依据法律关系的不同，按照时间先后、先主后次和综合归纳的顺序叙述。同时依据不同的诉讼请求确定不同的法律依据和诉讼方法，如债权和物权混合时，如果依据物权起诉，诉讼请求应该是要求返还原物或者恢复原状，没有诉讼时效的限制；而依债权起诉时，应以要求赔偿为主，并且有诉讼时效的限制。

在进行法律文书的初稿写作时，要从以下几个方面注意写作：

1. 注意法律用语的规范。

（1）区分容易混淆的法律概念。法律文书作为正式、严肃的书面语言，对语言的规范要求很高。在写作的时候，注意区分"当事人"和"诉讼参加人"、"起诉"和"上诉"、"抵押"和"扣押"等容易混淆的法律概念。

（2）尽量使用正式的多音节词汇①。尽量将单音节词语调整为多音节词汇来表达，以使语言显得庄重严肃。例如，将"偷"改为"盗窃"，"买"改为"购买"等。

2. 针对不同的对象使用不同的语句。

不同的法律文书针对的对象不同，这决定了不仅在确定法律文书模板的时候要选择不同的范本，在具体运用语气和词语的时候，也要针对听众或者对象的不同而有所偏重。例如，起诉状的语言要求一般是简单明确，只需要将确定的诉讼请求和事实及理由表述清楚，不需要花费大量的篇幅去论证说理，因为起诉状的主要功能是提起一个诉讼程序，只要能发挥这个作用即可；而代理词则要求充分的说理和论证，因为它是表现一个法律工作者分析处理案件能力的重要标准，也是在庭审过程中说服法官的重要标准。

3. 段落安排要开宗明义，主题鲜明。

把每一段的论点鲜明地放在开头，让当事人或者法官能够一眼明白这一段话在讲什么。法律文书讲求实用性，不需要华丽的辞藻去修饰语言，最好能够一句话表明本段主旨，然后在接下来的内容里详细论证。

一段话最好只表达一个意思，可以用序号标明。基于一般会把论点置于段落开头，如果一段话表达的意思过多，一方面会使开头的这句话难以把握和概括，另一方面会使法律文书的表达不明，容易导致逻辑混乱。

4. 论点要和论据前后呼应，并且注意文章的逻辑顺序。

---

① 参见邓晓静、陈咏梅主编：《法律文书写作教程》，武汉大学出版社 2009 年版，第 40 页。

在论证自己的论点时，注意论据的表达方式，例如一份事实证据，按照事件发生的时间、地点、人物、过程、争议焦点以及该证据真实合法的原因等顺序进行叙述，叙述完毕后可以重复论点以作强调。

除了要注意每段话中的逻辑顺序，还要注意整篇法律文书的逻辑顺序。一般而言是按照时间顺序叙述，把重点或者说主要内容放在前面强调。

（二）二稿：审查主体和重点，修订论证过程，注意表达方式和语气

初稿完成后，并不意味着工作的结束，恰恰相反，更重要的阶段开始了。从初稿到定稿，要完成"惊险的一跃"，还必须经过各方花费大量的时间沟通、理解和让步。思考下列问题：①

1. 案件涉及的法律关系主体是否全面正确，有没有遗漏当事人？

2. 诉讼请求是否恰当，事实和理由部分是否主次分明，有没有逻辑错误？

3. 引用事实和证据是否准确合适？

4. 引用法条是否正确？

5. 推理过程是否有漏洞？

6. 结论是否已经完全表达出当事人的各方面愿望？

7. 写法、强调重点和内容上是否能够解除各方的疑虑？

在思考上述问题的同时，注意审查自己的用语是否有错误或者不恰当的地方，特别是文章中有关说理部分，一定要做到思路清晰，逻辑严谨，条理分明，重点突出，有针对性。

（三）三稿：校对和排版

在前面两稿的基础上，三稿需要对法律文书进行润色。通过校对，确认法律文书中没有错别字和歧义词句。

目前我国法律文书的格式和排版并无统一要求，一般根据《国家行政机关公文格式 GB/T9704—1999》进行排版。主要要求如下：

1. 文书的字体：文书用纸采用普通 A4 型纸，标题采用 2 号宋体字，正文用 3 号仿宋体字，文中如有小标题可用 3 号小标宋体字或黑体字，一般每面排 22 行，每行 28 个字。②

2. 文书应左侧装订，不掉页。骑马订或平订的订位为两钉钉锯外订眼距书芯上下各 1/4 处，允许误差±4mm。平订钉锯与书脊间的距离为 3~5mm。

---

① 参见高云：《律师专业思维与写作技能》，法律出版社 2007 年版，第 325 页。

② 正文部分也可以依据行业习惯采用小 4 号宋体字排版。

3. 文书如有附件，在正文下空 1 行左空 2 字用 3 号仿宋体字标识"附件"，后标全角冒号和名称。附件如有序号使用阿拉伯数码（如："附件：1. ××××"）；附件名称后不加标点符号。附件应与文书正文一起装订，并在附件左上角第 1 行顶格标识"附件"，有序号时标识序号；附件的序号和名称前后标识应一致。

4. 成文时间：用汉字将年、月、日标全；"零"写为"0"。

5. 文书的页码：用 4 号半角白体阿拉伯数码标识，置于版心下边缘之下一行，数码左右各放一条 4 号一字线，一字线距版芯下边缘 7mm。单页码居右空 1 字，双页码居左空 1 字。空白页和空白页以后的页不标识页码。

6. 文书的印刷：一般采用双面印刷。

三、完稿后的复查和保存

1. 完稿后可以采取以下办法进行全文审视：

（1）跳读关键词句，看语句是否通顺，用词是否恰当；

（2）邀请他人帮助审阅，不同的人看问题的角度不同，可能自己几稿都不能发现的问题，在他人的提点下可以发现并且改正。

2. 按照使用过的和未使用的区别将手头材料分别整理保存，包括之前修改的法律文书的几次稿件都应当保存，以便随时查找资料或者修改。

第三节　法律文书的写作格式及范本

本节主要介绍诊所常用的法律文书的写作格式，给同学们提供一些法律文书的范本以作参考。法律文书通常由首部、正文、尾部、附部等几部分构成，这里主要介绍民事诉讼法律文书和行政诉讼法律文书。

一、民事诉讼法律文书

（一）民事诉讼起诉状

民事诉讼起诉状是公民、法人或者其他组织认为自己的民事权利受到侵犯时依据有关事实和法律向人民法院起诉，要求法院予以裁判的法律文书。民事起诉状的法律依据是《中华人民共和国民事诉讼法》第 109 条、第 110 条和第 111 条的规定。

民事起诉状一般由首部、正文、尾部、附部等几部分构成：

1. 首部主要写明民事案件双方当事人的基本情况，包括：

（1）标题：首页正上方写明"民事起诉状"。

（2）原告的基本情况：原告是公民的，写明姓名、性别、年龄、民族、籍贯、住址、工作单位、联系方式等，其中年龄、联系电话用阿拉伯数字表示。如果是法人或者其他组织的，应写明名称、地址、法定代表人的姓名。如果原告已经委托了诉讼代理人，还应写明诉讼代理人的有关情况，包括代理人的姓名、工作单位、职务、联系方式等，并且注明是法定代理人、委托代理人还是指定代理人。

（3）被告的基本情况：民事诉讼被告的表示方法参见原告即可，也分为被告为公民和被告为法人或其他组织两种情况。

（4）当事人为两人以上的多数时，按照当事人在案件中的地位和作用依次排列；一般按照原告、被告、第三人的顺序书写。

2. 正文是民事起诉状的核心部分，包括以下几项必备内容：

（1）案由：表明原告与被告之间权益争议的性质。

（2）诉讼请求：即原告人请求人民法院依法解决的有关民事争议的具体问题，即诉讼标的。诉讼请求应当明确、具体、合法、精练。有多项诉讼请求的，应分列按逻辑顺序书写并标明序号。例如离婚案件中，第一项应写明请求人民法院判决与被告解除婚姻关系，即请求离婚；第二项明确提出对子女抚养及财产分割问题的意见和要求。

（3）事实与理由：说明民事法律关系存在的事实及民事权益争议发生的基本情况，并就双方发生争议的权益的性质、被告行为的违法性、危害后果及其应当承担的法律责任加以阐述和论证，以证明原告人诉讼请求提出的真实性、合理性和合法性。其中，事实问题要如实反映，不能捏造或者夸大；理由部分通常可以分为事实理由和法律依据两部分论述，事实理由主要是从对案件事实的分析论证来支持自己的诉讼请求，法律依据则要求引用法律全面具体，涉及法律名称的应写明全称，引用法律条文的写明条、款、项。

（4）证据和证据来源、证人姓名和住址。

主要是针对证据和证人情况依次列举，写明证据来源、证人姓名和住址、有证人签名的证人证言等，说明证据的可信性，以便人民法院查证核实。民事诉讼的证据应当依据《中华人民共和国民事诉讼法》中有关证据种类和形式的规定提交。原告应在证据部分说明向人民法院提交证据的情况，提交证据原件有困难的，说明原因并提交复制品或其他证据。

3. 尾部：包括受诉人民法院全称、起诉人签名或者盖章、起诉时间等。

4. 附部：即起诉状副本的份数（根据被告人数提出）及提交证据的名称、份数。附于起诉状正本的依据如用复制件时，应写明"经查对，抄件与原件无异，正本在开庭时递交"字样。

【民事起诉状模板】

民事起诉状

原告：……（姓名或名称及其他基本情况）

法定代表人：……（如果有，写明姓名和职务）

委托（指定）代理人：……（如果有，写明姓名等基本情况）

被告：……（姓名或名称及其他基本情况）

法定代表人：……（如果有，写明姓名和职务）

委托（指定）代理人：……（如果有，写明姓名等基本情况）

第三人：……（如果有，写明姓名等基本情况）

法定代表人：……（如果有，写明姓名和职务）

委托（指定）代理人：……（如果有，写明姓名等基本情况）

案由：……

诉讼请求：

一、……

二、……

事实与理由：（简要写明时间、地点、当事人、案件经过、结果、主张的理由和法律依据）

一、……

二、……

三、……

证据和证据来源，证人姓名和住址：

……

此致

××××× 人民法院（顶格写）

起诉人：×××

×年×月×日

附：

1. 本诉状副本×份；
2. 证据材料×份。

（二）答辩状

民事诉讼答辩状是民事诉讼中的被告或者被上诉人收到民事起诉状或者民事上诉状后针对原告或者上诉人的诉讼请求进行辩驳的法律文书。民事答辩状的法律依据是《中华人民共和国民事诉讼法》第113条和第150条的规定。

民事答辩状一般由首部、正文、尾部、附部等几部分构成：

1. 首部主要写明民事诉讼答辩人的基本情况，包括：

（1）标题：首页正上方写明"民事答辩状"。

（2）答辩人的基本情况：写作方法可以参见民事诉讼起诉状中当事人的基本情况。

（3）案由：表明答辩人因何人提起的何案进行答辩。

2. 正文是民事答辩状的主体部分，包括以下几项必备内容：

（1）答辩理由：针对起诉状或者上诉状中的诉讼请求及其所依据的事实与理由进行反驳和否定，并提出自己的主张，一般按照起诉状或者答辩状中诉讼请求的顺序进行辩驳，通常包括事实依据和法律依据两个部分。此外，答辩人还可以针对原告或者上诉人提交的证据进行反驳，并且可以质疑有关程序性事项。

（2）答辩请求：在反驳的基础上，答辩人还可以提出自己的答辩请求，如"请求法院判决驳回原告的诉讼请求"等。和诉讼请求一样，如果答辩请求为两项及两项以上，应该逐条分别列出。

（3）证据：有关证据来源等方面的规定和起诉状一样，此处不再赘述。

3. 尾部：包括受诉人民法院全称、答辩人签名或者盖章、答辩时间等。

4. 附部：即答辩状副本的份数（根据原告或上诉人人数提出）及提交证据的名称、份数。附于答辩状正本的依据如用复制件时，应写明"经查对，抄件与原件无异，正本在开庭时递交"字样。

【民事答辩状模板】

民事答辩状

答辩人：……（姓名等基本情况）
法定代表人：……（姓名、职务等基本情况）

委托代理人：……（姓名等基本情况）

因×××诉×××一案，现提出答辩意见如下：

一、……

二、……

……（针对起诉状等法律文书的内容进行回答和阐述）

此 致

××××人民法院

答辩人：×××（盖章）

××××年××月××日

附：

1. 答辩书副本×份。

2. 其他证明材料×件。

（三）代理词

代理词是当事人的诉讼代理人为了维护当事人的合法权益，以代理人的名义，在法庭辩论阶段，依据事实和法律对案件事实和诉讼请求进行分析论证的发言。民事诉讼中代理词的法律依据是《中华人民共和国民事诉讼法》第50条第1款、第58条和第127条的规定。

民事诉讼代理词一般由首部、正文、尾部三部分构成：

1. 首部主要写明标题、称呼语和前言：

（1）标题：首页正上方写明"民事诉讼代理词"。

（2）称呼：一般为"审判长、审判员、人民陪审员"或"审判长、审判员"等。

（3）前言：说明诉讼代理人出庭代理诉讼的合法身份、代理权限、出庭前的准备以及对本案的看法。通常叙述为"根据《中华人民共和国民事诉讼法》第××条第××款的规定，受本案原告（或被告）的委托（或经××人民法院指定），（由××律师事务所的指派）由我担任×××的诉讼代理人（权限范围），参与本案诉讼活动。开庭前，我听取了被代理人的陈述，查阅了本案案卷材料，进行了调查取证工作，刚才又听了法庭调查，对本案有了较为全面的了解。我认为……（提出对案件的基本看法），现发表如下代理意见……"。

2. 正文是民事诉讼代理词的核心部分，有以下几点需要注意：

民事诉讼代理词包括原告的代理词和被告的代理词两种。基于被代理人身份的不同，代理词的偏重也有所不同，注意区分。

（1）原告的代理词：以起诉状为依据，是对起诉状的补充和拓展，主要是正面说理，叙述事实经过，阐明理由、举出事实证据和法律依据；

（2）被告的代理词：以答辩状为依据，是对答辩状的补充和拓展，针对起诉状中的事实和理由，从事实认定、法律依据和程序三个方面进行辩驳论证，并提出自己的观点。

3. 尾部包括结束语、诉讼请求和落款。

（1）结束语：由代理人对代理意见进行归纳总结，一般表述为"综上所述，根据《中华人民共和国民事诉讼法》第××条第××款的规定，代理人认为……"；

（2）重提诉讼请求：再次强调被代理人的诉讼请求，向法院提出明确的请求或建议，一般表述为"请求人民法院依法……（或'以上代理意见，提请合议庭在合议时予以充分考虑'）"；

（3）落款：落款署代理人的姓名并注明写作日期。

【民事代理词模板】

民事诉讼代理词

审判长、审判员/人民陪审员：

根据《中华人民共和国民事诉讼法》第××条第××款的规定，受本案原告（或被告）的委托（或经××人民法院指定），（由××律师事务所的指派）由我担任×××的诉讼代理人（权限范围），参与本案诉讼活动。

开庭前，我听取了被代理人的陈述，查阅了本案案卷材料，进行了调查取证工作，刚才又听了法庭调查，对本案有了较为全面的了解。我认为……（提出对案件的基本看法），现发表如下代理意见：

一、……

二、……

……（写明具体详细的代理意见）

综上所述，根据《中华人民共和国民事诉讼法》第××条第××款的规定，代理人认为……，请求人民法院依法……（或"以上代理意见，提请合议庭在合议时予以充分考虑"）。

诉讼代理人：××律师事务所律师×××

××××年××月×日

（四）民事上诉状

民事上诉状是民事诉讼当事人不服地方各级人民法院第一审的民事判决或者裁定，在法定的上诉期内，依法向上一级人民法院提出重新审理案件的法律文书。《中华人民共和国民事诉讼法》第 147 条和第 148 条对此进行了规定。

民事上诉状一般由首部、正文、尾部、附部等几部分构成：

1. 首部包括：

（1）标题：首页正上方写明"民事上诉状"。

（2）上诉人的基本情况：写作方法可以参见民事诉讼起诉状中当事人的基本情况。需要注意的是，须在当事人称谓后注明其在一审中的地位。

（3）案件来由：写明原审人民法院名称、裁判时间、文书的名称和字号。通常表述为："上诉人因×××一案不服×××人民法院××年××月××日（××）民第××号民事判决（或裁定），现提出上诉。"

（4）上诉请求：应当写明上诉人是对一审裁判完全不服还是部分不服，是请求撤销原审裁判还是部分变更原审裁判。

2. 正文是民事上诉状的重点部分，包括以下几项必备内容：

（1）上诉理由：由于上诉状是针对一审裁判不服而提起的诉讼，因此，上诉理由中必须说明上诉人认为原审裁判哪些地方存在错误或者不当，如认定事实、适用法律法规、适用诉讼程序等方面，依据自身掌握的事实和法律依据加以论证，证明自己的上诉理由合法。

（2）证据：有关证据来源等方面的规定和起诉状一样，此处不再赘述。

3. 尾部和附部：和起诉状写法相同，仅仅是落款要改为"上诉人"。

【民事上诉状模板】

民事上诉状

上诉人（原审×告）：……（姓名或名称及其他基本情况）

法定代表人：……（如果有，写明姓名和职务）

委托（指定）代理人：……（如果有，写明姓名等基本情况）

被上诉人（原审×告）：……（姓名或名称及其他基本情况）

法定代表人：……（如果有，写明姓名和职务）

委托（指定）代理人：……（如果有，写明姓名等基本情况）

上诉人因×××一案不服×××人民法院××年××月××日（××）民第××号民

事判决(或裁定),现提出上诉。

上诉请求:

一、……

二、……

上诉理由:

一、……

二、……

三、……

此致

×××××人民法院 (顶格写)

上诉人:×××

××××年×月×日

附:

1. 本上诉状副本×份;

2. 证据材料×份。

（五）各类申请书

申请书是公民在民事案件中向人民法院提出的请求宣告失踪和死亡、认定某人无行为能力、财产保全、撤诉、复议、强制执行等所使用的法律文书。诊所学生经常使用的申请书包括再审申请书、证据保全申请书、先予执行申请书、缓减免交诉讼费申请书、管辖异议申请书、司法鉴定申请书等。

申请书贯穿于诉讼的全过程,当事人在诉讼的各个阶段都可以向法院提出申请。申请书的内容应申请事项的不同而不同,但基本格式是一样的。在制作申请书时必须写明所要申请解决的问题及其基本要求和事实根据。

申请书一般都由首部、正文、尾部三部分构成:

1. 首部包括:

（1）标题:首页正上方写明"××××申请书"。

（2）申请人的基本情况:写作方法可以参见民事诉讼起诉状中当事人的基本情况。

（3）请求事项:应当写明申请人请求的事项,如申请缓交或免交诉讼费用、申请法院强制执行、管辖异议等。涉及金额的要具体明确,涉及其他权利义务的要指明具体的内容,使其具有可执行性。

2. 正文是各类申请书的重点部分，包括以下几项必备内容：

申请理由：写明当事人提出申请的事实依据和法律依据。要求言简意赅，重点突出，层次分明且有逻辑。

3. 尾部和附部：和起诉状写法相同，仅仅是落款要改为"申请人"。

下面有几种申请书的范本，供同学们参考：

【申请书模板一】

××××申请书

申请人：×××（写明姓名、性别、年龄、民族、籍贯、职业或者工作单位和职务、住址）

被申请人：×××（写明姓名、性别、年龄、民族、籍贯、职业或者工作单位和职务、住址，如果无对方当事人，则不要写。例如申请宣告失踪和死亡，只列申请人即可）

请求事项：

（写明要求法院确认的内容，如宣告失踪）

事实和理由：

……

此致

×××人民法院

申请人：×××（签字或者盖章）

×年×月×日

【申请书模板二】

减免诉讼费申请书

××××人民法院：

申请人李××诉张××道路交通事故人身损害赔偿纠纷一案，由于本人经济困难，无力交纳诉讼费用，为此，申请人特根据《民事诉讼法》及最高人民法院相关规定，向贵院提出减免诉讼费的申请，请求贵院依照有关规定对诉讼费用给予减免，请予准许。

此致

××××人民法院

申请人：李××

××××年××月××日

【申请书模板三】

不公开审理申请书

××××人民法院：

你院受理的×××诉×××一案，我要求不公开审理，理由如下：

一、……（写明理由）

二、……

为此，根据《中华人民共和国民事诉讼法》第×××条第××款的规定，特向你院提出不公开审理的申请，请予审查批准。

申请人：×××

××××年××月××日

【申请书模板四】

撤诉申请书

申请人：×××（身份基本情况）

被申请人：×××（同上）

原起诉（或上诉）案由：……

申请人于××××年××月××日向你院起诉××××一案。

现因被申请人……（写明原因），现决定撤回起诉。

此致

××××人民法院

申请人：×××

××××年××月××日

二、行政诉讼法律文书

在行政诉讼中，和民事诉讼一样，原告方常用的法律文书通常包括起诉

277

书、答辩状、代理词、证据保全申请书、先予执行申请书以及缓减免交诉讼费申请书等，但是也与民事诉讼中有所不同。本部分内容主要讲述行政诉讼中需要与民事诉讼部分相区别的地方。

（一）行政诉讼起诉状

行政起诉状一般由首部、正文、尾部、附部等几部分构成，其中首部主要写明行政案件双方当事人的基本情况，包括标题、原告的基本情况和被告的基本情况；正文则是案由、诉讼请求、事实与理由；尾部包括受诉人民法院全称、起诉人签名或者盖章、起诉时间等；附部则写明所附证据材料的份数等。

与民事诉讼起诉状不同的是，行政诉讼的被告是行政机关，因此应写明该行政机关的名称、地址，法定代表人的基本情况诉状不必记载。在论述事实和理由时，要说明行政法律关系存在的事实及行政争议发生的基本情况，并就双方发生争议的权益的性质、被告行为的违法性、危害后果及其应当承担的法律责任加以阐述和论证，以证明原告人诉讼请求提出的真实性、合理性和合法性。行政诉讼中法院需要审查行政行为是否合法，而不审查合理性问题，因此，一般而言，行政诉讼请求中认为具体行政行为违法的，可提起撤销之诉；请求行政机关作为或者履行法定职责的，可提起履行之诉；认为行政处罚显示公正的，可提起变更之诉；如果认为行政行为侵犯人身权、财产权的，还可以要求行政赔偿。此外，行政诉讼中被告负主要举证责任，但是原告也必须对损害事实等情况负证明责任。[①]

（二）行政复议申请书

1. 首部。

行政复议申请书的首部应依次写明：

（1）标题：行政复议申请书。

（2）复议申请人的基本情况，包括姓名、性别、年龄、职业、住址、联系方式等；是法人或者其他组织的，写：上诉人，单位全称、所在地址、邮政编码、法定代表人（或代表人）姓名、职务、电话、企业性质，工商登记核准号，经营范围和方式，开户银行、账号。

（3）被申请人的基本情况，行政复议的被申请人是行政机关，应写明该行政机关的名称、地址、法定代表人的姓名、职务。

---

① 行政诉讼答辩状、代理词、上诉状的写法和起诉状一样，可以参考民事诉讼相关法律文书的写作方法，此处不再一一叙述。需要注意的是，行政诉讼中被告负主要证明责任，因此在叙述案件事实和理由的时候会有所偏重。

2. 正文。

正文是行政复议申请书的核心部分，包括以下几个必备项目：

（1）主要请求事项；

（2）具体事实与理由，要求陈述事实客观、真实、清晰；

（3）复议申请人认为应当适用的法律、法规、规章及规范性文件；

（4）致送的行政机关名称。

3. 尾部。

包括复议申请人落款，注明年月日。

4. 附部。

注明行政复议申请书副本的份数及所提交证据的名称和份数。

（三）行政赔偿请求书

1. 首部。

主要写明赔偿请求人和赔偿义务机关的基本情况：

（1）标题：行政赔偿请求书。

（2）请求人的基本情况，包括姓名、性别、年龄、职业、住址、联系方式等；是法人或者其他组织的，写：上诉人，单位全称、所在地址、邮政编码、法定代表人（或代表人）姓名、职务、电话等。

（3）赔偿义务机关的基本情况，行政赔偿义务机关是行政机关，应写明该行政机关的名称、地址、法定代表人的姓名、职务。

2. 正文。

正文是行政复议申请书的核心部分，包括以下几个必备项目：

（1）主要请求事项；

（2）具体事实与理由，要求陈述事实客观、真实、清晰；

（3）请求人认为应当适用的法律、法规、规章及规范性文件；

（4）致送的行政机关名称。

3. 尾部。

包括赔偿请求人落款，注明年月日。

4. 附部。

注明行政赔偿请求书副本的份数及所提交证据的名称和份数。

（四）行政申诉状

1. 首部。

行政申诉状的首部应依次写明：

（1）标题：行政申诉书；

（2）申诉人的基本情况，包括姓名、性别、年龄、职业、住址、联系方式等；

（3）案由，写"申诉人××对×××人民法院×年×月×日（ ）字第×号××不服，现提出申诉"。

2. 正文。

（1）写明请求事项；

（2）写明具体事实与理由，要求陈述事实客观、真实、清晰；

（3）写明申诉人认为应当适用的法律、法规、规章及规范性文件。

3. 尾部。

包括申诉人落款，注明年月日，致送的法院或人民检察院名称等。

4. 附部。

注明行政申诉书副本的份数及所提交证据的名称和份数。

（五）国家赔偿申请书

1. 首部。

主要写明国家赔偿申请人和国家赔偿义务机关的基本情况，包括：

（1）标题：国家赔偿申请书；

（2）申请人的基本情况，包括姓名、性别、年龄、职业、住址、联系方式等；是法人或者其他组织的，写：上诉人，单位全称、所在地址、邮政编码、法定代表人（或代表人）姓名、职务、电话、企业性质，工商登记核准号，经营范围和方式，开户银行、账号。

（3）国家赔偿义务机关的基本情况，国家赔偿义务机关是行政机关、审判机关、检察机关、监督管理机关，应写明该机关的名称、地址、法定代表人的姓名、职务。

2. 正文。

正文是国家赔偿申请书的核心部分，包括以下几个必备项目：

（1）主要请求事项；

（2）具体事实与理由，要求陈述事实客观、真实、清晰；

（3）申请人认为应当适用的法律、法规、规章及规范性文件；

（4）致送的国家机关名称。

3. 尾部。

包括国家赔偿申请人落款，注明年月日。

4. 附部。

注明国家赔偿申请书副本的份数及所提交证据的名称和份数。

第四节 法律文书的项目实验

一、文书撰写前的准备

实验项目一：资料收集和整理

1. 实验目的：制定法律文书的资料收集和分析筛选，初步筛选所需材料。

提示：诊所学生在落笔撰写一份法律文书之前往往需要对案件的大致情况有一定了解，当事人的案件目前已处于哪一个阶段，是诉讼之前？一审当中？还是判决已结束，上诉审尚未开始？或是终审判决已下，当事人欲提起申诉？诊所学生需要根据案件进度，针对特定阶段做不同的准备。诉讼程序与非诉讼程序的代理有显著的不同，法律文书的撰写重点也不同。了解案件背景、当事人的目的能够使学生在写作中有的放矢，抓住重点，并对案件的难易程度有一个估计。此外学生还要查阅相关法条，以便梳理自己的思绪，有目的地筛选自己需要的法律条文。诊所学生已学过许多法律知识、专业课程，以此为基础，按照当事人的需要，有针对性地复习已有的法律知识，查询与案件相关的法律规定。

2. 实验素材。

【案例】

　　胡某是某公司的一名女性员工，陈某是其主管上司。自 2005 年 5 月至 2008 年 3 月，陈某持续两年多对胡某进行黄色短信息和电话的性骚扰，导致胡某精神非常痛苦，并严重地影响到了其家庭和睦和工作开展，致使胡某在两年多的时间里不得不多次更换手机电话号码，甚至数次调换工作，在经济上和精神上遭受到了严重伤害。胡某欲向法院起诉陈某。

3. 实验步骤。

实验准备：将学生分为四个小组，每个小组 7~8 人。其中一名汇报人，汇报本组的文书准备内容；一名观察员，不参加讨论。

步骤一：由教师讲解法律文书写作前准备的相关理论知识，强调需要注意的细节。

步骤二：由学生针对上述案件进行资料收集和筛选。教师或学生助教分散至各组，或巡回观察各组讨论情况。

步骤三：汇报员汇报本组讨论的组织、进程、效率、方式、个体参与程度、合作与沟通、异议的处理等。其余人可作补充发言。

要求：每组汇报人将有 5 分钟汇报本组的计划，观察员有 3 分钟汇报本组讨论情况（教师根据汇报分别列出各组的主要访谈计划，各组观察员的观察结果）。

4. 讨论与思考。

讨论内容：

A. 案情简介：包括对案情的介绍，当事人的愿望，希望会达到的目的，目前已经掌握的案情资料，证据，相关法律资料，对方律师可能采取什么防御手段？（当事人的愿望是否合理？当事人的希望能够达到的可能性有多大？）

B. 文书类型：是起诉状、上诉状还是申诉状？目前手头有没有相关的格式文本？如果有，需要做哪方面的详细调整？

C. 相关法律知识的准备：从现有材料中是否可以判断适用的实体法或程序法？是否需要查阅具体法律规定？对此类型案件，法律有何特殊规定？

D. 诉讼时效：本案是否已过诉讼时效？如果过了诉讼时效，有无补救方法？

E. 管辖法院：本案涉及的管辖法院有哪几个？能否判断选择哪个管辖法院对当事人比较有利？

课后思考：

实验过后，请学生思考如下问题：如何使文书写作前的准备完备、充分，是否需要列出问题清单，是否需要研究相关法律？

实验项目二：制作分析表

1. 实验目的：训练学生制作和填写分析表格的能力。

提示：在整理和筛选所需要的材料时，怎样才能够让手上的种类繁多的资料一目了然，从而快速查找出自己需要的资料，做好文书写作前的逻辑梳理呢？有一个简单的办法，就是制作表格。通过表格简单的罗列，可以快速看出案件的各项材料是否已经齐备。

2. 实验素材。

【案例】

彭某是 A 市某制药有限公司员工，在该公司工作期间因精神失常在 B 市住院治疗，经治疗病情好转后，回公司上班多次被拒。1999 年公司改制，将彭某作为富余人员安置，不需要上班，每月只发给生活费。在被作为富余人员安置期间公司从未派人看望过彭某，也从未关照过其生活。公司在没有事先书面通知的情况下作出了于 2007 年 1 月 1 日解除其与彭某劳动合同的通知，该通知书于 2007 年 3 月 1 日送达彭某，2007 年 4 月 1 日该制药有限公司停发了彭某的工资。此外，1999 年改制后，该制药有限公司一直未与彭某签订劳动合同，也没有为其办理基本医疗保险和失业保险。彭某不服某制药有限公司作出的解除劳动合同的决定，于 2007 年 9 月 13 日向劳动仲裁委员会提出仲裁申请。

案情简介	时间、当事人、事件、主要矛盾和争议焦点
文书类型	诉状、申请书、请确定所需要的模板
事实材料	1 2 3
法律依据	1 2 3
诉讼时效	
管辖仲裁机构	

3. 实验步骤。

实验准备：将学生分为若干个小组，每个小组 3~4 人。其中一名汇报人，汇报本组的文书准备内容；一名观察员，不参加讨论。

步骤一：由教师介绍案例，分发表格。

步骤二：由学生针对上述案件填写表格。教师或学生助教分散至各组，或巡回观察各组情况。

步骤三：汇报员汇报本组表格填写的情况等。其余人可作补充发言。

步骤四：教师点评各组表格制作和填写情况。

4. 讨论与思考。

A. 你觉得自己填写的实验表格有何不足？可以如何改良？

B. 在填写表格的时候，你觉得自己筛选的材料是否充分？

C. 你觉得填写这样的表格对于你整理案件材料是否有帮助？如果有，是什么？

D. 你觉得你所需要的法律文书模板是否容易取得？

E. 你认为事实材料和法律依据的逻辑顺序是否容易确定？如果难以确定，原因是什么？

二、法律文书的写作

实验项目一：确定诉讼请求

1. 实验目的：确定诉讼请求的内容。

提示：法律文书写作的第一大难题就是确定诉讼请求。当事人可能有很多的愿望，但是怎样在法律文书中尽可能表现出当事人的愿望，同时照顾到案件的实际情况，可能是很多诊所学生面临的问题。确定当事人的诉讼请求，才能为日后的工作确定明确的目标。

2. 实验素材。

【案例】

2000 年 9 月 3 日 5 时许，浙江省江山市碗窑乡周某驾驶大货车从浙江省常山县驶往江苏省昆山市，途经 320 国道一施工路段时，与前方同向行驶的由桐乡市沈某驾驶的警用桑塔纳巡逻车发生追尾碰撞，致使警车翻车。周某在左驾方向过程中，又与江苏省海安县缪某驾驶的桑塔纳轿车正面相撞。此次事故造成三车严重受损，海安车承运人缪某（即驾驶员）及车内乘客纪某、吴某三人受伤，系特大交通事故。事故发生后，纪某被送往浙江省桐乡市第二人民医院治疗，被诊断为右髋臼骨折、髋关节半脱位、颌面挫裂伤。住院治疗一段时间后，遵医嘱带骨牵引回当地医院进一步诊治。法医学鉴定后认为，纪某的伤残等级为 9 级。后经核实，纪某在事故中共造成医药费、误工费、住院伙食补助费、残疾赔偿金等损失共计 75084.5 元。事故经浙江省嘉兴市公安局交警支队进行处理，认定前述浙江省江山市的周某驾驶车辆中与前车未保持必要的安全距离，对路面观察疏忽大意，采取措施不当，且车辆超过限速行驶、严重超载货物，其行为是造成此次事故的直接原因，应负本起事故的全部责任，江苏省海安县承运人缪某及其乘客纪某等在该起事故中均无责任。2001 年 8 月 21 日，乘客纪某从浙江省桐乡市交警大队只取得赔偿款 15000 元。2002 年 9 月 1

日，纪某向缪某发出电报，要求承运人缪某赔偿因交通事故所造成的一切损失。2002 年 9 月 10 日，纪某通过电信部门查询得知，所发电报系缪某之妻杨某签收。此后未有结果。2002 年 9 月 18 日，纪某就损害赔偿事宜最终未能与浙江江山肇事者周某达成调解协议，桐乡市交警大队作出了道路交通事故损害赔偿调解终结书。

现纪某欲以承运人缪某为被告，向法院提起诉讼。

3. 实验步骤。

步骤一：由教师介绍案例，并将学生分为若干组，每组 4～5 人，针对案件的诉讼请求进行讨论，其中确定一名学生进行记录。

步骤二：由学生针对上述案件确定该案应提起侵权之诉还是违约之诉，并提出理由和依据。教师或学生助教分散至各组，或巡回观察各组情况。

步骤三：负责记录的同学代表本组发言，其余人可作补充发言。

步骤四：教师点评各组发言，确定诉讼请求。

4. 讨论与思考。

A. 你认为诉讼请求难以确定吗？

B. 你认为诉讼请求难以确定的难点在哪里？是责任竞合，涉及金额还是诉讼类型？

C. 诉讼请求是否会和当事人的愿望有出入？如果有，你将怎样向当事人说明？

D. 还有其他你在确定诉讼请求时遇到的困难吗？你觉得有什么好的方法可以解决这一问题？

实验项目二：段落写作

1. 实验目的：锻炼学生进行段落写作的能力。

提示：法律文书第一阶段主要是通过上一步的材料收集，初步撰写出文书的主要部分，并且整理文书的格式。在写作过程中，一般以一个段落确定一个主题，尽量将一个问题或者一个问题的一个方面陈述或者论述清楚，将该段落完成后，再将思绪调至下一段落，在所有段落完成后，通篇考虑需要加强或者完善的部分。

2. 实验素材。

【案例】

2007 年 5 月 16 日，湖北省 a 市司机凡某在 b 市航空路附近行驶时因未系安全带被 b 市公安局交通管理局甲大队（以下简称"甲大队"）执勤交警罚款 50 元，交警在处罚决定书上通知凡师傅到"中国银行"缴纳罚款。凡师傅乘车前往中国银行 c 支行去缴款，却被告知该支行不是代收网点。于是凡师傅只得又乘车去其他网点缴纳了上述罚款。8 月 2 日，凡师傅向 b 市 d 区人民法院提起行政诉讼，请求撤销甲交警大队的处罚决定，返还 50 元罚款，赔偿 2 元交通费，并由被告承担诉讼费用。

相关法律：《道路交通安全法》

3. 实验步骤。

步骤一：将学生分成若干组，每组 4~5 人，先讨论确定案件的焦点所在，由两人分别担任案件的原告和被告，负责撰写起诉状或者答辩状的争议部分，一人收集和提供有关法律规范，一人负责汇总。

步骤二：写完后各组汇总，讨论并修改本组所写的两份文书，进行修订。

步骤三：负责汇总的同学评判各位同学负责写作的部分的优劣，作出结论。

步骤四：教师点评同学制作的法律文书，评判优劣并提出意见。

4. 讨论与思考。

A. 你认为自己对案件材料的掌握和分析是否全面？

B. 你认为自己是否充分表达出当事人的愿望？

C. 是否遇到了意料之外的问题？如果是，是哪些问题？你怎样处理的？

D. 你认为老师提供的法律是否全面？还有哪些你想到可能有用的法律？

E. 你认为对方同学模拟的法律文书对你扩展思维是否有帮助？帮助是什么？

实验项目三：逻辑训练

1. 实验目的：法律文书的一个特点就是它具有极强的逻辑性。学生在进行论述时一定要注意文书的逻辑顺序。本实验的目的就在于整理文书的逻辑顺序。

2. 实验素材。

素材见上个实验。

3. 实验步骤。

步骤一：将学生分成若干组，每组 3~4 人，交换上次实验各组所写的法律文书，进行讨论，设定一名同学进行记录和整理。

步骤二：讨论完毕后由负责记录的同学完成法律文书的初稿，其他同学可以进行补充。

步骤三：各组由负责记录的同学为代表发言，说明本组对该份法律文书进行了哪些方面的梳理，本组认为的逻辑顺序是什么。

步骤四：教师点评并提出修改意见。

4. 讨论与思考。

A. 你认为自己小组写的法律文书的优点是什么？

B. 你认为其他组同学的法律文书哪方面写得好？

C. 你觉得法律文书的逻辑在哪方面表现得比较明显？哪方面不容易操作？

D. 你觉得自己将来在写作法律文书时需要哪方面的锻炼？

三、法律文书的完善和定稿

实验项目一：法律文书的排版

1. 实验目的：锻炼诊所学生自我检查和整理法律文书的能力。

提示：一份好法律文书的拟就，并不是像流水线上的商品可以一次成型，它必须像打磨玉器一样，经过一次又一次的雕琢之后才能够臻于完美。因此，法律文书正文部分的完成，只是整个工程过程的一半，剩下的部分即法律文书的完善和美化也是十分重要的。好的内容，也要有好的表现形式，这样才能充分体现其专业性和严谨性。

2. 实验素材。

行政诉讼起诉状

原告：×××，男，54 岁，汉族，个体户，住所地×××××××。

被告：×××区规划国土资源管理局

法定代表人：×××，局长

诉讼请求：

请求法院确认×××区规划国土资源管理局（以下简称"国土局"）给柳一、柳二、柳三、柳四、柳甲、杜乙、柳丙、杜丁共八人九间房办理的土地规划使用证及建房许可证的行政行为违法；

请求法院判令×××区国土局对以上八人九间违建房作出具体行政行为；

请求法院判令×××区国土局赔偿本人经营损失 15000 元；

本案诉讼费用及为此而支出的必要费用均由被告承担。

事实和理由：

一、本案属于行政诉讼受案范围。区国土局给既未办理相关证件、又违反乡里规划而建成的房屋办理了土地规划使用证和建房许可证，是违反《中华人民共和国行政许可法》第四条规定的。

××乡××村××集的商业街道改造规划于 2001 年开始实施，规划中规定新商业楼房纵深为 8 米，但 2003 年之后所建房屋均违反了这项规定，且经本人多次反映情况都没有任何改善。具体情况如下：

1. 2003 年 3 月，柳一、柳二、柳三三户在未经国土局审批办理土地规划使用证、建房许可证（以下简称"两证"）的情况下，开始挖地基建房。本人向区国土局和区城管局举报了此事，国土局和城管局都就此事向三人下达《停建通知书》，6 月 30 日因××乡副乡长陈××表态同意三户违建户继续建房，该停建通知书未得到贯彻执行，三栋房屋于同年 7 月竣工，直到次年 10 月 28 日才办理"两证"，登记建深 9.7 米，实建 12.5 米，均违反了规划中的 8 米规定。

2. 2003 年 9 月和 2004 年 3 月，另外六间房屋分别在没有办理任何相关手续的情况下开始动工（见证据 12）。2004 年 3 月 16 日区国土局、城管局、乡管局的领导到建房现场制止违建未果。2004 年 5 月 31 日，××晨报记者电话采访了国土局法规科科长李××，李科长明确表态说超出 8 米一定要拆（见证据 1、2），但事实上违规建房的行为并没有受到任何处理。2004 年 6 月 22 日，乡国土所所长刘××要求五位违建户挖掉超长违建的后墙脚，该命令没有得到彻底执行。12 月 3 日，违建户在××乡党委副书记胡××的主持下曾书面承诺按照 8 米规定来建房（见证据 7），实际上也没有做到。2005 年 1 月，六间房屋均已建成，并于 3 月 10 日领取"两证"，登记建深 8.5 米，实际建造 11.5 米，都是违反规划的。

对上述情况，《××晨报》、××电视台都作过相关报道（见证据 1、2、3）。区国土局对这九户违规建房的行为，非但没有阻止、作出处理，反而在事后给予办理了相关手续及证件，这种行政行为是违反《中华人民共和国行政许可法》第 4 条规定的。

二、就以上九户房屋的违建，本人曾向上级举报多次，也向区国土局提交了多次申请，但区国土局对此事没有采取任何有效措施，这属于行政不作为，违反了《中华人民共和国行政许可法》第 65 条、《司法行政机关行政许可实施与监督工作规则（试行）》第 34 条的规定。具体情况如下：

本人于 2003 年 10 月 30 日向区国土局递交举报信要求责令柳××停建（见证据 4）；于 2001 年 4 月 19 日向××市市长、××市国土资源管理局督导处、××市城管执法局拆违处举报柳××，要求区国土局监察科责令其停建（见证据 5）；于 2004 年 8 月 22 日向中共××区纪委、区监察局递交申请报告，要求对违规建房户作出查处（见证据 6）；于 2005 年 4 月 11 日举报区国土局不作为，要求制裁违法建房的行为（见证据 9）；于 2005 年 6 月 29 日向××市法制办公室、××区区长、××区副书记提交申诉书（见证据 10）和申请报告（见证据 11），但在这么多的申诉、举报之后，国土局对此事依然未采取任何有现实效果的措施，使九间房屋均无证违规建成，既破坏本地街道的整体规划，导致新街总线被拉斜了 1 米多（见证据 13），而且严重影响本人商铺的通风、采光、卫生、消防通道、经营等状况。

三、这批违建房屋自 2003 年起给本人造成了极大的损失。

本人的商铺本来是××集面临公路的大商铺，由于商铺前建起了这批房屋，商铺生意变得非常惨淡，损失极大。

为此，根据《中华人民共和国行政诉讼法》第 11 条规定，本人特向你院提起行政诉讼。请依法判令国土局给柳一、柳二、柳三、柳四等八人九间房办理的土地规划使用证及建房许可证的行政行为违法，判令区国土局对以上八人九间房的违规建房行为作出具体行政行为；根据《中华人民共和国行政许可法》第 7 条的规定，请求判令区国土局就其违法行政行为给本人造成的经营损失予以赔偿；本案的诉讼费用及为此而支出的必要费用均由被告承担。

此致
××××市××区人民法院

起诉人：陈××（盖章）

2006 年 4 月 5 日

附：

1. 本诉状副本 2 份；

2. 证据清单一份；

3. 其他材料八份。

实验准备：将学生分成若干组，三人一组，每组准备一份法律文书。

3. 实验步骤。

步骤一：由教师讲授检查和整理装订技巧。

步骤二：各组学生分别讨论该法律文书在语法、事实分析及排版等方面的优缺点，并确定一人担任记录员。

步骤三：由每组负责记录的学生汇报其记录情况，其他学生对记录作出评价。

步骤四：由担任记录的同学在评价后对该文书进行修订，制作完善的法律文书。

4. 课后思考。

本实验中的法律文书哪些方面分析得很完善，哪些方面还有欠缺，请同学们思考：

A. 文书的格式是否正确？

B. 文书的重点是否突出，诉讼请求是否明确？

C. 文书在用语上有何优劣，案情叙述和分析是否完善？

D. 文书的排版是否统一美观？

实验项目二：制作评估表

1. 实验目的：事后评估是文书写作的最后一个环节，也是对案件的一个总结和梳理，能够使学生更好地预见案件的发展，更好地把握案情。

2. 实验素材：法律文书、评估表。

【案例】

见"法律文书制作"实验项目中的法律文书。

3. 实验步骤。

步骤一：教师介绍案情并发放评估表和法律文书；

步骤二：学生对文书写作情况进行评估；

步骤三：学生汇报评估情况；

步骤四：填写评价表；

字体	
格式	
语句校对	
当事人信息	
逻辑顺序	
意思是否表达充分	

步骤五：教师点评。

4. 讨论与思考。

以下是办理此案的诊所学生所做的评估表，请同学们参考比较。

结案报告分析框架

一、案情

案件基本情况：

当事人、受诉法院（也有可能是非诉案件而没有受诉法院）、审级等

案件类型：

诉讼性质（民事诉讼、行政诉讼……）

涉及权利（例如健康权）

服务对象（民工、农民、妇女……）

本机构接手前的情况

二、办案经过

本机构受理后办理、处理的经过以及结果。

三、法律法理分析

包括但不限于以下角度和内容：

1. 案件所涉及相关的法律规定；

2. 办理案件过程中遇到的困难和障碍（法律制度、观念、个人经验、资源等）；

3. 案件所反映的公益性；

4. 分析思考和立法建议。

四、案件的实际影响

案件的实际影响，客观分析对国家法律制度、司法实践、当地客观状

况等方面的影响，包括已有影响和预期影响。

五、案件涉及的公民权利状况分析

从案件涉及的公民权利的类型以及当事人本身的特点，分析特定人群的人权保护问题。

六、案件的公益性

案件是否有代表性和公益性？在办理案件的过程中采取了哪些扩大其公益性和影响力的策略？效果如何？

七、总结

包括办案感受、收获、不足、改进措施等。

思考：

这份结案报告分析框架和你的法律文书评估有什么偏重？对你写法律文书有何帮助？

第五节　法律文书写作的课后练习

思考题

（一）1999 年 6 月，奥运会足球预选赛小组赛第二阶段比赛在上海进行，国奥队的表现引起广泛关注，全国 200 多家新闻单位派记者到上海进行现场采访。

6 月 13 日，《杭州都市快报》、《重庆晨报》、《成都商报》、《大河报》等报纸发表了题为《舒畅欲退出国奥队》的新闻，第二天，一些报纸转载了这一消息。

6 月 15 日，中国足协新闻办公室主任冯剑明在新闻发布会上宣布：舒畅已明确否认曾说过退出国奥队一类的话，这则消息是假新闻。

6 月 16 日，全国各媒体纷纷刊出辟谣消息。中国足协新闻办公室的有关人员开始着手调查这一消息的来源。

7 月 26 日，中国足协在北京召开新闻发布会，发布《关于奥运会足球预选赛上海赛区假新闻事件的处理决定》（体足字［1999］302 号，以下简称 302 号文件）。该文件称：奥运会足球亚洲预选赛第 7 小组第二阶段比赛发生了以"舒畅、李蕾蕾扬言要退队"为主要内容的假新闻事件，给中国国奥队和舒畅、李蕾蕾本人的训练、比赛带来了极大的干扰，在国内广大球迷等各方面都产生了极坏的影响。事件发生后，新闻办及时采取了措施，制止了假新闻的进一步蔓延，并对此事件进行了调查。经调查发现，共有《成都商报》、《重庆晨报》、《现代经济报》、《杭州都市快报》、《大河报》等数家报社刊发了这条假新闻，其主要作者和制造假新闻的为《杭州都市快报》的李琛和《无锡日报》的胡建明。

中国足协新闻办特就此事作出如下处理：一、上述报社必须在报纸上公开发表对国奥队和舒畅、李蕾蕾的致歉信，以消除影响。二、上述报社必须对有关责任者作出严肃处理并上报中国足协新闻办。三、在有关报社未能做到以上两条期间，足协新闻办将停止《成都商报》、南京《现代经济报》、《杭州都市快报》、河南《大河报》、《无锡日报》报社记者采访中国足协主办的所有比赛的资格。

这份文件以消息形式发布后，当即被全国数十家报刊登载，《无锡日报》认为其声誉受到了极大损害，欲将中国足协告上法庭。

请问：

1. 《无锡日报》应该进行行政诉讼还是民事诉讼？为什么？

2. 是打侵权之诉还是其他，诉讼请求是什么？原因何在？

3. 起诉状和代理词应该怎样写？

4. 你还需要什么事实资料或者法律依据？

（二）某村甲与乙宅基地相距3米远，居民甲住的是平房，居民乙住在甲的南面。乙打算建一栋5层的住宅楼，大约有5米高，如果建成，则甲的住宅将见不到任何阳光。乙在向城建局申请建筑许可时，甲亦向城建局提出了异议，要求城建局保护自己的采光权，但是城建局批准了乙的申请。在乙的建筑过程中，甲乙发生争议和打斗，甲先动手，把乙打成轻伤。该县公安局治安科以自己名义作出处罚决定，拘留甲10天，并赔偿乙的损失1000元。

请问：

1. 甲对城建局的行为不服，欲提起行政诉讼，请你写一份起诉状，你将怎样写作？

2. 甲对治安科的处罚决定不服，应该以谁为被告提起诉讼？诉讼请求应如何写明？

（三）2001 年 2 月 25 日，家住江苏省某市某镇的赵某到当地的瓜果蔬菜批发市场批发蔬菜，就在他买菜的时候，听到几个市场管理员向旁边来卖菜的农村妇女宗某收取 5 毛钱的管理费。宗某向市场管理员讨价说能不能通融一下收 4 毛钱，她还没有卖出多少菜，而那位市场管理员坚持要收 5 毛钱。好打抱不平的赵某便挺身上前帮着说情，可是说情却招来了市场管理员们的不满，赵某和几名管理员为这一毛钱吵了起来并发展为大打出手。当时在场的市场管理员大约 5 个人，一同与赵某打在了一起，还抽出腰里的电警棍打他并用电击他，最后赵某的左太阳穴被重重地击了一下后昏倒在了地上。赵某的伤势经医院诊断为头部、肩部、腰部及左眼球挫伤，并伴有高血压、头晕失眠等症状。4 月 18 日，赵某被无锡市第一人民医院诊断为慢性闭合性颅脑挫伤。此后，他的病不仅引发了视力障碍，还得了高血压，而且患了严重的失眠症，要长期服用催眠剂来维持睡眠，几乎不能生活自理。

事发一周后，赵某的妻子向当地公安机关某市公安局汤渡派出所报了案。赵某认为市场管理员在收缴管理费时把他打伤，属于执行公务时的违法行为，工商部门对此事也有不可推卸的责任。

经过公安机关调解，某市工商局某镇工商所向赵某支付了 5500 元的医疗费，然而某市工商部门不承认此事与他们有关。一位负责人说，某蔬菜批发市场是由某村委会主办，并非工商部门主办，那里的市场管理人员不是工商局聘请的管理人员，至于当时出的医疗费是某市场拿的不是他们出的，所以工商部门不应该对此事负责。

某市工商局对赵某被打的事迟迟没有作出处理，也没有答复。于是，在事发两个月后的 2001 年 5 月 21 日，赵某向某市人民法院递交了行政起诉状，要求判令确认某市工商局的这些管理员在行使职务行为中的违法责任和因此导致的赔偿责任，并判令赔偿相关费用。

请问：

1. 如果由你来写这份行政起诉状，你认为诉讼请求应该如何写？
2. 你觉得该案应提起行政诉讼还是民事诉讼？

第六节 法律文书写作的扩展阅读资料索引

1. ［英］马戈特·科斯坦佐著，王明昕、刘波译：《法律文书写作之道》，法律出版社 2006 年版。

2. ［美］布莱恩·A. 加纳著，刘鹏飞、张玉荣译：《加纳谈法律文书写作》，知识产权出版社 2005 年版。

3. 邓晓静、陈咏梅主编：《法律文书写作教程》，武汉大学出版社 2009 年版。

4. 高云：《律师专业思维与写作技能》，法律出版社 2007 年版。

附　录

目　录

一、法律诊所规章制度

诊所法律教育研究中心管理制度

为规范中心管理，健全中心制度，保障诊所教学，特制定本制度。

一、中心只对本院老师及法律诊所的同学开放，禁止私自将中心的教室用于诊所教学以外的其他任何事项。

二、中心的开放时间为周一至周五上午 8：30—11：30，下午 14：00—5：00。

三、诊所值班人员应当按时值班，不得迟到早退。因事不能值班者，须提前请假并说明，不得擅自找他人代替。

四、中心的案卷仅供诊所的老师和同学查阅。查阅完案卷后，应将案卷放回原处。禁止私自将案卷带出诊所。需要将案卷带出诊所复印的，应当进行登记，并在复印完毕后及时归还。

五、中心的电脑仅用于诊所教学以及案件资料的相关查阅。

六、来访人员应当保持中心的室内清洁和安静，离开前应当及时清理废弃物。

七、本制度自公布之日起生效。

2007 年 9 月 20 日
武汉大学诊所法律教育研究中心

法律诊所工作程序

1. 接待当事人

武汉大学社会弱者权利保护中心将咨询表交给每组学生助教，由学生助教征求老师意见后分派给本组学生。学生两人组成办案小组，可与当事人进行会见。学生需制定会见计划，接待当事人中应有详细记录，接待后对会见计划和实施情况作出评估。

2. 立案和审批

学生接待当事人后，应对案件事实有较全面、准确的了解，对是否立案提出自己的意见，将会见计划、会见记录、评估与意见提交指导教师，由诊所老师决定是否立案。批准立案的，可以与当事人联系签订代理合同。

3. 办案

办案搭档应密切配合、通力合作，充分发挥各自的能力和水平。诊所小组采用合作式学习方法，互相支持、分享资源，共同讨论本组所接案件。各诊所之间应保持联系，有诊所学生出庭时，除课程冲突或路途不便以外，其他所有诊所学生应参与旁听。学生外出办案需事先征求教师同意，注意人身、饮食安全。

诊所教师应关注学生所办案件的进展和学生的表现，保持与学生的联系，保证每周的指导时间，并随时解决突发事件。

4. 结案与归档

结案时代理学生需向武汉大学社会弱者权利保护中心提供案卷一份；向法

律诊所提供案卷复印件一份、办案总结一份及办案记录电子文档一份；期末每位学生需向法律诊所指导教师提供学习总结一份。

如遇学期结束，案件尚未完结，负责该案的学生应向指导老师说明原因，向指导教师提交所有有关的案卷资料；或经教师同意，继续办理案件。

武汉大学诊所法律教育研究中心

法律诊所学生办案守则

1. 遵循律师职业道德和职业纪律，遵守武汉大学社会弱者权利保护中心的规章制度，以维护当事人利益为最高目标，对当事人信息承担保密义务。

2. 热爱法律援助工作，耐心细致，认真听取当事人陈诉并做好记录，不得向当事人作出不切实际的承诺。

3. 严禁私自接案、立案。

4. 立案后，应制定详细的工作计划，经指导教师审核。

5. 办案中做好计划、实施、评估记录，作为案件电子文档保存。

6. 及时向诊所教师汇报案件的最新进展，在教师指导监督下办理案件。

7. 妥善保管当事人提供的文字材料的复印件及其他与案件有关的资料，当事人的原始文字材料由其本人保管。

8. 凭借整理好的案卷资料结案，结案后法律诊所保留卷宗复印件与电子资料。

9. 诉讼费、交通费、住宿费等办案经费由当事人承担，严禁接受当事人的钱物。

10. 要在安排好自己的学习和生活的基础上，保证在诊所的工作时间，不得因参与诊所办案耽误其他课程的学习。

武汉大学诊所法律教育研究中心

当事人须知

1. 您的案件由武汉大学社会弱者权利保护中心承办。武汉大学法学院法律诊所的学生在专业老师的指导下为您提供法律援助，包括法律咨询、调查取证、参与调解、参与谈判、出庭等活动。

2. 案件受理后，由指定的学生作为您的代理人，和您签订正式的委托代理合同。

3. 签订代理合同后，在作出任何一个和案件有关的决定前，请务必与代理人联系，确保您的决定适当。

4. 您是案件的决定者，在办案过程中，请随时提出您的想法，确保代理人准确理解您的意图和愿望。如和代理人意见不一，可以协商沟通，但最终代理人将尊重您的意见。

5. 在案件办理过程中，请随时告知学生案件的最新进展。

6. 请保留好您的原始材料，学生将保管您的案卷材料的复印件和他们收集的证据资料。

7. 您要保证如实说明案情，否则学生有权利停止代理行为。

8. 本中心代理案件不收代理费，您需要提供必要的办案费用，如交通费、住宿费、诉讼费等。

9. 如果您的案件在学期结束时尚未审结，案件可能由原来的学生继续办理，也有可能移交给其他学生继续办理，但不会影响办案的质量。

10. 我们无法对案件的胜败做出承诺，但我们可以承诺将尽力维护您的合法权益。

感谢您对我们的信任！

武汉大学诊所法律教育研究中心

二、学生学习文档范例

行动计划表

类型（周计划或具体行动计划）：

计划人：

计划目标：

计划内容：

准备工作：

预见困难：

备选方案：

页码：

工作备忘录

工作类别：

时间：

地点：

记录人：

参加人：

记录事项：

页码：　　　　　　　　　　　　　　　　签名：

评 估 表

评估人：	
被评估人：	

原始计划：

实施情况：

利弊得失：

分析与改进：

页码：

结案报告范例

案例分析框架

一、案情

案件基本情况：

1. 当事人。

原告：湖北省 A 市甲县乙村第五生产小组村民，共 20 余户，100 余人；

被告：湖北省 A 市人民政府、湖北省 A 市国土资源局；

第三人：湖北省 A 市甲县乙村村委会、湖北省 A 市甲县工商行政管理局；

受诉法院：A 市中级人民法院（裁定被告不适格，不予受理）

诉讼请求：确认湖北省 A 市甲县工商管理局征收甲县乙村 15 亩土地的行为违法。

2. 案件类型：

－诉讼性质：行政诉讼

－公约权利：住房权

－服务对象：农民

3. 本机构接手前的情况。

湖北省 A 市甲县某镇乙村委会与甲县工商行政管理局于 2003 年 3 月 25 日签订了土地征用协议书，双方当事人在该协议书中约定：

（1）由县工商行政管理局征用乙村土地，总面积为 15 亩；

（2）土地补偿费为每亩 6 万元，共计人民币 90 万元整；

（3）由县工商行政管理局每年支付土地补偿费本息共 54900 元，付款日期共 40 年。

乙村村委会接着与各生产小组签订了另一份协议，其中约定将土地补偿费的 10% 分发给第五生产小组，20% 分发给第四生产小组，15% 分发给第七生产小组，其余 55% 留给村委会。第五生产小组村民因不满该分配协议，并未在协议上签字，也未接受村委会的分配款项。

二、办案经过

1. 2003 年 9 月 25 日：武汉大学社会弱者权利保护中心（以下简称"中

心")接受当事人代表的委托,并由中心二名工作人员与该代表人签订授权委托书,为其代理该案件。

2. 2003 年 10 月 1 日—2 日:代理人到当地进行相关调查,并推选出诉讼代表人五名。

3. 2003 年 10 月 15 日:代理人再次到当地走访县土地管理局、县工商管理局、县政府及县政委信访办,在信访办党委书记的协助下,于 2003 年 10 月 17 日上午召开了关于此案的协调会议,与会者包括:县政府法制科主任、县土地管理局主任、县工商管理局工会主席、县政委信访办党委书记、镇政府办事员一人、中心二名代理人。会议协调出解决方案如下:

①五组村民被征用的 15 亩土地由村委会协调,从第十三组的土地中划归于第五组;

②维持 2003 年 3 月 25 日的关于土地征用的补偿协议,但土地征用补偿费的给付时间由五年减为四年;

③依法起诉,由法院作出最终判决。

4. 2003 年 10 月 16 日:五组村民协商认为上述方案与其要求相去甚远,最终未达成任何调解协议,依法向 A 市中级人民法院提起行政诉讼。

5. 2003 年 11 月:A 市中级人民法院以被告不适格为由,裁定驳回起诉。

三、法律法理分析

1. 案件所涉及相关的法律规定。

本案是一起典型的土地征用纠纷,应当适用的法律规定包括:《中华人民共和国宪法》、《中华人民共和国土地管理法》、《中华人民共和国土地管理法实施条例》。

根据以上法律的有关规定,我们可以知道:

(1)我国的土地按性质可分为:

$$土地\begin{cases}国有土地——城市市区\\集体所有土地——农村、城市郊区、宅基地、自留地、自留山\end{cases}$$

(2)我国的土地征收

①土地征收实质:

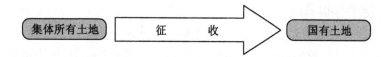

②土地征收程序:

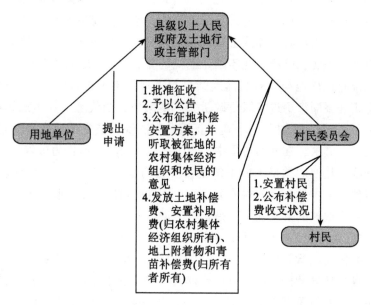

而在本案中, 征地过程演变成了:

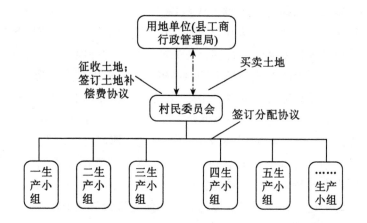

2. 办理案件过程中遇到的法律障碍、制度障碍。

（1）被告难以确定。

A. 县级人民政府及其土地行政管理部门等征地主体难以作为被告。

按照以上分析我们可知，如果村民对征地补偿协议不满或认为征地过程不合法，可以以县级以上人民政府及其土地行政管理部门为被告提起行政诉讼。但在本案中，首先，政府及其土地行政管理部门根本没有介入该征地程序之中，更没有实施任何批准、公告等行政行为，这是典型的行政不作为。但是，当代理人向甲县人民政府和国土资源局询问时，这些国家官员回答的居然是：当地一贯如此做法，已经十几年了。也就是说不论是当地的政府官员，还是司法部门都没有把征地与政府当然地结合起来（但不可否认的是，这种依法行政的观念正在逐渐渗透进各级行政机关。本案中，当代理人找出法律规定时，政府给予了一定程度的配合）。这也正是最后法院以被告不适格为由驳回诉讼的原因之一。其次，在办案过程中，当事人也反对将政府作为被告。当事人并不反对征收，让他们觉得不公平的是村委会与他们之间关于土地补偿费的分配，所以他们的本意是状告村委会，而且让这些村民与堂堂政府公然为敌，在法制观念还未成熟的县镇确实不是首选之举。

B. 村民委员会无法作为行政诉讼被告。

按照我国《行政诉讼法》以及相关司法解释的规定，村委会只有在实施法律、法规包括规章授权的具体行政行为的情况下才能成为行政诉讼被告。可是在这里，显然村委会没有资格作为行政诉讼被告。同样地，最高人民法院《关于村民因土地补偿费、安置补助费问题与村委会发生纠纷人民法院应否受理问题的答复》（法研【2001】16号）认为，他们之间属平等民事主体之间的纠纷。当事人就该纠纷起诉到人民法院，只要符合《中华人民共和国民事诉讼法》第108条的规定，人民法院应当受理。依照上述法律的规定，本案中村民如果想要求村委会给予合理合法的征地补偿的各项费用，就不能以行政诉讼而是以民事诉讼的方式。如果按照当事人的要求以村委会为被告，就不能提起行政诉讼，而只能提起民事诉讼。但是在实践中，村委会与村民确实是"村官"与"乡民"的关系。民事诉讼对原告的举证责任要求相对行政诉讼的原告要高出许多，这就给村民造成了一个困境，那就是在实践中处于"相对人"的角色，但在法庭上却要承担"平等主体"的举证义务，如此便使得行政诉讼法所规定的举证责任倒置的保护行政相对人立法宗旨在农村这一层面缺失，这样的诉讼让尚处于弱势群体的农民如何能够参与其中？

（2）社会援助机构面临两难的境地。

类似于本案的情况在县镇村相当普遍，各个地方有自己一套潜移默化的规则，这套规则可能与法律规定从头到尾都格格不入。对于社会援助机构，尤其是法律援助机构这种没有任何权力的民间机构来说，如何了解、改变甚至瓦解这套规则是一个几乎不可能回答的问题。我们要做的是仅仅为了维护当事人的个体利益而向潜规则妥协，还是为了推动当地的法治建设而牺牲当事人的个体利益？

另外，一方面社会援助机构花大力气在法制宣传上，目的就是在于吸引更多的弱势群体来寻求援助。可当机构向他们提供援助时，机构本身的"弱势"便随着诉讼程序或者非讼程序的一步步深入日渐清晰，作为社会援助机构的工作者常常无力回答当事人提出的那些仅停留在纸面的问题。这种情况下，当事人对他们代理人及各种社会援助力量产生一种不信任感。于是法律工作者便感觉到了处境的尴尬，而社会法律援助机构则给人以沽名钓誉之感。志愿者的热情往往也就消失殆尽了。

3. 现行法律的漏洞。

（1）村民委员会法律地位的混乱。

我国宪法规定了村民委员会"基层群众性自治组织"的法律地位，从根本上否定了村民委员会的行政主体资格，村民委员会只能在法律法规授权的情况下成为行政诉讼的被告，承担行政赔偿责任。然而，实践中村委会以"准行政机关"的地位侵害村民利益的案件屡屡发生，此类案件又由于村委会地位的复杂性常常被法院推之门外，导致村民利益无法得到救济。

（2）司法解释剥夺了村民请求司法救济的权利。

最高人民法院【94】民他字第 28 号复函指出："土地管理法明确规定，征用土地的补偿、安置补助费，除被征用土地上属于个人的附着物和青苗补偿费付给个人外，其余由被征地单位用于发展生产和安排就业等单位。现双方当事人为土地征用费的处理发生争议，不属于法院受理案件的范围，应向有关机关申请解决。"这一司法解释将此类争议拒之法院门外，显然剥夺了公民，尤其是农民这一弱势群体的基本公民权利。实践中，法院也以种种理由驳回农民的起诉。①

（3）《宪法》与《土地管理法》对国家征收、征用土地所必要的"为了公共利益"之"公共利益"规定不明。

---

① 如四川自贡土地征收案件，被征地人中有超过千人向自贡市中级人民法院和四川省高级人民法院提起诉讼，但法院认为该行为属抽象行政行为，不予受理。被征地人又向建设部提交行政复议申请书，也没有收到任何答复。

《宪法》第 10 条第 3 款；《土地管理法》第 2 条规定国家基于公共利益可以征收农村集体所有土地，我国对于"公共利益"采用的是一般概括式，这种方式具有灵活的优势，但是也给行政机关以及法官滥用权力提供了可能性。所以，采用此立法模式的国家往往制定专门的土地征用、征收法律、法规，如日本颁布了《公用征收法》、法国颁布了《土地征用法》。① 但我国不要说没有专门的土地征收、征用法规，连相关部门法中涉及的条款都十分简略。这就使得在实践中行政机关和司法机关有很大的自由裁量权，而村民也就没有任何可能去质疑"公共利益"的合法性以及合理性。

（4）土地补偿制度不够完善。

在立法层面，我国农村土地征收补偿的规定散见于宪法、土地管理法、土地管理法实施条例、征用土地公告办法、国土资源听证办法等，在某些省、市和自治区还制定了征收土地的规定。这些规定既不系统也不全面，在立法上反映不出征地补偿制度的重要性。② 在制度操作层面，法律停留在纸面上的现象不在少数，"官本位"的观念也深深植根于行政机关、村民以及村委会的印象中。即使法律规定的那些程序在很多地方也只是走走过场而已。

4. 案件所反映的公益性。

本案是一起行政机关违法征收农民集体所有土地的行政案件，涉及公民的住房权、财产权和就业权等基本权利。首先，援助当事人，维护公民的合法权益是法律援助的首要目的；其次，在当地"依法行政"、"法治社会"还停留在口号层面的情况下，中心的介入也让行政机关了解到不"依法行政"的确能够让他们受到法律的制裁，行政机关以后在遇到同样的情况时因有前车之鉴而不至于无法无天。

四、案件影响

1. 对当事人的影响：根据调查，截至 2006 年 2 月 14 日，该案件仍然没有任何突破，乙村村委会与各生产小组签订的土地补偿费协议仍然有效。

2. 对中心的影响：中心仍然继续为农村土地征收与城市房屋拆迁的受害

---

① 参见董彪、门薇《解读征收、征用中的"公共利益"—兼评〈物权法草案（学者建议稿）〉的相关部分》，《太原理工大学学报（社会科学版）》2005 年第 2 期；李蕊《国外土地征收制度考察研究》，《重庆社会科学》2005 年第 3 期。

② 参见薛刚凌、王霁霞《土地征收补偿制度研究》，《政法论坛（中国政法大学学报）》2005 年 3 月第 23 卷第 2 期。

人提供援助，但是情况不尽如人意，笔者于 2004 年 4 月代理的一起武汉市经济技术开发区房屋拆迁案件，依旧是以法院不受理而告终的。此类案件成为了中心的一个顽疾，它们从什么方面来考虑都是符合法律援助的宗旨的，但是我们的代理人一边在积极地工作，一边却受到来自现实的打击。所作的工作起码当前看来是没有什么效果的。

3. 对社会的影响：正如当时与甲县各行政机关磋商时得到的回答一样，这样的情况在当地十分普遍，而且一直以来不论是行政机关还是法院都是如此行事，法律在当地往往只是一纸空文。但值得庆幸地是，代理人去当地进行调查时，当地行政机关还是给予了一定的重视，并且也提供了解决方案，虽然这些离我们的法治要求还相去甚远，但是还是可以感觉到"法治"的意识已经渐渐渗透到各个基层机关，这也是值得欣慰的。只是无论是个体的人还是民间组织的法律援助机构，甚至与当地的行政机关，都不可能任凭着一股热情在短期内改变这种现状。我们可以做的也许只能是努力将这一时间缩短，想出适当的方法最大程度上维护公民的权利。

五、对相关法律的建议

1. 确立村委会行政诉讼被告资格。
2. 严格限定县级以上人民政府及其土地行政管理机关土地征收专属权。
3. 完善土地征收程序，增加调查、听证、谈判等强制性规定。
4. 司法方面，坚持司法独立性，不拒绝农民关于征收土地的案件。

六、办案感受及对所在机构的影响

作为本案的代理人，我深深地感受到了理想与现实的差距。亚里士多德曾经说过："法治应包含两重含义：已成立的法律获得普遍的服从，而大家所服从的法律又应该本身是制定得良好的法律。"①我个人认为，本案显露出来的问题不仅是立法层面过于简略地规定了征收、征用土地的权限、程序以及救济途径，更迫在眉睫的问题是当法律只能停留在纸面上时，我们如何将其渗透进市民生活中去。也许这需要时间，需要更多人去推动法制建设，但是在这段"青黄不接"的时间里，公民的权利如何实现？利益如何维护？难道我们能做的只是牺牲"一小部分"人的权利吗？当我们这些法律人对向我们求援的当

---

① ［古希腊］亚里士多德著，吴寿澎译：《政治学》，商务印书馆 1965 年版，第 199页。

事人解释法律当前的软弱性时，在当事人眼里我看到了法律权威性的坍塌。一方面，我们要求当事人知法守法，什么都按照法律程序办事，另一方面，我们又要让他们接受行政机关甚至司法机关本身置法律于不顾的现实，这其中的尴尬也许只有案件的经办人才能体会得到。

对于中心来说，这类案件在日后仍然也当然属于我们援助的范围。我们的工作者接触此类案件越多，也就越有经验，这不论从个案援助还是公益援助上来说都是有利的。对于中心的志愿者们也可以更清楚地看到法治的现状，促进自身的进步。从这个意义上来说，多接触此类案件可以有一个双赢的结果。

学习总结范例

一审胜诉
——诊所法律学习真实历程
申　超

序

我来法学院已经三年，基本上听遍了所有部门法课程，天天泡在学院，穿梭于各个教室、报告厅之间，耳濡目染之下，自觉法学素养得到了熏陶，也积累了不少理论知识，但总觉得心里不踏实，自己的状态离一个能独当一面、处理现实问题以维护社会正义的法律专业人还差得很远。这学期选修了法律诊所课程，终于有机会走出这座象牙塔，踏上法律人的实务之路。

法律诊所的同学都是两人一组搭档进行案件代理，我和我的搭档朱峰在课程期间成功地代理了一桩房产纠纷案，回想起来感受颇多。

一、接手案件

我们07年9月选上李傲老师的法律诊所课程。刚上一两次课我们就碰上了一桩案子。10月14日星期天中午我与当事人取得了联系。那天中午诊所秦老师来电话说有一个房产纠纷，很急，已经确定了开庭日期，并留下了当事人母女俩的电话。一听到这个消息，我心里又激动又忐忑。激动的是作为一个法学院的学生，谁不渴望能有一次亲自出庭的机会，学以致用；但忐忑的是当这个机会就这样突然摆在我面前时，又担心自己平日所学是否足够、法学功底是否扎实，能否在司法实务中应对自如。

但这会儿也容不得细想，我放下秦老师的电话就马上准备好纸笔，有意识地做几个深呼吸调整好状态，给那个母亲打电话，电话很快就接通了，对方听明我的意图后，就很急切地向我叙述案情。但无奈她讲武汉方言，加之我手机信号也不大好，听了许久我只在纸上记下了"丈夫和弟弟"、"协议"、"买房子"这几个关键词。于是我约她周二下午2：30来武大门口的社会弱者权利保护中心面谈（周一我们有课）。

二、会见准备

确定下这个见面时间后，我立即通知了我的搭档朱峰，我们马上就开始忙碌起来了，首先是填写行动计划表。诊所制定的计划表内容包括计划目标、内容、准备工作和预见困难等。之前我们在诊所中已经上过了李老师的"会见当事人技巧"一课，课程中教授了许多会见技巧、步骤和注意事项，没想到马上就有了实战机会。老师授之以渔，现在要看我们的了！

由于我们对案情还不了解，所以计划表也相对粗略。我们以了解基本案情为计划目标。计划内容包括详细了解案件情况、了解当事人起诉书和对方答辩书内容、整理当事人证据材料和向当事人讲明我们的工作性质，并初步判断当事人是否果真属于法律援助对象。预计准备工作是由于目前对案情了解甚少，只知道是房产纠纷，所以会见当事人之前我们仔细阅读《物权法》和《民事诉讼法》，重点留意可能与本案有关的法条；上网搜索有关房产纠纷的案例，先做简单了解。预见的困难是当事人叙述不够真实，可能会比较片面，只说对自己有利的事实。对此，我们计划对重要事实进行反复询问，并告知当事人叙述真实的重要性：一切事实认定以当事人提供的证据为依据。另外我也专门咨询了以前选修过诊所课程、有过开庭经验的师兄，他告诉我第一次会见当事人要注意准备相关法条，知识上显得专业，给当事人以信心。

与当事人面对面，对我们这群还没有走出校门的学生而言确实是一件大事。因为李老师来给我们小组上讨论课的时间是在每周三，所以会见前的这段时间主要只能靠我和朱峰自己安排。当我们认为计划中各项事情都已经安排妥当后，就把表格发给李老师审阅。诊所教育的目的在于培养学生自己的实践动手能力和搭档之间相互配合的意识，但中间步步都会有老师的指导。按照李老师第一节课讲的诊所的规定，我们的每一步行动都应该填写行动计划表，交由老师批阅，并在行动完成后归纳行动记录，完成行动总结评估。这既有利于诊所老师对同学们进行指导，也是对当事人的利益负责。接到老师回复的邮件后，我按老师的要求专门找同学借来《互动教学法》，仔细阅读里面关于会见当事人的内容。与当事人第一次见面时，一是要"破冰"，即与当事人建立信任关系。由于我们的学生身份和因年龄决定的稚嫩，这点对我们而言就尤为重要。二是要注意倾听，适时提问。由于当事人出于自身的原因或是为了达到获得我们法律援助的条件，可能会夸大其词甚至进行虚假陈述，这就要求我们在听的过程中注意适时提问，对当事人陈述的关键事实进行思考，辨明真伪。

按照计划，我和朱峰认真阅读了《物权法》的相关内容，重点研究了其中的关于不动产登记和共有的内容，以便会见时能将相关法条脱口而出，在当事人面前树立一个职业法律人的良好形象。

三、会见当事人

周二（10 月 16 日）下午两点半我和朱峰准时来到中心，当事人已经先到了。为了弥补我们经验不足的缺陷，使会见更加顺利，在征得当事人的同意后，我请来我们班的"学霸"邵然跟我们一起会见当事人，三个臭皮匠也顶上一个诸葛亮了。我们的当事人很健谈，通过她的叙述，我们很快了解了案件的框架：当事人名叫刘珍，她和她女儿王琪是本案的原告。刘师傅的丈夫王强2005 年去世，他生前曾与自己的弟弟王安（本案被告）共同出资购房，并且双方签有平分房屋产权的书面协议。此协议名称叫"住房证明"，具体内容如下："本房屋坐落 ＊＊路＊＊号，老房一间，后于一九九二年改建为两室一厅，面积为 51.42 平方米，购房款为 12341.60 元。此房由王安、王强共住，其中百分之五十产权为王安所有，另百分之五十产权为王强所有。此证明作为以后王强、王安之住房依据。"

由于此房屋是原属武汉某机床厂的自管房屋，王强、王安已故的父母和王安、王家另外两个女儿王娟、王佳都是机床厂的职工，计算工龄优惠率时是以其父母的工龄开始计算的。但由于王强不是机床厂的职工，故兄弟二人认购此房时只能以被告的名义，并且以后的房产证、土地证上登记的都是被告的名字。而现在被告没有经过刘师傅的同意，准备强行出售此房屋。

刘师傅表达能力很强，容易沟通，能够把事情的经过梳理清楚，这很大程度上给我们的工作提供了便利；但在另外一方面，这么多的信息一下子堆在我们面前，让我们觉得应接不暇，我们随即埋头于分析和消化现有的资料信息中，这也使我们忽略了对案件其他当事人的询问调查，虽然她提供内容的真实性没有问题，但不够全面，造成了我们在第二次开庭前听了案件两个第三人的陈述后，决定临时修改代理词。当然这是事后自我评估中得出的经验。

会见过程中有一处我的搭档朱峰当场拿出相关法条来，指给刘师傅看，我当时觉得这使我们看起来更为专业，刘师傅对我们的信任也会增加不少；这时我也才开始真正意识到熟悉法条在法律实务中的重要性，当事人或许不理解法学家们的学说、理论，但我们对法条的熟练运用却能直接使当事人信服。

在这次会见中我们还拿到了一些证据的复印件，重要的是王安、王强、王娟和王佳共同签订的"住房证明"，和日后法院判决时予以认定的王强生前单位出具的证明其曾于 1991 年和 1993 年相继在本单位借款五千元买房的证明。我们建议刘师傅回去找派出所出具她长期以来与被告共同居住在争讼房屋的证明。

虽然有了这么多证据，但除了那份"住房证明"外都是一些辅助性的证据，尤其是在当初单位分房的制度上，因为单位已经破产清算无法再找到原始资料，分房、买房这些都只有刘师傅的一面之词，缺乏合适的证人。

本案将于 10 月 23 日上午十点整在区人民法院开庭，但对方是否请了律师，搜集了哪些证据我们还一无所知。刘师傅提供给我们的被告的手机号，我们直到开庭前都没有打通。本来刘师傅不想把被告的联系方式给我们，我们说想向被告了解一下情况，她有些警惕，不理解我们的用意。我们向当事人再三解释，让当事人相信我们是为她的利益服务的，总算得到她的理解。可惜还是没能联系到对方。

四、庭前准备

会见了当事人，晚上回到寝室我就开始整理思路准备明天的讨论课。第一是概括基本案情、诉讼请求，二是罗列出本案证据，三是预计对方的抗辩事由，四是存在的问题：主要是"住房证明"签于所有权全部买断之前，还有缺乏合适的证人。

在小组讨论课上，大家沉默着。一方面，被告手里掌握着房产证、土地证，都是对方的名字，现在虽另有房产，但扬言要"依法"撵走原告，无论从证据方面，从经济实力方面，都占有绝对优势；另一方面，原告孤儿寡母，手里拿的，是证明效力明显低于"两证"的协议，经济上捉襟见肘，万一败诉将面临居无定所的可能，绝对的弱势群体。连李老师都觉得这个案件不容乐观。看到大家士气低落，李老师问我："你相信原告吗？"我说我完全相信。李老师说："如果原告提供的证据信息都是真实的，如果法官公正执法，如果法官不仅依法还依事实和情理判案，原告是有胜诉希望的！关键是你们能否找到足够多的证人，说服法官。"

李老师的意见鼓舞了大家，我们和组里其他同学对案件展开了激烈的讨论。通过讨论，大家都觉得我们可以接手案件，首先要积极寻找相关证人，最好能争取王娟、王佳出庭，并建议我们从保护妇女儿童的使用角度出发，博得法官的认同；注意查找最高人民法院关于福利分房的所有权、使用权问题的通知和规定等；与法官取得联系，制作证人笔录和做好开庭前模拟等。

在证人的确定上，虽然可以找刘师傅的老邻居们证明房子的渊源，但对其家庭内部买房时达成的合意和出资问题难以证明；但王娟、王佳与被告是嫡亲姊妹，找她们出面作出不利于被告的证词很困难，更何况传统思想家丑不外扬，让亲人对簿公堂确实有些为难。

正当我们犯愁时，刘师傅来电话说她的小姑子王佳愿意出庭作证，这真是喜从天降，我们立刻写好了王佳的出庭申请准备交给法院。有了这个证人，我们就像吃了一颗定心丸，还有我们交待当事人开的证明都很顺利的拿到了，我们准备起案件材料时也特别精神抖擞。

但在与法官的联系上我们遇到了问题。首先是打刘师傅留给我们的法官的办公电话却一直没有人接，以至于我们以为自己记错了号码，打114查询确定无误。有一次好不容易通了，法官接了电话。我刚表明自己的身份，他就把我转给办公室里另外一个人（可能是书记员）了。朱峰专门在开庭前一天和刘师傅一起去了江汉区法院交出庭申请和补充证据材料，了解到对方至今未递交答辩状，然后法官就匆匆离去了。

根据李老师的建议，我们希望先找到证人王佳当面了解情况。但刘师傅认为这样会打扰王佳的工作，就拒绝了。当然她也是考虑到要王佳出庭作证反对自己的亲哥哥，在亲情上要克服很大的障碍，不想再给她添麻烦，我们也只好表示理解。于是我们将本案的争议关键点制作成书面形式，托刘师傅交给王佳确认签字。

还有不到一周就要开庭了，我们的案件进入倒计时。这段时间我们主要的工作就是整理争议问题、证据目录和起草代理词。我们归纳的争议问题主要有房产证、土地证登记问题，对"住房证明"约定所有权的意思（无权处分），分房资格问题等。对此我们都找到了相关法条和证据证明。

证据清单上我们整理出了两组证据，第一组证据包括：1. 被告与王强签订的"住房证明"证明被告与王强之间有达成了共同所有房屋所有权的合意。2. 证人证言：证明被告与王强之间的"住房证明"为二人共同拥有房屋所有权的约定；讲明房屋渊源，证明福利资格并非被告独享，而是与王强等共同享有；证明王强曾出购房款九千余元，占总房款的约50%。3. 原告刘珍与王强的结婚证、原告王琪的户口本、王强的死亡证，证明原告母女系王强第一顺序的继承人，对王强拥有的房屋 50% 的所有权享有继承权；被告与原告仍未分户，户主为刘珍；原告母女一直居住于此。4. 派出所出具的原告与被告长期共同居住的证明。

第二组证据包括，1. 王强单位出具的王强借钱买房证明，证明王强曾出房款的事实。2. 缴纳 60% 房款即 12341.6 元的收据，此收据由原告持有，证明当初购房款主要由王强所出；收据上姓名只是与登记时的保持了一致。3. 房产税收据、房屋房产税由原告所交，证明原告一直以所有的意思使用该房屋。

准备代理词时，因为没有对方的答辩状，我们的针对性小了很多，只能尽量将我们的理由陈述清楚。对此我们还求教了诊所的柳老师，他建议我们将代理词分为阐述争讼房屋渊源、每人所出购房款和约定共有产权三个部分。

按照诊所学习的惯例，20 号晚上，我和搭档请来诊所的张吉成同学和我们作了一场庭审模拟，他充当被告，以寻找我们的漏洞。我们根据这次模拟，又进一步修改了代理词。

做完这些准备工作已经是 22 号晚上了，我们再一次提醒当事人携带好必要的证件和材料。我们尽量使自己紧张而又激动的心情保持平静，等待第二天的开庭。

五、开庭审理

2007 年 10 月 23 日，我们起了个大早直奔法院。我还穿了一套找同学借的职业套装，我希望只有自己知道，我的心情和职业装是如此不配套——我特别紧张，尤其是到了法院以后，过了安检进入审判大楼，氛围变得无比庄严肃静。进入审判庭，我们先跟对方律师进行了沟通，一定程度上缓解了紧张的情绪。听说越是基层法院审理过程越正式，尽管开庭前我们已经做过法庭模拟，也早已对诉讼法中开庭程序性规定牢记于心，也按照诊所课程上的要求将开庭材料进行分类整理、制作证据清单等，但还是会有些慌乱。我牢牢记着和朱峰的分工：他读起诉状、进行举证、总结陈词；我负责质证、法庭辩论；中间有事情需要沟通就写在纸上。

第一次开庭，因为王佳起初拒绝出庭作证，我和朱峰还担心她在庭上会偏袒自己的弟弟，但与她沟通后发现她很明事理，事实求是。王佳作为我方证人出庭作证，还未举证完，法官就决定中止审理，追加王娟、王佳作为本案第三人。第一次开庭就这样戛然而止。我们只有返回，耐心等待着第二次开庭。第二次开庭有了王娟出庭，她是被告和王佳的姐姐，对房子的来源等问题更加了解，有她出庭而且正义直言，事实就更清楚了，我们的优势也更明显起来。

总结两次开庭的经验，要想在开庭时有优秀的表现，除了在庭审前充分准备，开庭时有必胜的信心也十分重要。尤其是这种简易程序的案件，开庭很大程度上是说服法官的过程，更应该既得理又得势，振振有词；但我们当时与对方律师咄咄逼人的气势相比，就显得得理却不得势；好在法官已经知道我们是武大的学生，对我们的态度比较耐心。我们的经验不足主要体现在质证环节，虽然理论上我们知道是从证据的真实性、合法性和关联性三个方面提出质疑，但具体运用时却显得缺乏实践经验，如对方提出由本单位出具的福利分房名单，我当时看到那上面盖有单位的公章就承认了其真实性，只对其证明内容进行了反驳；但案件两位第三人反而对其真实性做出了质疑，理由是此单位早已进行破产清算，只留有一位工作人员，而此人与被告关系很好，可能帮助被告提供不真实的证据。我听了以后特别后悔自己认可了此证据的真实性，虽然庆幸有第三人对其作了否认能起到一定补救作用，但我们作为一个专业的法律人对此感到十分惭愧。不过值得一提的是在向证人发问的环节上，我们事先跟证人作了沟通，有准备地提出问题，虽然对方律师认为我的提问方式具有诱导性，但总体上我们表现还算不错，尤其是加入了专门针对反驳对方当庭答辩时提出的观点的问题。庭后我找对方律师交换意见，当他知道我们是在校学生时，特别惊讶，这让我心里暗暗兴奋。

开完庭后有个细节值得一提，对方律师经验丰富，还带了个助手，他们开完庭后立刻走上前去给法官递烟，我当时心里突然紧张，以为按平时自己在社会上看到的一样，法官会接下烟然后跟他们闲聊起来，这样的话更显出我们的青涩与被动。但庆幸的是，法官婉言谢绝并快步走开了。

作为法学院的学生，我们经常会听到师兄师姐甚至身边的同学讲司法界的黑暗，律师受贿、法官索贿，我对此也是将信将疑。然而在这个案子中，我们还只是学生，当事人刘师傅和她的女儿更是社会弱者，我们甚至没机会和法官说过一句求情的话，我们也曾经担心法官会不会公正审理，尤其是开庭前联系法官时他冷漠的态度更让我们有些忧心。但开庭时法官对我们耐心的态度和他对这根烟的拒绝让我增添了信心，而判决下来以后我们更发现之前这些担心都是多余的。

六、补充工作

按照司法事务中的惯例，我们在开完庭一周内重新整理代理材料提交法院。我和朱峰针对开庭情况再次讨论我们的代理词，根据对方律师提出的本案程序违法，继承权与确权两案一审和应将争讼房屋作为被告及其妻子的夫妻共同财产等主张，重新整理代理词，经过法学院民法教研室张善斌老师的指导，我们将当事人刘珍、王琦当事人适格作为第一条，争讼房屋属于王家共同共有作为第二条，最后阐述存在争讼房产产权合意，并且查找了最高人民法院两个相关的个案批复，使代理意见更加清晰、全面。我们还在结尾处从保护妇女和未成年人的角度走煽情路线，希望法官能对刘师傅孤儿寡母给与同情。

因为本案关系到当事人的重大利益，我们迫切希望帮助我们当事人母女争取到她们的合法权利。尤其听朱峰说，当把整理好的代理词送给当事人签字确认，按诊所的规定向当事人讲明我们尽力但不能保证判决的胜利时（我们第一次见当事人时就跟她声明了这一点，当时她表示理解），可能确实是到了胜败攸关的时刻，她一下子眼泪就掉下来，我们更觉得自己的责任重大，更何况经济条件这么困难的刘师傅已经为本案交了一千七百余元的诉讼费。

针对我们这种心情，李老师提醒我们不要开完庭以后干等着判决，应该再尽力做些工作。考虑到法院判决的实质在于解决争议，目的还是要解决这两家人的居住问题，我们或许应该多提供几套当事人能接受的方案供法院参考，毕竟这关乎刘师傅母女的基本生活，非胜即败的博弈对她们而言太残酷。于是我和朱峰又在一天晚上专程来到刘师傅家里，通过实地考察我们认为这套房屋完全可以进行分割，这也是刘师傅最能接受的方案，我们就此向法院补充了代理意见。

做完这些工作，我们也渐渐要进入复习考试阶段了。

七、法院判决

判决我们等了很久，一月份才下来，那时我和朱峰已经放假回家了，法官和刘师傅都打电话来，我记得刘师傅很激动说我们胜利了！

刘师傅很高兴，从声音中听得出她的喜悦，她和女儿争取到了房产不会无家可归，可以安心过年了。我也很激动，认认真真做下来的事情，收获还是很多的，不光是从结果中获得的成就感；更多的是过程中青涩的摸索，是不可磨灭的记忆；还有从刘师傅一遍遍向我们表达感谢之情中，觉得自己学有所用，能为维护当事人的利益和社会弱者的权利做一些事情，还是很有满足感。我按捺不住喜悦，急切地把这个好消息告诉朱峰和李老师，李老师表扬我们很了不起，说我们的成功决定了当事人的命运，我听了特别自豪。

看到法院的判决，大段引用了我们提交的代理意见上的原文，这使我们充分认识到了代理词的重要性。法官的公正判决也让我们觉得很受鼓舞，尤其是本案多是法律事实的认定，少有法律的适用问题，法官能本着公平和保护社会弱者的心态进行自由裁量，使我们作为法科学生看到了司法界人性的关怀和希望。

结语

通过选修诊所的课程，让我有机会开庭，有机会走出法学院，从而能认识到自己的知识还很匮乏，不仅专业知识纸上谈兵、用时方恨少，更缺乏实践阅历。实践经验不是多看两本书就能弥补的，非亲自经历不能知晓。我认为，要有志于从事法律职业，成长为司法实务人才，无论理论功底多么扎实，进行实践性学习都是必不可少的。

（为保护当事人隐私，除老师和学生外，其他均为化名）

本案后续情况：对方当事人不服一审判决提出上诉，应一审原告请求，胡茜、周强两位诊所同学接手此案，三个月后，二审法院作出终审判决，维持原判。